[제2판]

사례관리의 이론과 실제

최영대

KNOWLEDGE COMMUNITY 공동체

Preface

사회복지관의 3대 기능 정립에 따라 사례관리기능이 복지현장에서 강조되었고, 당사자들의 복합적 욕구를 적절하게 파악하고 효율적 서비스가 전달할 수 있는 사례관리에 대한 전문적 사회복지사의 역할이 점차적으로 요구되었습니다. 또한 공공에서는 찾아가는 읍면동 보건복지서비스(서울 : 찾아가는 동주민센터)추진으로 사례관리에 대한 관심이 높아지고 있습니다.

우리복지관은 2014년 '사례관리 이론과 실제–창동종합사회복지관 사례를 중심으로'라는 제목으로 발간하여 사례관리사업을 추진하였고 다양한 현장 변화가 이뤄진 것처럼 민간과 공공의 협업에 따른 통합사례관리, 클라이언트를 당사자로 부르는 명칭 변화에서 살펴볼 수 있듯이 당사자주의에 따른 사례관리 실천 등 변화하는 실천현장의 현실을 반영하며 사례관리실천을 해왔습니다.

한국사회복지관협회 사례관리 매뉴얼을 기반으로 현장에서 사례관리사업을 진행하며 얻은 경험과 당사자의 주도성을 존중하며, 사례관리실천을 현장사례를 중심으로 각 과정별 실천기록에 대해 책을 통하여 배울 수 있도록 기록방법을 구체적으로 제시하였고, 당사자의 주도성을 반영하는 양식 변경 등 사례관리 운영체계 및 과정을 보완하여 창동종합사회복지관의 사례관리 이론과 실제 개정판을 발간합니다.

이 책의 내용을 간단하게 정리하면 다음과 같습니다.

제1장에서는 사례관리의 이론적 배경을 중심으로 사례관리의 개념정의, 사례관리의 목적과 원칙, 사례관리의 등장배경, 사례관리의 관련 이론 및 모델, 사례관리의 구성요소, 사례관리의 과정, 사례관리자의 역할, 사례관리 운영체계에 대해 소개하였습니다.

제2장에서는 민간 및 공공의 사례관리의 중요성이 강조되는 상황에서 대안으로 네트워크 사례관리(통합사례관리)에 대한 필요성 및 사회복지관의 사례관리에 대한 거점역할에 네트워크형 사례관리 구축을 위한 세부사항에 대하여 기술하였습니다.

제3장에서는 사례관리의 이론이 현장에서는 어떻게 적용되고 운영되는지 알아보기 위하여 창동종합사회복지관의 사례관리실천에 대한 내용을 다루었습니다. 창동종합사회복지관의 관점과 이론, 모델, 사례관리실천의 경험적 기반, 사례관리사업 목적과 목표, 사례관리사업 운영방안 및 실천과정을 살펴보았습니다.

제4장에서는 사례관리 실천과정에 따른 사례관리의 실제를 다루기 위하여 각 과정별 관련 양식을 실제로 어떻게 작성해야 하는지 자세한 설명 및 예시가 제시되었으며, 대상별 사례의 실제로 사례관리 과정을 한눈에 볼 수 있도록 준비하였습니다. 또한 창동종합사회복지관에서 활용되고 있는 사례관리 과정별 양식도 한눈에 볼 수 있도록 정리하였습니다.

이 책자는 사례관리사업을 실천하고 있는 종합사회복지관의 사례관리사업을 이론과 접목하여 각 과정별 과정을 볼 수 있도록 정리하였으나, 전체 사회복지기관의 사례관리사업을 일반화하기에는 제한점이 있으므로 이를 감안하기를 바라며, 사회복지사를 꿈꾸며 노력하는 예비사회복지사와 실천현장에서 함께 활동하고 있는 사회복지사들에게 도움이 되기를 바랍니다.

마지막으로 이 책이 출판되기까지 사회복지실천현장의 과정을 담아내도록 함께 수고해 준 창동종합사회복지관 직원들에게 감사를 드리며 기쁨을 함께 나눕니다.

2021년 여름

최영대

Contents

제3장 창동종합사회복지관 사례관리 실천 _ 95

제4장 사례관리 실천과정 _ 111

제1장 사례관리의 기초

제1절 사례관리의 개념정의

제2절 사례관리의 목적과 원칙

제3절 사례관리의 등장배경

제4절 사례관리 관련 이론 및 모델

제5절 사례관리의 구성요소

제6절 사례관리의 과정

제7절 사례관리자의 역할

제8절 사례관리 운영체계

제1장 사례관리의 기초

제1절 사례관리의 개념정의

사례관리라는 용어는 전문적인 문헌에 지속적으로 언급되어 왔으나, 그 개념을 한 가지 합의된 개념으로 단정짓기 어려운데, 그 이유는 다양한 영역에서 대상자의 욕구, 서비스 목적, 서비스 제공자의 역할 등에 따라 포괄적으로 적용되어왔기 때문이다. 그럼에도 불구하고 사례관리에 대한 대표적인 정의를 다음과 같이 정리할 수 있다.

전미사회복지사협회(NASW, 1984)는 '사례관리란 서비스 전달체계의 요소들을 연결하고 조정하여 개인의 보호를 위한 욕구를 충족시킬 수 있는 포괄적인 프로그램을 확실히 제공할 수 있도록 하기 위한 하나의 기제'라고 정의하고 있다. 또 Moxley(1989)에 의하면, '사례관리는 복합적인 욕구를 가진 사람들의 기능을 향상시키고, 그들의 복지를 위해 공식적 · 비공식적 자원과 활동의 관계망을 조직, 조정, 유지하는 활동'으로 보고 있다.

사례관리란 생태체계적 관점을 기반으로 만성적으로 복합적인 문제를 가진 개인 및 가족과 함께 일하면서, 그들과 자원제공자들의 기능을 향상시키고자 하는 것이다. 그리고 이를 통해 환경 속에서 자신에게 필요한 서비스와 자원을 스스로 획득하고 사회적 기능을 원활히 수행할 수 있도록 돕는 통합적인 접근

방법이다. 또한 클라이언트가 원하는 서비스를 보장하면서 사례관리자가 클라이언트와 파트너십을 형성하고, 클라이언트의 참여를 독려함으로써 모든 실천 과정에서 클라이언트의 잠재력과 자율성이 충분히 기능하도록 돕는 과정 또는 방법(사회복지용어사전, 2011)을 의미한다.

이를 위해 사례관리자는 크게 두 가지 측면, 즉 임상 및 치료적 측면인 미시적 측면과 행정, 특히 조정과 옹호와 같은 거시적 측면에 모두 관심을 갖는다. 따라서 사례관리자는 클라이언트나 가족을 대신하여 그들에게 필요한 임상서비스를 제공함은 물론, 그들의 사회적 기능 수행을 향상시키는 데 필요한 자원을 획득하기 위하여 그들과 함께 탐색활동에 종사하게 된다(권진숙 외, 2008).

이처럼 사례관리란 개별 클라이언트의 복합적인 욕구에 초점을 두고, 기관의 욕구보다는 클라이언트를 중심으로, 고안된 프로그램에 기반을 두기보다는 개별화된 서비스 계획에 기반을 둔 실천이다.

사례관리는 미시적인 동시에 거시적인 접근으로서, 사회복지실천의 전통적 방법인 개별 · 집단 실천 및 지역사회복지의 몇 가지 측면을 통합적으로 적용한 사회복지실천의 핵심적인 기술 중의 하나이다.

이러한 특징을 고려하여 사례관리를 정의해 보면, 사례관리란 장기적이고 다양하며 복합적인 문제와 욕구를 지닌 클라이언트의 욕구를 충족시키고, 사회적 기능을 향상시키기 위해 사회자원의 연결과 조정을 통해 클라이언트를 보호하고 관리하는 통합적인 서비스 전달방법이라고 할 수 있다.

제2절 사례관리의 목적과 원칙

1. 목 적

사례관리의 목적은 복잡하고 다양한 욕구를 가진 클라이언트를 위해 자원망을 개발하거나 강화시켜 가장 효율적인 방법으로 서비스를 제공하는 것이며, 클라이언트 스스로 그 지지망을 관리하도록 그의 능력을 개발하는 데 있다.

즉, 사례관리는 복합적인 문제를 갖고 있는 클라이언트의 문제해결을 위해 체계적 · 포괄적 · 지속적으로 클라이언트를 원조하여 궁극적으로는 클라이언트의 심리 · 사회적 기능 향상과 지역사회 내의 재활을 이루는 것을 목적으로 한다.

1) 사회복지실천 측면에서의 목적

첫째, 클라이언트의 잠재력을 최대화한다. 클라이언트의 장점을 강화하여 외부환경에 적응할 수 있도록 클라이언트의 잠재력을 최대화한다.

둘째, 클라이언트 및 가족 지원체계 접근능력을 배양한다. 클라이언트와 그의 가족들이 사회적 자원을 활용할 수 있는 능력을 습득하도록 한다.

셋째, 비공식 체계의 보호능력을 최대화한다. 가족, 이웃, 친구 등 비공식적 자원체계가 클라이언트를 보호할 수 있는 능력을 최대화시킨다.

넷째, 공식적 도움체계의 능력을 최대화한다. 클라이언트와 가족의 욕구를 충족시키는 데 있어 사회복지기관, 관공서, 종교기관 등의 공식적 도움체계의 능력을 최대화시킨다.

결과적으로 사례관리의 주요 목적은 가족, 친족, 친구 등의 비공식적 자원체계와 국가 및 공공기관 등의 공식적 자원체계가 보유하는 각종 자원을 통합하는 기능을 하기 위한 것이다(서울복지재단, 2010).

2) 서비스 전달체계 측면에서의 목적

첫째, 포괄적인 서비스를 보장한다. 특정 시점에서 클라이언트가 가지고 있는 욕구와 문제를 해결하기 위해 포괄적인 서비스를 조정하여 제공함을 목적으로 한다.

둘째, 서비스의 연속성을 보장한다. 시간의 경과에 따라 변화하는 클라이언트의 욕구를 충족시킬 수 있도록 즉각적이고 포괄적인 서비스를 지속적으로 제공해 주는 등 보호의 연속성을 보장하기 위함이다.

셋째, 클라이언트의 접근가능성 역량을 강화한다. 클라이언트가 다양한 서비스 체계와 협상하는 것을 원조해 줌으로써 서비스를 쉽게 활용할 수 있는 능력을 배양하고자 한다.

넷째, 서비스의 책임성을 제고한다. 서비스의 단편화로 인한 서비스 접근의 장애들을 극복하고 클라이언트에 대해 전반적으로 책임을 지는 책임성을 제고하기 위함이다.

다섯째, 서비스의 적정성을 확보한다. 서비스가 클라이언트의 욕구에 적합하고, 적절한 방법으로 제공될 수 있도록 보장함으로써 서비스 계획의 효율성을 향상시키기 위함이다(서울복지재단, 2010).

2. 사례관리의 원칙

사례관리의 개입원칙은 서비스의 개별화, 서비스 제공의 포괄성, 클라이언트의 자기결정권, 지속적 서비스 제공, 그리고 사례관리자의 중개자 역할 또는 권익옹호자의 역할을 연계적으로 수행해야 한다는 원칙으로 요약할 수 있다(Moxley, 1985).

① 클라이언트의 독특한 신체적 · 정서적 · 사회적 상황에 따라 각 클라이언트의 욕구에 맞게 서비스를 제공하는 서비스의 개별화이다(개별성).

② 지역사회에서 클라이언트의 다양한 욕구를 충족시키기 위해 필요한 광범위한 지지를 연결하고 조정하며 점검하는 서비스 제공의 포괄성이다(포괄성).
③ 클라이언트의 선택에 대한 자유를 최대화하고, 지나친 보호를 하지 않고, 클라이언트의 자율성을 극대화시키는 클라이언트의 자기결정권을 가능한 한 보장한다(클라이언트의 자기결정권).
④ 사례관리자가 클라이언트의 욕구를 점검하여 클라이언트가 자신의 생활현장에서 잘 적응할 수 있도록 서비스를 지속적으로 제공해야 한다(지속성).
⑤ 복잡하고 분리되어 있는 서비스 전달체계를 연결하는 서비스의 연계성으로 사례관리자는 다른 서비스 전달체계 간의 중개자 혹은 권익옹호자의 역할을 한다(연계성).

제3절 사례관리의 등장배경

사례관리의 등장배경에 대하여 Moxley(1989)는 6가지로 요약하여 설명하고 있는데, 그것은 탈시설화의 영향, 장기적이고 복합적인 욕구 증가, 서비스 전달의 지방분권화, 기존 서비스의 단편성, 사회적 지지와 지원체계의 발전에 대한 인식의 증가, 그리고 대인서비스의 비용억제에 대한 필요성의 증대 등이다.

한편 정순둘(2010 : 17-22)은 미국의 사례관리를 중심으로 1960년대를 서비스의 단편성, 1970년대를 탈시설화의 영향, 1980년대를 복합적 욕구를 지닌 서비스 인구의 증가, 그리고 1990년대와 2000년대 초반을 사례관리 개념의 확장 등으로 정리하면서 사례관리의 등장배경을 시대적으로 구분하여 상세하게 설명하고 있다.

여기에서는 Moxley가 설명한 내용을 바탕으로 사례관리의 등장배경을 통합적으로 설명하고자 한다(Moxley, 1989; 김만두 편역, 1993 : 30-37 재인용).

〈표 1-1〉 사례관리의 등장배경

<table>
<tr><th></th><th colspan="2">구 분</th></tr>
<tr><td>Moxley(1989)</td><td colspan="2">• 탈시설화의 영향
• 장기적이고 복합적인 욕구를 지닌 인구의 증가
• 서비스전달의 지방분권화
• 기존 서비스의 단편성
• 사회적 지지와 지원체계의 발전에 대한 인식의 증가
• 대인서비스의 비용억제에 대한 필요성의 증대</td></tr>
<tr><td rowspan="4">정순둘(2010)</td><td>1960년대</td><td>서비스의 단편성</td></tr>
<tr><td>1970년대</td><td>탈시설화의 영향</td></tr>
<tr><td>1980년대</td><td>복합적 욕구를 지닌 서비스 인구의 증가</td></tr>
<tr><td>1990~2000년대</td><td>사례관리 개념의 확장</td></tr>
</table>

1. 탈시설화

탈시설화(deinstitutionalization)는 사례관리의 필요성이 제기된 가장 핵심적인 배경이라고 할 수 있다. 전통적으로 대규모 수용시설이나 입원시설의 서비스는 중앙집권적이며 관료주의적인 행정체계 아래 제공되기 때문에 서비스의 전달이 체계 안에서 제공되도록 구조화되어 있다는 장점이 있는 반면, 클라이언트가 그들의 환경체계로부터 단절되기 때문에 점차 지역사회로의 복귀를 불가능하게 만드는 심각한 부작용을 초래하였다.

이러한 문제를 해결하고자 선진국에서는 노인이나 장애인, 정신질환자에 대한 탈시설화 정책을 실시하였다. 지역사회에 기초하는 재가복지 프로그램을 확대하게 된 것이다.

그러나 지역사회 중심의 재가복지서비스로의 정책적 도입은 아래와 같은 서비스 전달과정상에 복잡하고도 심각한 문제점을 야기하게 되었다. 첫 번째, 지역사회 중심의 복지서비스는 자원과 자격요건이 상이한 각 개별 기관에 의해 이루어지기 때문에 서비스가 단편화되고 분산된다는 문제가 있다. 두 번째, 당시 지역사회에 기반을 둔 재가복지서비스는 클라이언트의 욕구에 통합적이고 포괄적인 대응할 수 있는 시스템이 부재하였다. 세 번째, 탈시설화 과정에서 가장 심각한 문제로 제시된 대상은 정신질환자와 요양원에 수용되었던 노인이었다. 이들은 만성적이고 복합적인 질환으로 인해 심한 대인 의존성을 갖고 있었는데 전통적으로 돌봄의 책임을 가진 가족들까지도 이들을 기피하게 되면서 결국 기관들이 가족의 돌봄 부담을 지게 되었다.

따라서 시설에서 퇴소한 여러 클라이언트들이 가족이나 지역사회로부터 냉대받는 이러한 상황 속에서 이들의 욕구에 통합적으로 개입할 수 있는 포괄적 서비스의 필요성이 촉구됨에 따라 공식적 · 비공식적 자원과 활동의 관계망을 조직, 조정, 유지할 수 있는 이른바 사례관리 시스템이 등장하게 되었다(Moxley, 1989).

2. 장기적으로 복합적인 욕구를 지닌 인구의 증가

탈시설화 정책과 고령화 사회의 진입으로 인하여 점차 지역사회로 복귀하는 다양한 와상 · 치매노인, 신체 · 정신적 허약노인 그리고 만성화된 장애인이 증가하였으며 의료 문제를 가진 사람뿐 아니라 심리적인 어려움, 사회경제적인 문제 등으로 도움을 필요로 하는 사람과 집단들이 급속도로 증가하게 되었다.

이 같은 사람들이 지역사회에 적응하며 살아가는 데 필요한 다양한 보호와 돌봄서비스가 필요하게 되었는데 전통적으로 이들의 돌봄은 주로 가족에 의해서 그리고 가족 중 여성이 담당하였으나 가족의 소규모화와 여성들의 사회 진출 증가 등으로 가족의 돌봄 기능은 급속하게 저하되었고 자연스럽게 돌봄서비스의 사회화 요구가 나타나기에 이르렀다.

그러나 기존의 서비스는 특정한 서비스를 한정된 범위에서 특정한 개인에게 제공되는 단편적인 형태로 이루어졌기 때문에 복합적인 문제와 욕구를 가진 만성적이고 복합적인 문제를 지닌 클라이언트의 욕구를 충족시키는 데 어려움이 있었다. 다양한 욕구는 한 개인과 조직의 도움만으로 실현 가능한 것이 아니라 여러 가지 서비스 영역의 상호 관련성의 기반으로 충족될 수 있다.

사례관리는 바로 이러한 복합적인 욕구를 지닌 클라이언트들이 지역사회 안에서 살아가는 데 필요한 서비스를 구성하고 그 욕구를 만족시킬 수 있도록 통합하여 상호 연계되도록 대응하기 위한 장치로서 개발되었다.

3. 서비스 전달의 분산화

다차원적인 영역에 걸쳐 있는 다양한 서비스를 연계하고 조정한다는 것은 매우 도전적인 일이다. 사례관리는 이러한 단편적이고 분산되어 있는 서비스를 조정하고 연계하기 위한 필요성에 의해 등장하였다. 미국의 경우 주정부와 지방정부의 대인관계 서비스 관계 부처들이 연령집단별(아동, 노인 등), 기능별(보건, 주택, 고용 등) 혹은 특수 영역별(지적장애, 교정 등)로 구분되어 조직화되어 있다(Moxley, 1989 : 14).

한편 우리나라의 경우 아동을 중심으로 살펴보면 교육부, 문화체육관광부, 보건복지부, 여성가족부, 국가청소년위원회 등 매우 다양한 관련 정부부처들이 조직되어 있는 것을 알 수 있다. 이는 하나의 아동의 문제에 동시다발적으로 개입할 수밖에 서비스 전달의 분산화 실태를 보여준다.

실제로 사람들 중 상당 부분 복합적인 욕구로 인해 다른 유관기관의 책임으로 여겨지는 보호가 필요할 때 관계 기관과 조정이나 연계가 용이하게 이루어지지 않거나 실패하는 경우가 종종 있다. 각 체계 및 자원 간의 통합이 이루어지지 못했을 때 서비스의 단편화가 발생하게 되는 것이다. 이러한 상황에서 서비스 체계에 연계성을 부여하고 클라이언트의 욕구를 통합적으로 충족시킴으로써 서비스 분화의 부정적인 측면을 보완하고 하나의 통합된 체계 속에서 클라이언트의 욕구를 분명하게 성취하기 위해 사례관리가 등장하였고 사례관리자들은 다양한 서비스 제공자들과 함께 연계하여 일하는 데 목적을 두고 노력해야 한다.

4. 기존 서비스의 단편성

대부분의 대인복지서비스는 범주적으로 분류되고 자원과 자격요건의 측면에서 서비스의 공급주체들이 다원화되어 있다. 즉, 서비스의 공급주체는 중앙정부, 지방정부, 민간조직 등으로 나누어지고, 서비스는 연령집단별(아동, 노인 등), 기능집단별(보건, 건강, 주택, 고용 등), 혹은 문제영역별(가정상담, 직업재활, 교정 등)으로 나뉘는 것이다(Moxley, 1989 : 14).

1960년대 지방당국이나 관계기관들이 정해진 서비스 분류의 영역을 뛰어 넘어서 클라이언트의 다양하고 복합적인 욕구를 하나의 창구로 통합하여 서비스를 제공한다는 것은 당시로는 거의 불가능한 것이었으며 특히 이러한 쟁점은 '복지국가 위기'라는 분위기 속에서 선진국가를 중심으로 관심이 고조되었다.

이처럼 복지서비스가 통합되지 못하고 단편적으로 서비스가 이루어지는 상황 속에서 클라이언트의 욕구는 충족되지 못하고, 문제의 해결은 형식화되거나 방치되기 쉬워진다. 그리하여 대인복지서비스의 효과성, 책무성에 기초하여 서비스의 누락과 중복을 점검해야 하는 전문가의 양성과 전문기술의 필요성을 절감하게 되었다. 서비스의 계획을 관리하고 서비스의 전달체계의 효과성을 최대화할 수 있는 대응책으로서 서비스 공급자들의 단편성과 범주적인 틀에서 벗어나 상호작용할 수 있도록 하는 사례관리의 필요성이 강력히 대두되었다.

5. 사회적 지지와 사회적 지원망의 발전

클라이언트의 삶의 질에 대한 사회적인 지지와 사회적인 지원망의 영향력에 관한 인식이 증가하였다. 선행된 연구나 관련 전문 서적에서 자주 '돌봄의 비공식적인 체계'로서 상당수의 클라이언트가 그들의 가족이나 친척, 친구, 일상적인 도우미들로부터 실질적인 도움, 안내, 정서적인 지원을 받아 온 것이 확인되었다. 사적이고 비공식적인 체계를 통해서 클라이언트가 지역사회 내에서의 삶의 질을 향상시키는 데 주요한 영향을 미칠 수 있다.

그러나 이러한 중요한 타인으로부터의 지지는 반대로 부정적이고 부당한 영향을 끼칠 수도 있기 때문에 사례관리자는 대인 서비스를 제공하는 공식적인 전문가와 더불어 비공식적인 지지를 제공하는 개인이나 집단 간의 상호호혜적인 관계를 형성하도록 조정해야 하는 것이다. 그럼에도 불구하고 1970년대 이전까지만 해도 공적 서비스와 사회적 지지를 통합하는 장치는 거의 찾을 수 없었다.

이러한 적절한 통합 환경 장치의 부재로 인해 클라이언트와 그 가족들은 많은 책임을 떠안게 되었고 이로 인하여 과도한 스트레스가 발생하였다. 클라이언트와 그 가족 구성원들이 환경자원을 개발하고 연결할 수 있도록 원조하는 서비스가 필요하게 됨에 따라 사회적인 돌봄의 공식·비공식적 체계들을 조정하고 연계시키는 도구로서 사례관리가 등장하게 되었다.

6. 비용억제의 필요성

대인복지서비스에서 비용을 억제해야 한다는 요구에는 두 가지의 의미가 포함되어 있다. 하나는 제한된 자원 안에서 서비스의 효과를 최대화하려는 측면이고, 또 다른 하나는 서비스의 전달에 필요한 비용을 억제하려는 측면이다.

사회복지서비스에 대한 정부의 개입이 점차 지방자치단체와 민간기관으로 이양되는 경향에 따라 고비용의 대규모 시설 서비스를 지양하기 위해 불필요한 시설 입소를 줄이고 비용효과가 높은 서비스를 중점으로 지역사회 기반의 서비스가 확대되기 시작하였다.

이처럼 서비스 전달의 효과를 향상시키고자 하는 노력은 자원이 한정된 환경에서 매우 중대한 관심사로 부각되어 왔다. 이는 서비스의 비용효과를 높이고, 서비스들 간의 누락과 중복을 피하려는 전문가의 양성과 전문기술을 요구하였다. 보호의 총제적인 계획을 관리하고 지역사회 기관들로부터 서비스 연계를 인가하는 권한을 행사할 수 있는 사례관리자는 효과적인 서비스 전달을 최대화하려고 노력하는 한편, 동시에 비용을 억제하려는 수단으로서 사례관리를 활용해야 할 것이다. 사례관리는 이러한 상황 속에서 지역사회 내에서 클라이언트의 보호와 돌봄의 총괄적인 개입 계획을 관리하고 비용을 억제하는 수단으로서 등장하였다.

그러나 실제로 비용을 억제하는 수단으로서, 즉 비용효과의 문제와 효율성의 문제를 다양한 연구 결과를 통해 보고하려는 노력이 있어 왔으나 전반적인 선행연구 결과를 살펴볼 때 전통적인 서비스 제공을 위해 지출된 비용을 줄이는 것밖에는 성공적이지 못한 것으로 평가받고 있다.

7. 통합적 실천 및 운영체계 강조 : 다차원적 사례관리의 등장

최근 10여 년간 한국의 공공복지영역에서의 사례관리 사업이 급속하게 확대 · 발전되었다. 2006년에는 주민생활지원서비스의 전달체계가 개편되고, 2009년에 위기가구 사례관리시범사업을 거치면서 2012년 4월에 '희망복지지원단'이 정식 출범하기에 이른다. 이에 따라 공식적으로 우리나라 시 · 군 · 구 단위에서의 통합사례관리가 수행될 수 있는 제반 체계가 완성되었다. 제1차 사회보장위원회의 안건이었던 '국민중심의 맞춤형 복지전달체계 구축방향'에서도 '사례관리'를 주요한 기능이자 전략으로 명시하고 있다(관계부처합동, 2013). 이처럼 공공영역에서의 사례관리가 확대되고 발전된 이유는 서비스 전달에 대한 책임성과 통합성의 제고 그리고 정부재정의 효율적 운용에 대한 종합적인 관심이 커졌기 때문이라고 할 수 있다(최지선 · 민소영 · 엄태영, 2015).

희망복지지원단에서는 위기가구를 발굴하여 사례관리 실천을 실시하면서 동시에 통합사례관리 지원체계를 함께 체계화하였다. 즉, 보건복지부에서는 희망복지지원단 중앙지원센터, 지역사회복지협의체, 희망복지지원단 등 통합사례관리 지원체계를 구축하였고, 드림스타트사업 역시 드림스타트사업지원단, 아동

복지기관협의체, 통합사례관리 슈퍼바이저, 시·군·구 아동통합서비스지원기관 등의 지원체계를 조직하였다(보건복지부, 2018). 이렇게 사례관리는 서비스 및 지원체계를 동시에 강조하는 다차원적 특성을 보이면서 발전하고 있다(김성경, 2017 : 53 재인용).

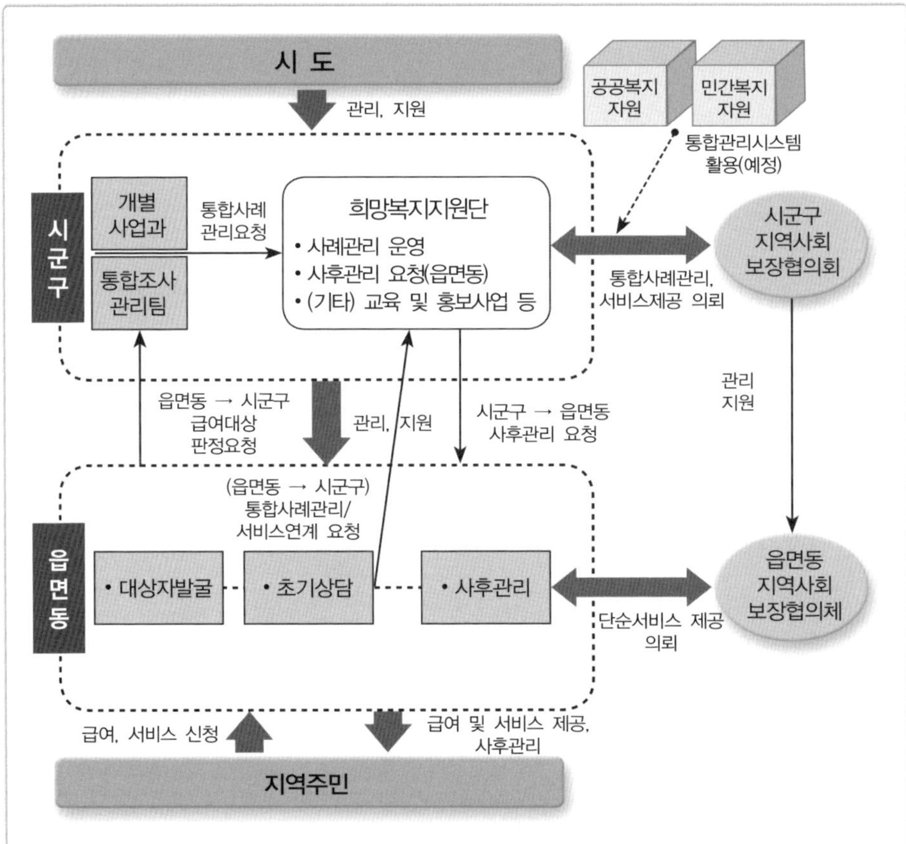

[그림 1-1] 통합사례관리 운영체계 : 희망복지지원단 업무 추진도

출처 : 보건복지부(2018). 2018년 희망복지지원단 업무안내, p. 24.

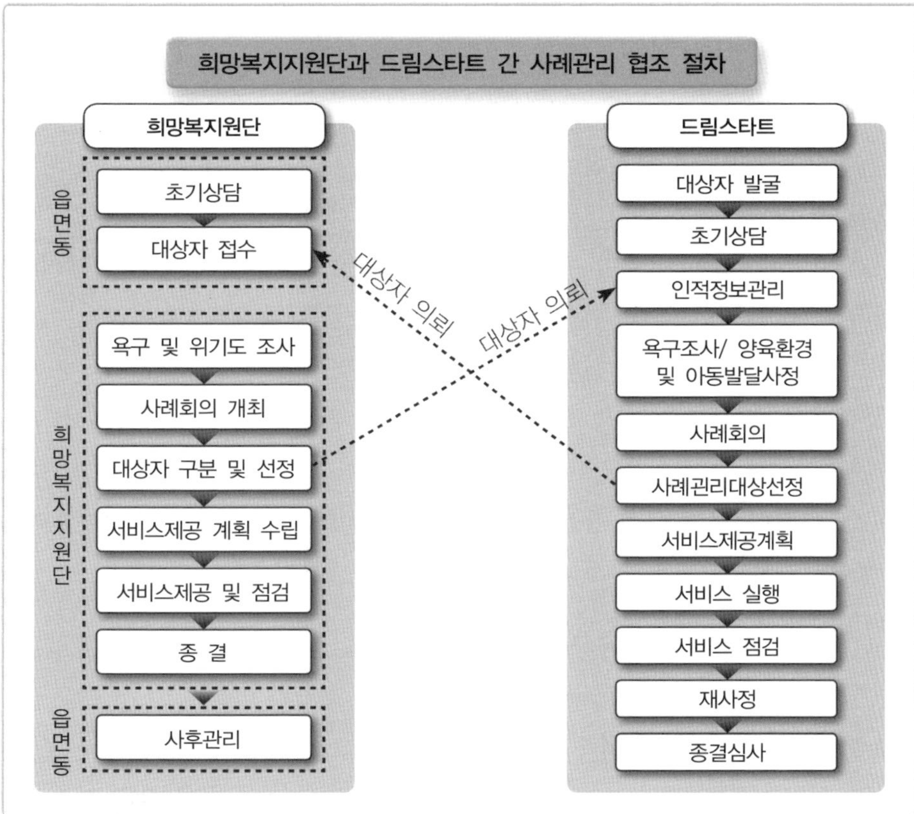

|그림 1-2| 희망복지지원단 - 드림스타트 간 협조 절차도

출처 : 보건복지부(2018). 2018년 희망복지지원단 업무안내, p. 49.

제4절 사례관리 관련 이론 및 모델

사례관리는 자원관리와 조정 등의 간접적 서비스를 제공해야 하는 동시에 클라이언트와 환경체계를 사정하여 클라이언트의 다양한 욕구를 만족시킬 수 있는 서비스 제공과 연결 그리고 직접적 서비스도 제공하여야 한다. 이러한 사례관리의 특성으로 인하여 사정 시에 가계도와 생태도 등 다양한 사정도구를 활용하여 종합적인 사정이 필요하므로 생태체계이론에 대한 충분한 지식이 요구되며, 클라이언트의 장기적이고 복합적인 문제를 해결하고, 클라이언트의 역량을 강화하기 위한 임파워먼트와 강점접근 및 근거기반 이론이 중시된다. 또한 자원의 효과적인 개발과 연계를 위한 네트워크 이론 등에 대한 지식이 요구된다.

사례관리 모델들은 다양할 수 있으나, 그중 어떤 모델이 옳고 어떤 모델이 최상이라고 평가할 수 없다. 다양한 모델들의 특징들을 살펴봄으로써 자신이 일하는 영역과 대상 그리고 클라이언트의 욕구와 기관의 욕구 등 다양한 변수들을 충족시킬 수 있도록 어떤 면을 강화하거나 더 많은 노력을 기울이는 것으로 사례관리의 기능을 극대화할 수 있게 된다.

이에 생태체계적 관점과 강점관점, 임파워먼트 관점, 네트워크 관점을 살펴보고, 창동종합사회복지관의 사례관리에 적용된 사례관리 모델들을 중심으로 사례관리 모델 분류내용을 소개하고자 한다.

1. 생태체계적 관점

생태체계적 관점은 심리, 정신병리 등 클라이언트 개인의 문제에 중점을 두고 전문성을 키워왔던 기존의 사회사업실천에 개인을 둘러싼 환경 속에서의 다양한 관계망과 상호작용, 사회적 변화 등에 대한 관심을 더함으로써 사회사업의 통합적인 접근을 가능케 하는 중요한 실천기반이다.

생태체계적 관점의 기본 전제는 인간을 포함한 모든 것들은 하나의 체계로 볼 수 있다는 것이다. 그리고 각 체계는 여러 하위체계들로 구성되는데, 하나의 체계를 구성하는 하위체계들은 서로 관련되어 있고 따라서 서로 의존적이라는 것이다(인천광역시사회복지관협회 · 사례관리연구회, 2009).

따라서 생태체계적 관점에 근거한 사회사업실천은 전체로서의 개인뿐 아니라 가족, 지역사회의 상호작용에 대한 포괄적인 이해를 통해 더 나은 기능 향상을 위한 효과적인 방법을 모색할 수 있다. 이러한 생태체계적 관점의 주요 특성과 의의를 정리하면 다음과 같다.

첫째, 생태체계적 관점은 개인을 다른 체계의 한 부분으로 포함(하위체계)하는 동시에 다른 체계를 통합하여 이해하는 것이 중요하다. 그렇기 때문에 사례관리 실천과정에서 개인의 심리적인 요소와 사회적인 요소를 분리하지 않고 함께 고려해야 한다.

둘째, 실제로 각각의 체계는 매우 복잡하고 다양한 방식으로 상호작용을 하는데, 체계적 관점은 이렇게 개인과 가족, 지역사회, 더 나아가 좀 더 큰 사회환경과의 상호작용을 어떻게 이해해야 할 것인지 알려준다.

셋째, 각 체계들은 투입(input)과 처리(throughput), 산출(output) 및 환류(feedback loops)의 과정을 이행한다.

이러한 체계 간에 기능하는 과정을 이해함으로써 사례관리를 통해 어떻게 각 체계를 변화시켜 나가야 하는지 알 수 있다. 생태적 관점은 기본적으로 체계적 관점과 맥을 같이하고 있고, 그 강조점은 개인과 개인을 둘러싸고 있는 환경이 서로 상호작용하고 있다는 데 초점을 두고 있다. 또한 체계이론에서는 단순히 체계 내부의 구조와 조직, 그리고 체계의 경계선에 치중된 단선적인 관계에 초점을 두고 있는 반면, 생태적 관점에서는 개인을 둘러싸고 있는 환경들을 개인과의 직접적인 상호작용의 정도에 따라 위계적 구분을 하고, 나아가 개인과 여러 환경들 간의 위계적인 상호작용에 초점을 두고 있다.

생태체계학적 관점의 기본 가정은 다음과 같다.

첫째, 개인의 유전적 혹은 생물학적 요인은 환경과 상호작용하는 과정에서 다양한 방식으로 표현된다. 둘째, 개인과 개인을 둘러싸고 있는 환경은 서로 상호 영향을 미치는 또 하나의 체계를 형성한다. 셋째, 적합성(goodness of fit)이란 적응(adaptation)의 능력을 가진 개인과 환경 사이의 상호작용을 통하여 형성되는 상호적인 인간과 환경의 과정이다. 넷째, 개인은 목적지향적이며 유목적이고 유능성을 획득하기 위하여 노력한다. 다섯째, 개인은 개인을 둘러싸고 있는 환경과 상황 속에서 이해되어야 한다. 여섯째, 개인의 성격은 개인과 환경 사이의 상호작용이고 산물이다.

생태적 관점은 체계관점을 확대 · 발전시킨 것이다. 즉, 체계관점에 따르면, 인간을 포함한 사회의 모든 것들은 하나의 체계이며, 각 체계를 구성하는 하위체계들은 서로 유기적으로 연계되어 있다. 사례관리에 있어 체계관점의 활용에 중요한 점은 각 체계와 환경, 즉 개인과 개인을 둘러싸고 있는 환경 간의 관계를 분석하는 데 있다. 생태적 관점은 체계관점에서 체계의 개념과 개인과 환경 간의 단순한 분석에서 더 나아가, 개인을 둘러싸고 있는 환경들을 그 상호작용의 정도에 따라 위계적으로 분석하는 데 있다.

생태적 관점을 활용한 사례관리의 주요 실천원칙은 다음과 같다(김동배 · 권중돈, 2001).

- 개인과 환경을 분리할 수 없는 존재로 본다.
- 실천과정에서 사례관리는 클라이언트와의 동등한 파트너십을 형성한다.
- 클라이언트의 생활상황과 생활주기에서의 단계를 사정한다.
- 개인과 모든 환경 간의 적합성을 증진시킬 수 있는 개입방법을 모색한다.
- 긍정적 관계와 생활경험을 통해 클라이언트의 개인적 유능성을 증진시켜 나간다.
- 사회적 지지는 사례관리자의 원조와 조화를 이룰 뿐 아니라 전체적인 실천에 필수적인 요소로 본다.
- 클라이언트와 함께 해결방안을 모색하고, 클라이언트의 역량강화에 초점을 둔다.

생태체계적 관점의 등장으로 인해 인간과 환경은 별개로 분리된 것이 아니라 서로 지속적으로 상호 교류하면서 존재한다는 사실을 인식하게 되었다. 인간과 환경을 둘 중의 하나가 아닌 '관계' 속에서만 이해할 수 있음을 인식하기 시작하였던 것이다. 관계는 환경에 대한 이해에 인간에 대한 이해를 단순히 덧붙임으로써 이해될 수 있는 성질의 것이 아니다. 대신에 이 둘 사이의 상호작용, 즉 상호 교류를 검토해야만 한다. 생태체계적 관점에 의해 인간과 물리적 · 사회적 · 문화적 환경은 자원의 상호 교환과정에서 상호작용하는 것으로 이해되기 시작한 것이다(장인협 · 우국희, 2006 : 98).

2. 강점(Strength)관점

강점관점은 모든 사람들은 강점을 가지고 있다는 인식에서 출발한다. 이러한 강점이 사례관리에 도입됨으로써 클라이언트의 바람직한 변화를 위한 동기와 잠재능력을 향상시킬 수 있다. 사회복지사는 문제에 중심을 두기보다는 체계가 가지고 있는 자질과 기술을 토대로 접근함으로써 클라이언트의 체계와 환경의 맥락에서 자원을 보다 효율적으로 이용할 수 있고, 더욱 효과적으로 기능이 증진되도록 이끌 수 있는데, 이는 클라이언트의 회복력을 통해 더욱 견고해진다(인천광역시사회복지관협회 · 사례관리연구회, 2009).

클라이언트가 모든 영역에서 강할 수는 없지만, 어떤 클라이언트에게도 강점과 자원이 있으므로 그 강점과 잠재력에 주목하고 긍정적 의도, 노력, 성취에 이르도록 해야 한다. 때로는 클라이언트가 위기 중에 있으면 강점을 주목하지 못할 수도 있으므로, 사회복지사가 강점을 부각하여 자원을 재조직하면 강점이 미래에 필요한 것에 접근할 수 있는 자신감을 향상시켜 클라이언트 스스로 어려움을 해결할 수 있는 힘을 갖게 된다.

강점관점이 사례관리에 미친 영향으로는 첫째, 강점관점은 클라이언트의 개별화를 촉진한다. 문제중심 혹은 병리적 모델에 기반으로 한 접근은 클라이언트에 대한 표준화, 규범화 등으로 인하여 서비스의 개별화를 저해한다. 사람은 성장과정 중에 변화할 수 있는 능력을 가지고 있어 강점을 발달시키기 위한 사례계획은 전문가의 지시와는 전적으로 다르다. 둘째, 사례관리자가 조언가가 아닌 파트너로서의 관계를 촉진한다. 클라이언트를 돕는 전문가의 업무는 클라이언트 자신의 목표와 열망을 기반으로 해야 한다. 사회복지사가 자신도 모르게 클라이언트의 복종과 순응을 당연시 여기고, 불만을 이야기하는 클라이언트를 부적절하다고 이야기하고 있지는 않은지 점검이 필요하다. 셋째, 강점관점 사례관리는 클라이언트의 역량강화뿐 아니라 사례관리자와 지역사회 모두의 역량강화를 가능케 한다.

3. 임파워먼트(Empowerment) 관점

임파워먼트는 개인, 그룹, 조직, 그리고 지역사회 등이 각각의 기능을 잘 수행하고 적절한 관계를 형성해 나갈 수 있도록 그 능력과 힘을 잘 통제할 수 있도록 하는 과정으로 자신감, 가치감을 제공하고, 스스로 갖춰야 할 환경에 대한 파워와 통제력에 대한 인식을 더해 준다(인천광역시사회복지관협회 · 사례관리연구회, 2009).

임파워먼트란 무력함을 경험하는 사람, 집단, 지역사회의 잠재적 파워를 개발하는 일련의 과정으로 규정할 수 있다. 임파워먼트는 개인의 문제에 영향을 미치는 환경적 요소에 관심을 가진다. 임파워먼트를 통해 개인들은 내적으로 자기효용감과 통제력이 증가되고, 이렇게 나타난 개인 내적 변화는 사회적 의식을 바꾸게 된다. 그리고 사회의식의 변화는 개인의 사회참여 수준을 높이는 결과를 초래한다. 따라서 임파워먼트는 개인 내적 변화를 사회정치적 수준으로 연계하는 실천적 접근이라고 할 수 있다.

사례관리의 주요 기능은 클라이언트의 잠재력을 극대화함으로써 문제를 해결하고 환경체계를 활용할 수 있는 능력 함양이다. 이러한 개인과 환경의 최적 기능을 위해 사례관리자는 다양한 체계에 효율적인 개입과 관리 역할을 수행하는 데, 이러한 사례관리의 실천은 임파워먼트의 실천적 가치 및 의의와 같은 맥락임을 알 수 있다.

마일리 외 학자들(Miley et al., 1995)은 임파워먼트에 기반한 실천을 하는 전문가는 클라이언트의 전문성(expertise)을 인식하고, 이들의 적극적인 참여를 독려하면서 임파워먼트의 구성요소를 다음과 같이 제시하고 있다.

첫째, 임파워먼트 실천에는 개인적 임파워먼트, 개인 간 임파워먼트, 구조적 특성을 들 수 있다. 개인적 임파워먼트는 클라이언트가 어떤 변화에 영향을 미칠 수 있는 자신의 능력을 인식하고, 더불어 자신감, 그리고 예전에는 인식하지 못했던 강점을 인지하고 수용하게 되는 것이다. 개인 간 임파워먼트는 다른 사람에게 영향을 미치는 개인의 능력을 의미한다. 임파워먼트는 구조적 특성을 갖고 있다. 왜냐하면 우리가 맺고 있는 관계들은 사회적 구조와 관련되어 있기 때문이다. 구조적 변화는 자원접근에 대한 가능성과 형평성을 높이며, 새로운 기회구조를 가져다 준다. 따라서 사회 차원에서의 접근 가능한 자원들을 창출해 나가는 것은 우리 사회의 많은 사람들의 임파워먼트 가능성을 높이는 데 기여하는 것이라 하겠다.

둘째, 임파워먼트적인 실천은 클라이언트의 자원에 대한 접근성을 높인다. 임파워먼트에 기반하여 실천하는 사례관리자는 클라이언트로 하여금 개인적, 개인 간, 그리고 사회정치적 자원에서의 접근성을 높인다. 임파워먼트 관점은 개인이든, 지역사회이든 어느 체계나 이미 잠재적인 능력과 가능성, 기회를 지니고 있다고 본다. 만약 어떤 체계가 제 기능을 유지하지 못하고 있다면 이는 그 체계만의 문제라기보다 이러한 제 기능을 가능하도록 도와야 할 사회구조나 자원의 부족현상으로 보는 것이다. 따라서 사례관리자는 개인 내적으로, 대인관계 속에, 그리고 우리 사회의 여러 기회와 물리적인 환경 속에 내재된 자원을 찾아내고 클라이언트가 접근할 수 있도록 도와야 한다.

셋째, 임파워먼트에도 과정이 있다. 임파워먼트는 각 체계의 통제력을 향상해 나가는 과정이다. 즉, 자신의 생활을 충분히 통제할 수 있는 개인, 조직, 지역사회 체계는 상호 간에도 강화시킬 수 있는 역량을 갖게 된다. 임파워먼트는 제로섬이 아니라 이렇게 영향을 미치는 범위가 점차 확대되는 특성을 가지고 있다. 즉, 과정으로서 임파워먼트는 각 체계의 적응기능을 향상할 수 있는 체계 능력을 인식하고 촉진하며, 증진시키는 것을 의미한다.

- 바람직한 변화를 위해 모든 클라이언트에게 내재하여 있는 문제를 해결할 수 있는 강점과 동기 및 잠재능력이 강조된다.
- 사례관리 주요 목적은 클라이언트의 잠재력을 극대화함으로써 문제를 해결하고 환경체계를 활용할 수 있는 능력을 함양하는 것이다.
- 임파워먼트 실천은 클라이언트가 스스로의 힘으로 자신에게 필요한 자원을 얻을 수 있도록 역량을 강화하는 것이다.
- 임파워먼트 실천은 개인과 대인관계, 그리고 사회의 여러 기회와 물리적인 환경 속에 내재된 자원을 찾아내고, 이를 클라이언트가 잘 활용할 수 있도록 돕는 기능을 수행한다.

4. 네트워크 이론

네트워크란 자원, 기술, 사회관계, 지식, 신뢰 등을 서로 공유할 수 있는 사람들 또는 단체의 공식적 혹은 비공식적 관계의 망으로 유대 또는 연대라고 이해할 수 있다. 최근 사회복지에서 네트워크가 관심을 끄는 것은 부족한 자원을 다른 기관과의 협력을 통해 극복하려고 하는 노력의 결과로 볼 수 있다. 네트워크를 통해 클라이언트의 욕구충족, 자원부족 문제의 극복, 효율성의 증진 및 소속감, 공동체 의식의 증진 등을 들 수 있다(이준영, 2007).

사례관리에서 네트워크의 목적은 클라이언트에게 적절하고 포괄적이며 지속적인 서비스를 제공함으로써 서비스의 효과성을 제고하여 사회복지 개입의 책임성을 완수하는 것이다. 클라이언트의 복합적인 욕구는 클라이언트와 가정만이 아니라 지역사회 차원에서 다양한 기관이나 시설, 단체의 참여와 협력을 통해서 충족될 수 있다. 특히 네트워크 구축이 필요한 이유는 지역사회 내 사회복지 관련조직들이 클라이언트에게 서비스를 제공함에 있어서 지원의 중복과 갈등을 최소화하고, 단위조직의 정보, 인력, 설비 등 자원의 공유를 통해 지역사회 자원의 활용도를 최대화함으로써 사업의 효과성을 극대화할 수 있기 때문이다. 또한 네트워크를 통해 누락된 클라이언트를 발굴하고, 서비스의 단절을 극복할 수 있으며, 서비스와 프로그램의 중복의 조정 등을 통한 효율성을 증대시키고, 부족한 자원을 동원할 수 있다. 이러한 네트워크를 설명하는 이론은 다음과 같다.

1) 사회자본 이론

복잡하고 다양한 사회로 진행되면서 사회적 관계의 영역이 확장되고, 관계의 대상이 다양화되면서 사람들 사이의 관계에 의해 형성되는 가치가 중요해지고, 이에 따라 신뢰와 규범, 관계망, 시민사회와 정치적 참여에 기반을 둔 사회자본 이론이 주목받고 있다. 사회자본은 사회적 관계(네트워크)를 통해 만들어지며, 사회적 생산성을 담보하는 비실체적인 자본의 형태로 규정되며 중시되고 있다.

사회자본의 구성요소로는 네트워크, 신뢰, 호혜성을 들 수 있다(한상미, 2007). 네트워크가 활성화되기 위해서는 신뢰와 협동이라는 인지적인 요소들의 활동이 함께 이루어져야 하는데, 지역주민들을 결합하고 교량역할을 하는 네트워크를 강화하는 역할을 한다고 할 수 있다. 친근하고 사적인 관계에서의 특별한 신뢰, 알지 못하는 사람과의 관계에서의 일반화된 신뢰, 그리고 일반화된 제도에 대한 신뢰가 인지적 측면을 구성한다. 제도에 대한 신뢰와 호혜관계는 공식적인 거버넌스 제도 및 시장에 대한 신뢰에 초점을 두고, 규칙의 공정성과 절차, 쟁점의 해결이나 자원배분 등에 의해 형성되는 신뢰와 호혜관계를 말한다. 네트워크, 신뢰, 호혜성의 관계는 어느 한 시점에서 종결되는 정태적 관계가 아니라 시간의 흐름에 따라 서로 영향을 주고받는 선순환적 관계로 이해해야 할 것이다.

사회자본은 신뢰를 통해 거래비용을 감소시키고 사회관계 내에서 정보제공자로서의 잠재력을 갖는다. 따라서 구성원들이 신뢰하는 관계에서 친밀도가 높아질수록 거래비용을 줄이고 신뢰할 만한 정보를 얻고, 그 정보를 사용할 수 있는 사람이 누구인지를 알아야 적절한 시기에 정보교환을 촉진할 수 있게 된다. 그 결과 구성원들의 자발적 행동은 증가될 수 있으며, 가치에 따라 적절한 규범을 형성하여 공동체의 정체성을 유지하며 연대를 형성하게 된다(한상미, 2007).

2) 상호조직 이론

상호조직 이론이 네트워크 관점에서 중시되는 요인 중 하나는 자원의존 이론으로 '조직 간 관계이론'으로 명명되기도 한다. 개별조직이 다른 조직과의 상호관계 속에서 자원을 획득하는 과정은 네트워크의 형성으로 해석될 수 있으며, 이런 측면에서 조직 간 관계이론과 자원의존 이론, 조직네트워크의 연관성을 파악할 수 있다. 조직 간 관계이론은 지역사회에는 다양한 형태의 조직들을 포함하고 있으며, 이러한 조직들 간의 조정과 협력이 지역사회 주민, 나아가 지역사회복지를 개선 · 증진시키는 데 있어 중요하다는 점을 강조한다. 상호조직 이론에 의하면, 모든 조직은 그 조직이 지향하는 목적을 성취하기 위해 나름의 과업환경 내 자원이나 경쟁자들을 필요로 하고, 그들과 상호 조정 및 협력을 통해 전체 지역사회 자원을 발전시켜 나간다는 것이다. 이러한 목적을 성취하기 위해 필요한 과업환경은 자금 지원이나 재정자원의 제공자, 권위와 정당성의 제공자, 클라이언트 또는 소비자의 제공자, 보조적 서비스 제공자로서의 조직, 상품과 서비스의 소비자와 수혜자(예를 들면 사회복지조직에서 클라이언트), 경쟁조직 등이다.

- 네트워크는 부족한 자원을 다른 기관과의 협력을 통해 극복하려고 하는 노력의 결과이다. 이를 통해 누락된 클라이언트를 발굴하고, 서비스의 단절을 극복할 수 있으며, 서비스와 프로그램의 중복조정 등을 통해 효율성을 증대시키고, 부족한 자원을 동원한다.

- 사회자본의 구성요소로 네트워크, 신뢰, 호혜성을 들 수 있다. 사회자본이 증대함에 따라 기관 간은 물론, 시민사회, 지역 주민과 사회복지기관 간에 일반화된 신뢰를 통해 협력하고 참여하게 됨으로써 생산적 상호작용을 창출하게 된다.
- 조직 간 관계이론은 지역사회의 다양한 형태의 조직들을 포함하고 있으며, 이러한 조직들 간의 조정과 협력이 지역사회 주민, 나아가 지역사회복지를 개선 · 증진시키는데 있어 중요하다는 점을 강조한다.

사례관리의 특성으로 인하여 사례를 사정할 때에는 가계도와 생태도 등 다양한 사정도구를 활용하여 종합적인 사정을 요하므로 생태체계 이론에 대한 충분한 지식이 요구된다. 또한 최근 사례관리가 클라이언트의 복합적이고 장기적인 문제를 관리하는 차원을 넘어, 클라이언트의 자립을 도모하는 목적을 갖는 등의 다양성을 보이고 있기 때문에 클라이언트의 역량을 강화하기 위한 임파워먼트와 강점 관점 접근이 중시되고, 자원의 효과적인 개발과 연계를 위한 네트워크도 강조된다.

5. 사례관리실천의 모델

1) Lambert Magure(2006)의 모델 분류

(1) 전통적 장기 모델 VS 관리보호 단기 모델

전통적 장기 모델은 치료될 수 없는 장기적이고 만성적인 건강문제나 정신보건 문제를 다루는 전통적 사례관리 모델이다. 복합적 인과관계를 추구하고, 비관적 예후에 대한 기대를 가지며, 장기보호와 자원의 조정을 필요로 하고 있다.

반면에 관리보호 단기 모델은 시간제한적이고 집중적이며, 자원의 조정과 연계에 관심을 갖고 있다. 그리고 사례관리에서 치료를 중시하고 있다는 점이 전통적 장기 모델과 구별되는 특성이다. 이 모델 역시 복합적 인과관계를 중시하고 조정된 보호를 필요로 하며, 시간제한적이고 집중적인 서비스의 관리를 목표로 하고 있다.

(2) 일반사회복지 모델 VS 전문사회복지 모델

일반사회복지 모델은 사례관리자가 클라이언트에게 사례관리에 관한 모든 서비스를 제공해야 한다. 한 사례관리자가 모든 서비스를 제공하기 때문에 상충되는 조언을 피할 수 있으나, 전문가의 역량부족 문제가 한계로 작용한다.

반면에 전문사회복지 모델은 전문사례관리자와 전문가들 간의 업무공유가 중시되며 이들 간의 조정과 팀워크가 중시된다.

(3) 의뢰모델 VS 1차적 치료모델

의뢰모델은 사례관리자가 직접적인 서비스를 제공하지 않고 사례를 인테이크하여 의뢰하는 업무에 국한한다.

반면에 1차적 치료모델에서 사례관리자는 전통적 치료자와 동일한 역할을 하며, 부가적인 서비스는 다른 전문가들이 수행한다.

2) 사례관리자에 따른 분류 모델

Weil과 Karls의 사례관리 실천모델은 대인서비스 전문가 또는 특별히 훈련된 전문가에 의해서 제공되는 사례관리로 사례관리자로서의 통합전문가 또는 서비스 중개자 모델, 사례관리자로서의 1차적 치료자 모델, 학제 간 팀 모델로 나뉜다. 클라이언트와 특수한 관계에 있는 비전문가에 의해서 제공되는 사례관리는 사례관리자로서의 가족모델, 사례관리자로서의 지역사회 주민에 의한 지지적 보호모델, 사례관리자로서의 자원봉사자 모델로 나누어지며, 종합서비스센터에서 제공하는 사례관리로는 종합서비스센터 모델이 있다.

(1) 통합전문가 모델

통합전문가 모델에서는 사례관리자가 개별 클라이언트 또는 클라이언트 집단의 서비스 조정에 대한 책임을 가지고 있다. 사례관리자는 사회복지실천, 간호, 공공복지, 심리학, 대인서비스 등에 대한 훈련을 받은 사람으로 사례관리자가 직접 서비스, 조정, 옹호 등을 제공한다. 통합전문가는 중재자 활동을 하며, 학사 또는 석사 수준의 전문가로 접수, 서비스 기획, 서비스 조정, 평가 등 전 과정에 관여한다. 이 모델의 장점으로는 각각의 클라이언트가 치료기획과 서비스 문제에 관하여 한 사람과 일하므로, 각각의 클라이언트에 대하여 책임성 있게 대처할 수 있다. 또한 사례관리자의 다양한 기능수행으로 지루함을 저하시키며 사례관리자의 자율성을 장려한다.

(2) 1차적 치료자 모델

1차적 치료자 모델이란, 사례관리자와 클라이언트와의 관계가 치료적인 모델로 사례관리자는 석사학위 이상 사례관리자, 심리학자, 정신의학자 등의 전문인력이다. 클라이언트의 관심사와 문제에 대한 치료자 지식을 기반으로 치료자 · 클라이언트 간의 신뢰가 가장 중요한 모델이라 할 수 있다. 이 모델의 장점으로는 클라이언트의 치료, 서비스에 대한 접근 및 사례를 조정한 사람과 진행함으로써 편리함과 편안함을 동시에 제공하며, 소규모 프로그램과 지역사회에서 적용하기에 적합하다. 클라이언트와 부단한 대면 접촉을 할 수 있는 장점도 겸비하고 있다.

(3) 학제 간 팀 모델

학제 간 팀 모델이란, 성원 각자가 특정한 전문영역의 서비스 활동에 개별적 책임을 가지며 다양한 학문분야 간 전문화된 팀의 개념에 기반으로 하는 모델로 전문화된 사례관리자들이 공동으로 사례관리의 모든 과정을 구성하는 모델이다. 이 모델은 전문분야에 따라 담당사례를 결정하며, 접수, 서비스 연결, 서비스 접근 및 점검과 같은 활동을 통한 책임을 공유하는 역할을 담당하고, 사례관리팀은 다양한 전문가들로 구성되며 독립적이면서도 밀접한 협력관계를 이룬다. 장점으로는 집단의 상호작용을 통하여 양질의 서비스를 제공하며 관련 전문가들에게 지원체계가 될 수 있도록 하며 소진을 예방하고, 난해한 사례에 대한 책임을 공유하는 방법으로 보호의 연속성을 더 잘 보장하고 서비스 기획과 만성질환자 치료에서의 서비스 통합을 증진할 수 있다. 단점으로는 집단의 상호작용이 가장 큰 잠재적인 약점으로 작용할 수 있으며, 팀 성원들이 클라이언트의 복지와 체계의 개입에 대하여 위임받지 못했을 때, 책임을 회피하거나 부정할 수 있다.

(4) 가족모델

가족모델이란, 가족이 사례관리 과정에 대한 훈련을 받게 되면 보호의 연속성과 서비스의 질에 대하여 효과적일 것이라는 믿음에 기초한 모델이다. 예를 들면, 부모가 발달장애 아동의 사례관리자로서, 또는 성인자녀가 허약한 노인의 사례관리자로서 역할을 수행한다. 이 모델은 전문가와 부모 · 성인 자녀와의 협력관계를 발달시키는 것이 중요하며, 대부분의 대인서비스 체계가 복잡하기 때문에 많은 전문가들이 교섭하는 데 어려움이 존재하지만, 가족성원을 위한 사례관리와 옹호에 대한 훈련은 가족으로 하여금 능력을 부여하는 경험이 될 수 있다. 가족이 과업을 효과적으로 수행할 수 있도록 조직적인 훈련과 지원체계 개발이 필요하며, 서비스의 기획, 조정, 점검 및 평가에 가족의 관여를 증대시키는 것은 바람직하나 전문가들이 책임을 소홀히 해서는 안되며, 클라이언트 및 가정과 전문가인 사례관리자의 효과적 서비스 조정과 옹호를 위한 협력이 중요하다.

(5) 지지적 보호모델

지지적 보호모델이란, 농촌 지역사회나 도시 저소득층 밀집지역에서 활용하는 것으로, 지역사회 내에서 만성정신장애인을 부양하는 데 필요한 심리적 지지가 그들의 자연적인 이웃과 일반 대중들 내에 존재한다는 신념에 기초한 모델이다. 이 모델은 지역주민들이 직접적인 정신보건서비스를 제공할 수 있다고 보고, 클라이언트와 그들이 필요로 하는 지역사회 지지를 효과적이고 경제적인 방법으로 연결이 가능하게 한다. 지지적 보호자들은 일반대중 중에서 선정하며, 매달 훈련기간을 통하여 심리학적 지식과 기능, 서비스의 전달 등에 초점을 둔 훈련을 받으며, 지방의 대인서비스 기관과 계약을 맺고 유급으로 서비스 제공의 업무를 수행한다. 사례검토와 같은 기능은 지지적 보호자와 기관이 공유하고, 공식적 평가와 같은 기능은 기관에서 지속적으로 수행한다.

(6) 자원봉사자 모델

자원봉사자 모델은 기관의 직원과 자원봉사자와의 공동협력을 통하여 일하는 것으로 지역사회 자원봉사자가 일정 기간 훈련을 거치고 사례관리기관이 전문가의 지도 · 감독을 받으면서 만성정신장애인, 신체장애인, 허약한 노인, 발달장애아동 등의 사례관리자로 활동하는 모델이다. 자원봉사자가 클라이언트에게 직접적으로 서비스를 제공하고, 서비스를 점검하거나 조정하며, 준전문가로서 클라이언트를 원조하는 보조협력자의 역할을 수행한다. 클라이언트의 복지에 대한 책임이 있으며 임무에 대한 적절한 교육과 지도 · 감독을 받도록 해야 한다.

(7) 종합서비스센터 모델

종합서비스센터 모델은 서비스센터가 사회적 · 정서적 지지, 직업훈련, 기숙시설 등을 포함한 포괄적 서비스를 제공하는 모델로 만성정신장애인, 발달장애인 시설의 수용자, 자립생활센터의 거주자, 지체장애인, 장기 건강보호가 필요한 사람 또는 위탁보호가정의 청소년들에게 서비스를 제공한다. 전형적인 종합서비스센터는 거주자들에게 기본적인 서비스만을 제공하며, 만성정신장애인 또는 약물남용자 등을 위한 재활 프로그램과 같은 것들은 다른 기관으로부터 서비스를 제공받는다. 대리확대가족과 유사하게 운영되고 있으며, 센터에서의 사례관리는 클라이언트들과 함께 거주하는 직원에 의해 수행된다.

3) Ross의 서비스 총합의 차이에 따른 분류

Ross는 사례관리 프로그램을 유형화시켜 minimal, coordination, comprehensive의 세 가지 모형으로 설명하였다. 이 세 가지 모형의 주요 차이는 준비된 서비스 총합으로 minimal 모형은 직접적 서비스를 포함하고 있지 않고, coordination 모형은 권익옹호, 개별사회사업, 지지체계 개발의 세 가지 서비스를 더하고 있다. comprehensive 모형은 공공교육, 위기개입, 점검의 기능을 더 포함하고 있다.

〈표 1-2〉 사례관리 프로그램의 세 가지 모형

최소한의 모델	조정모델	포괄적 모델
minimal 모형	coordination 모형	comprehensive 모형
① 클라이언트 발견 ② 클라이언트 사정 ③ 사례계획 수립 ④ 준비된 서비스로 의뢰	① 클라이언트 발견 ② 클라이언트 사정 ③ 사례계획 수립 ④ 준비된 서비스로 의뢰 ⑤ 클라이언트 권익옹호 ⑥ 직접적인 개별사회사업 ⑦ 지지체계의 개발 ⑧ 재사정	① 클라이언트 발견 ② 클라이언트 사정 ③ 사례계획 수립 ④ 준비된 서비스로 의뢰 ⑤ 클라이언트 권익옹호 ⑥ 직접적인 개별사회사업 ⑦ 지지체계의 개발 ⑧ 재사정 ⑨ 자원개발을 위한 옹호 ⑩ 점검 ⑪ 공공교육 ⑫ 위기개입

4) Moore의 서비스 공급에 따른 분류

Moore는 사례관리 실천상황이 서비스 공급체계에 있어서 자원의 수준과 서비스 통합수준에 의해서 결정된다고 하면서, 서비스 공급체계에 따라 사례관리 모형을 다음 그림과 같은 매트릭스로 표시하고 있다.

|그림 1-3| 서비스 공급과 매트릭스

첫 번째의 할당모형에는 서비스는 잘 통합되어 있으나 자원의 양이 적은 경우이다. 이 경우 케이스 매니지먼트의 전략은 할당, 즉 제한된 자원을 가장 효과적으로 사용하는 것에 있다.

두 번째의 마케팅 모델에서는 자원의 양도 충분하고, 서비스의 통합도 충분한 경우이다. 이것은 케이스 매니지먼트를 가장 잘 할 수 있는 상태이다. 따라서 이 경우 케이스 매니저는 단지 이용자의 욕구에 어떤 서비스를 제공해야 할 것인가를 결정하는 것이다. 이러한 역할을 Moore는 마케팅(marketing)이라 부르고 있으며, 여기에서 마케팅이란 매매라는 의미를 갖는다.

세 번째의 중개모델에 있어서는 서비스 양은 많으나 파편적으로 제공되어 통합이 충분히 발전되고 있지 않는 경우이다. 예를 들면, 재가노인의 케어서비스가 공적 부분만이 아니고 민간비영리부분, 민간영리부분, 종교단체 부분 등 여러 가지 부분으로부터 제공되고 있는 경우이다. 이러한 경우 케이스 매니저는 중개자가 되어 서비스 이용자의 뜻을 파악하고, 그 뜻에 가장 적합한 서비스를 찾아내어 그러한 서비스를 패키지화하여 제공하는 것이 의무이다.

네 번째 개발모형은 서비스의 양도 적고 통합도 발전되어 있지 않는 경우이다. 이 경우 케이스 매니저의 역할은 '개발적'인 역할이 중요시된다. 다시 말하면, 케이스 매니저는 서비스의 양적 확대에 전력할 필요가 있다. 공적 서비스는 물론 민간영리부분, 비영리부분의 개발도 필요하다.

이상과 같은 Moore의 틀은 케이스 매니지먼트의 표적을 명백히 하는 데 도움이 된다. 또한 사회자원의 충실이 케이스 매니지먼트에 불가결하다는 것도 알 수 있다.

5) 서비스 수준에 따른 분류

클라이언트에게 제공되는 서비스의 수준에 따라서 단순형, 기본형, 종합형, 전문관리형으로 구분해 볼 수 있다. 단순형은 지역사회 자원과 서비스를 단순히 연계하는 수준의 사례관리 모델로서 준전문가의 수준에서 실천되며, 기본형의 경우에는 지역사회 자원과 서비스 연계, 기초상담을 제공하는 수준의 모델로서 단순형과 마찬가지로 준전문가의 수준에서 실천된다. 종합형은 기본적으로 지역사회 자원과 서비스를 연계하고 심층상담 및 치료적 기능을 수행하며, 전문관리형의 경우 직접적 · 간접적 서비스 제공과 관리자로서의 역할을 수행한다.

〈표 1-3〉 서비스 수준에 따른 분류

	단순형	기본형	종합형	전문관리형
사례관리의 근본 목적	지역사회의 자원과 서비스 연계	지역사회의 자원과 서비스 연계, 기초상담, 조언	지역사회의 자원과 서비스 연계, 심층상담 또는 치료	직접적 · 간접적 서비스 제공과 관리자로서 서비스 관리
사례관리의 기능	욕구인식 및 사정, 사례계획과 서비스 연계, 서비스 점검	적극적 사례발굴, 사정, 사례계획 및 개입, 서비스 연계, 상담, 서비스 점검	Rothman의 15개 기능을 수행	기본적인 사례관리 기능과 자원 배분, 통솔, 의사 결정기능 포함
사례관리자 역할	자원과 서비스 중개자	중개자, 상담자, 교육자, 지지자, 서비스 점검자	자원 및 서비스중개자, 상담 또는 치료자, 교육자, 클라이언트 옹호자	연계자, 상담자, 치료자, 교육자, 관리자
사례관리자 교육 및 전문성 정도	준전문가, 비전문가(전문대 졸업자, 또는 훈련된 자원봉사자)	준전문가, 전문가(전문대 졸업자 또는 초년생 사회복지사)	전문가(경력이 풍부한 선임사회복지사)	특수분야별 전문가

조직 내 사례관리자의 위치와 슈퍼비전	기존의 조직과 업무수행 부서에서 수행, 전문가에 의한 엄격한 슈퍼비전	기존의 조직 내에서 수행, 경험이 많은 사회복지사의 슈퍼비전이 필요	독립된 사례관리부서, 최소한의 슈퍼비전	독립된 팀 형성, 슈퍼비전이 필요 없음
사례관리자 담당 사례 수	비교적 많음	적절한 사례(30사례 내외)	비교적 적은 사례(10~20사례)	최소한의 사례(10사례 미만)
개별/ 팀접근	팀접근이 가능 그러나 주로 개별적 접근	개별적 접근	개별적 접근	팀형성에 의한 접근
사례관리자 업무에 관한 자율성 및 권위의 정도	자율적인 결정권이 없음. 전문가와 협의 요망	어느 정도 자율성이 보장됨	자율적인 의사결정이 보장됨	전문분야별 자율성 보장, 그러나 공동결정 요망

출처 : 황성철(1995).

제5절 사례관리의 구성요소

사례관리는 대상자(클라이언트), 사회자원체계, 사례관리자, 사례관리기관으로 구성된다.

1. 대상자(클라이언트)

사례관리에서 만나는 클라이언트란 다양하고 복합적인 욕구를 가지고 있으면서도 신체적 · 사회적 기능상의 여러 가지 문제들로 인해 스스로 욕구를 충족하기 어려운 사람들이다.

이러한 클라이언트의 일반적인 특성은 첫째, 복합적인 욕구를 충족할 수 있는 사회자원의 존재를 모르거나, 사회자원과의 연결에 어려움을 가지고 있거나, 사회자원의 이용방법을 알지 못한다. 둘째, 만성질환을 가지고 있으며 신체적

정신으로 심하게 손상되어 있다. 셋째, 자신들을 보호해 줄 가족이 없거나 가족이 있어도 그들을 적절하게 보호하지 못하고 있다. 넷째, 공적 서비스뿐만 아니라 비공식 지원체계의 보호를 필요로 한다. 다섯째, 자기보호능력이 상실되어 있으며, 개별적인 옹호가 필요하다는 것 등을 들 수 있다.

이러한 특성을 가진 클라이언트를 대개 일상생활의 기능수준이 낮은 노인, 중복장애인과 만성정신장애인, 발달장애아동이나 학대받는 아동들이 그 대상의 중심이 된다(이근홍, 2001 : 93-95).

2. 사회자원체계

사례관리의 두 번째 요소인 대상자의 욕구를 충족시키는 사회자원은 광범위하다. 사회자원을 분류하는 하나의 시점으로, 누가 그러한 사회자원을 제공하는 공급주체인가 하는 것에 따른 분류가 가능하다.

이들 중에는 가족구성원, 친척, 친구, 동료, 이웃, 자원봉사자 등과 같은 비공식 영역이나, 행정이나 법인 등의 공식 영역이 있다. 이와 같은 사회자원을 그림으로 나타내면 〈표 1-4〉와 같이 된다.

이러한 여러 가지 공급주체에 따른 사회자원을 대상자가 활용하고, 각 사회자원이 가지고 있는 장점을 살려서 욕구를 충족시키는 것이 사례관리 특징의 하나이다.

〈표 1-4〉 사회자원체계의 분류

사회자원체계								
공식적 자원				비공식적 자원				
기업	행정	복지법인	지역단체	자원봉사자	이웃	친구	친척	가족

출처 : 조추용 · 권혁주 역(2000 : 16) 재구성.

3. 사례관리자

사례관리자는 사례관리체계를 구성하는 가장 핵심적인 요소로 클라이언트와 서비스 체계 간을 연결시키고 다른 서비스 제공자들과 협력하여 클라이언트에게 보호의 연속성을 보장해 주고, 나아가 클라이언트가 가장 높은 수준의 사회적 · 경제적 · 신체적 통합을 달성하도록 보장하는 1차적인 책임을 진다(송민정, 1999 : 20).

사례관리자는 클라이언트에게 접근성과 책임성을 보장하면서 그들이 적절하게 조정된 연속적인 보호를 받을 수 있도록 하기 위해서 출장원조자, 사정자, 계획자, 중개자, 조정자, 점검자, 평가자, 교사, 지도감독자, 행정가, 경계범주자 및 옹호자의 역할을 수행한다. 또한 서비스 제공자와 클라이언트 또는 서비스 제공자들 사이의 갈등과 분쟁을 해결하는 상담자, 분쟁조정자 및 문제해결자의 역할을 수행하며, 클라이언트를 위한 다양한 자원을 개발하거나 동원하는 자원개발자 및 지역사회조직 간의 역할을 수행하기도 한다(Weil & Karls, 1985 : 17-20).

사례관리자는 사회복지사가 개인이 될 수도 있고 전문가로 이루어진 팀이 될 수도 있다. 사례관리자는 사례관리자를 실천하는 과정에서 세 가지 핵심적인 기능을 수행한다(이근홍, 2001 : 102-103).

첫째, 클라이언트의 포괄적 욕구를 충분히 인식한다. 이것이 중요한 이유는 케어매니저가 '전체'로서의 클라이언트 복리를 책임지는 유일한 서비스제공자이기 때문이다. 둘째, 클라이언트와 그들의 욕구에 적합한 서비스 체계를 조정 · 연결한다. 셋째, 클라이언트에게 제공되는 서비스에 대해 지속적으로 점검한다.

4. 사례관리기관

사례관리기관이란 지역수준에서 권위를 가지고 일정한 표적 인구집단에서 서비스의 체계적인 통합을 보장하는 조직이나 기관을 말한다. 이러한 기관은 서비스 제공자들을 결속시키는 일련의 공식적인 계약이나 협정 및 법률을 바탕으로 클라이언트에 대한 서비스 통합과 조정을 행하며, 사례관리자가 그들의 역할을 효과적으로 수행할 수 있도록 서비스 체계의 안정성을 보장하고, 새로운 서비스 제공자를 개발하기도 한다(류명원, 2006 : 22).

사례관리기관들이 이러한 역할을 효과적으로 수행할 수 있도록 하기 위해서는 지역수준에서 그들의 권위나 책임을 명백하게 부여해야 한다(Intagliata, 1992 : 36-37).

사례관리자가 클라이언트 수준에서 서비스를 조정하고 통합하는 역할을 수행하는 사람이라면, 체계 및 조직 수중에서의 서비스 조정과 연계를 책임지는 주체는 사례관리기관이다. 탈시설화 이후 지역사회 기반 서비스 전달에 다양한 기관들이 참여함에 따라 이들 서비스 공급기관들을 조정 · 관리할 핵심기관의 필요성이 증대되었다(류명원, 2006 : 22).

서비스의 통합 · 조정을 효율적으로 달성하기 위해 사례관리기관은 한 지역사회 내에 하나의 기관으로 존재하는 것이 일반적이다. 그래서 사례관리기관은 일명 그 지역사회 내에서 핵심기관으로 지정된다(장인협 · 우국회, 2003 : 93).

제6절 사례관리의 과정

사회복지의 실천과정과 마찬가지로 사례관리에도 다양한 실천모형들이 제시되고 있으며, 이러한 실천모형들은 상이한 일련의 과정들을 가지고 있다. 이것은 사례관리 실천과정들에 대한 일련의 절차들을 설명하여 줄 뿐만 아니라, 사례관리자와 클라이언트가 그들의 목표를 위하여 서비스를 수행해 나가는 과정을 구조화시켜 준다는 점에서 의의가 있다(전재일 · 이준상, 1998 : 52).

학자에 따라 사례관리의 단계가 다양하게 제시되고 있지만, 사례관리실천의 핵심적 요소에 대한 일반적인 합의는 존재하지 않는다.

외국학자들의 견해에 따르면, Steinberg & Carter(1983 : 1-32)는 사례관리 과정을 사례발견, 사전적격검사, 접수를 포함한 가입, 사정, 목표 설정 및 서비스 기획과 능력 조성, 보호계획의 수행, 재사정, 종결 및 관계유지로 기술하고 있고, White & Goldis는 전형적인 사례관리 과정을 사례발견, 사정, 보호 및 서비스 계획, 모니터링, 사후추적, 재사정의 6단계로 기술했으며, Weil & Karls(1985)는 사례관리 과정을 클라이언트의 확인과 출장원조, 개별적 사정과 진단, 서비스 기획, 자원 확인, 서비스 연결, 서비스 실행과 조정, 서비스 전달의 점검, 옹호, 평가로 정리하고 있고, Rothman(1991)은 기관에의 접근(의뢰 및 대외추적), 사정 및 목표 설정, 개입계획 또는 자원 확인, 클라이언트 연결, 모니터링 및 재사정, 그리고 결과 평가의 6단계를 일직선상에 놓인 하나의 과정이라기보다는 순환적인 시간연속 과정 속에서 이루어지는 것으로 제시하였다. 즉, 기관에 들어온 클라이언트는 한번의 사정과 진단, 개입, 그리고 점검 및 평가로 끝나는 것이 아니고, 점검단계에서 재사정이 필요하면 재사정을 하여 그 결과를 기반으로 하여 새로운 서비스 계획을 세우고 새로운 개입을 해나가는 순환적 단계를 밟으면서 사례의 상황변경에 대처해 나가도록 하는 것이다. 그리고 영국의 Challis와 Davies(1989)는 사례관리의 핵심기능을 중심으로 사례관리 과정을 사례발견, 사정, 사례계획 및 서비스 배정, 모니터링 및 재평가, 종료의 5단계로 구분하고 있으며, Moxley(1989)도 사례관리 과정을 사정, 기획, 개입, 점검, 평가의 5단계로 제시하고 있다. SSI는 홍보, 탐색 및 의뢰, 사정수준 결정, 욕구사정, 케어계획, 케어계획 실행, 그리고 점검, 검토 등의 7가지 핵심과업으로 이를 구분하고 있다. 〈표 1-5〉에 정리된 여러 학자의 사례 관리의 주요과정을 살펴보면, 접수, 사정, 기획(계획), 개입(조정), 점검, 평가의 6단계를 공통적으로 제시하고 있음을 알 수 있다.

〈표 1-5〉 사례관리 모형에 따른 학자들의 견해

단 계	Stenberg & Carter	Well & Karls	White & Goldis	Moxley	Challis & Davies	Rothman	SSI*	장인협 (1995)	이윤로 & 성규택 (1993)
1단계	가입(사례발견, 사전적격 심사접수)	클라이언트의 확인과 출장원조	사례 발견		사례발견	기관접근, 접수	홍보, 탐색 및 의뢰	인테이크	문제 상황 측정
2단계	사정	개별적 사정과 진단	사정	사정	사정	사정	사정수준 결정, 욕구사정	사정	재측정의
3단계	목표설정, 서비스 기획, 능력조심	서비스 기획, 자원 확인	보호 기획	기획	사례계획, 서비스 배정	목표설정, 개입기획, 자원확인과 목록화	케어계획	계획 수립	보호계획 수립
4단계	보호 계획의 수행	서비스 연결, 서비스 실행과 조정	계획 수행	개입		클라이언트와의 연결	케어 실행	실행	서비스 조정 및 구입
5단계	재사정	서비스 전달의 점검, 옹호	사후 검토 재사정	점검	모니터링 및 재평가	점검, 재사정	점검	점검 및 재평가	서비스 전달 상황점검
6단계	종결, 관계유지	평가		평가	종료	결과평가	검토	평가 및 종결	재측정

주 : SSI*(Social Service Inspectorate)
출처 : SSI(1991 : 67).

사례관리 과정에 대한 국내 학자들의 견해를 살펴보면, 장인협 · 우국희(2003 : 136)는 선행연구들을 토대로 하여 사례관리의 단계를 인테이크, 사정, 계획수립, 실행, 점검 및 재평가, 평가 및 종결로 나누어 제시하였다. 이윤로 · 송규탁(1993)은 사전심사(screening/ intake), 문제상황 측정, 보호계획 수립, 서비스 조정 및 구입, 서비스 전달상황 점검, 그리고 재측정의 6단계로 분류하였다.

이근홍(1996) 역시 접수, 사정, 기획, 조정, 점검 및 출장원조, 평가로 6단계로 나누어 제시하였고, 김미혜(2000) 또한 초입단계, 보호진입단계, 보호계획단계, 보호계획 실행단계, 보호계획 수정단계, 평가단계 등 6단계로 제시하였다. 국내 학자들도 모두 서구의 선진학자들이 제시한 6단계의 틀을 용어의 선택에서 언어적 차이만 있을 뿐 내용 면에서는 비슷하게 받아들이고 있음을 알 수 있다.

〈표 1-6〉 사례관리 모형에 따른 학자들의 견해(국내)

단 계	이윤로 · 송규탁 (1993)	장인협 · 우국희 (2003)	이근홍 (1996)	김미혜 (2000)
1단계	사전심사	인테이크	접수	초입단계
2단계	문제상황 측정	사정	사정	보호진입단계
3단계	보호계획 수립	계획 수립	기획	보호계획단계
4단계	서비스 조정 및 구입	실행	조정	보호계획 실행단계
5단계	서비스 전달, 상황점검	점검 및 재평가	점검 및 출장원조	보호계획 수정단계
6단계	재측정	평가 및 종결	평가	평가단계

출처 : 류명원(2006 : 26).

이상과 같은 학자들의 주장을 토대로 사례관리의 6단계를 설명하면 다음과 같다.

1. 접 수

접수는 사례관리의 첫 단계로서 클라이언트가 기관에 스스로 접근하거나 출장원조나 의뢰를 통하여 기관에 접근하여 적격성을 심사하고 계약을 통하여 클라이언트가 되는 단계이다.

사례발견의 전략에는 출장원조, 의뢰, 정보제공 등이 있으며, 서비스가 절실히 필요함에도 불구하고 원조를 요구하지 않는 클라이언트를 위한 출장원조는 가장 선호하는 사례발견의 전략이다. 계약에서 중요한 사항은 사례관리자와 클라이언트 사이에 신뢰감을 형성하고, 상호 간의 역할을 명료화하며, 서비스에 대한 클라이언트의 기대를 파악하고 협상하는 것이다.

인테이크는 클라이언트가 발견되거나 의뢰를 받으면 시작되는 것으로 인테이크 초기에는 클라이언트가 사례관리대상으로 적합한가를 스크리닝해야 한다. 스크리닝 과정에서 그 기관에 적합하지 않은 사례로 판정이 되면 그 사례를 다른 기관에 의뢰하게 되는데, 철저한 스크리닝을 위해서는 다음과 같은 내용이 포함되어 있어야 한다(Quinn, J., 1993; 장인협, 1995 : 115, 서울복지재단, 2005 재인용).

- 이름, 나이, 결혼 여부, 주거상태와 같은 배경 정보
- 의뢰 또는 원조추구 이유
- 이미 이용하고 있는 지지내용(공식/ 비공식적 자원)
- 즉각적인 조처가 필요한지 여부 평가(위기개입, 혹은 보호서비스)
- 수입, 연령, 다른 요구조건과 관련하여 수혜자격 여부 결정

1) 사례발견

사례관리 서비스가 필요한 클라이언트는 한 명의 서비스 제공자가 아니라 여러 명의 서비스 제공자의 도움을 필요로 하는 다양한 문제들을 가지고 있으며, 대개 낙인감, 자기노출의 두려움, 자포자기, 무기력, 동기부족, 무능력, 신체장애, 정신장애 등으로 인하여 필요한 서비스 접근이 어렵기 때문에 사례관리자는 적절한 사례발견 전략을 선택해야 한다. 사례발견 전략에는 아웃리치, 의뢰, 정보제공, 클라이언트의 자발적인 기관방문 등이 있으며, 이 중 서비스가 절실히 필요함에도 불구하고 원조를 요구하지 않는 클라이언트를 위한 아웃리치는 가장 선호하는 사례발견의 전략이다.

① **자발적 방문** : 잠재적 클라이언트가 스스로 사례관리기관을 찾아오거나 서비스를 신청하는 경우
② **아웃리치** : 사례관리 제공기관이 지역사회에 거주하고 있는 잠재적인 사례관리대상자를 찾아나서는 적극적인 사례발굴활동

③ 공공기관에 의한 의뢰 : 시 · 군 · 구 또는 읍 · 면 · 동에서 지역 내 수급권자 및 차상위계층, 결식아동 등을 발견하여 서비스 제공기관에 클라이언트를 의뢰하는 방법

④ 타 기관 및 타인 의뢰 : 다른 사회복지기관에서 클라이언트를 의뢰하는 경우로 기관에서 서비스 제공이 어려울 경우 사례의뢰서 양식에 의거하여 클라이언트를 의뢰

2) 스크리닝

아웃리치, 의뢰, 자발적 기관방문 등을 통해 클라이언트와 초기접촉이 이루어지면 사례관리자는 클라이언트에 관한 기본적인 정보를 수집한다. 이 단계에서 수집하는 정보는 아주 필수적인 부분으로 제한하여야 한다는 것에 주의해야 한다. 그렇지 않을 경우에는 잠재적인 클라이언트의 특성상 초기에 지쳐 포기할 위험이 있으며 본격적 사정의 과업과 중복될 수도 있다.

스크리닝은 사례발견을 통해 서비스를 신청한 사람을 대상으로 서비스 제공의 적합성을 결정하는 것이다. 정해진 적격성의 기준에 적합한 사람인가를 확인하고 사례관리 서비스의 클라이언트로 결정하는 과정이다. 이는 부적절한 의뢰가 서비스를 필요하지 않는 사람을 사정 이전에 판단함으로써 실제적으로 서비스가 필요한 클라이언트에게 신속한 서비스를 제공하기 위함이다.

(1) 스크리닝 구분

클라이언트가 사례관리대상자로 적합한지를 결정하는 것으로 잠재적 사례관리대상자, 의뢰대상자, 정보제공대상자, 서비스 제외 대상자로 대상자를 구분한다.

(2) 스크리닝 기준

각 서비스 제공기관의 자원 및 절차, 주변 환경 등의 실정에 따라 적절한 기준을 마련하여 사용하는 것이 필요하여 사회복지사가 이 기준을 근거로 사례관

리대상자의 자격요건을 판단하는 데 어려움이 없도록 구체적이어야 하며, 각 분류대상별 기준이 명확하게 제시되어야 한다.

스크리닝은 클라이언트가 발견되거나 의뢰를 받으면 시작되는 것으로 인테이크 초기에는 클라이언트가 사례관리대상으로 적합한가를 스크리닝해야 한다. 스크리닝 과정에서 그 기관에 적합하지 않은 사례로 판정이 되면 그 사례를 다른 기관에 의뢰하게 되는데, 철저한 스크리닝을 위해서는 다음과 같은 내용이 포함되어 있어야 한다(Quinn, J., 1993; 장인협, 1995 : 115, 서울복지재단, 2005 재인용).

- 이름, 나이, 결혼여부, 주거상태와 같은 배경 정보
- 의뢰 또는 원조추구 이유
- 이미 이용하고 있는 지지내용(공식/ 비공식적 자원)
- 즉각적인 조처가 필요한지 여부 평가(위기개입, 혹은 보호서비스)
- 수입, 연령, 다른 요구조건과 관련하여 수혜자격 여부 결정

〈표 1-7〉 스크리닝 기준표 예시

○○종합사회복지관 스크리닝(screening)기준

본 기준은 우리복지관 사례관리서비스를 받기 위해 방문 또는 의뢰된 클라이언트가 사례관리서비스 대상자로 적합한지를 담당 사회복지사가 판단하는 것으로 다음과 같이 조치한다.

1. 잠재적 사례관리 대상자(인테이크가 필요한 대상자)
   ① 경제적 위기에 처해 있는 자(가구)
   ② 지병 및 외적요인에 의한 가족 구성원의 역하상실이 진행되고 있는 자(가구)
   ③ 자녀양육이 방치되어 있는 자(가구)
   ④ 문제해결을 위해 적극적으로 노력하고 참여하는 자(가구)
   ⑤ 기타 외부의 지원 없이 생계가 곤란한 자(가구)
   ⑥ 구청 및 동사무소에서 의뢰된 자(가구)로 (수급권자 또는 결식아동)으로 서비스를 제공받기 원하는 자(가구)
   ⑦ ①~⑥까지의 조건을 종합 고려하여 판단함

2. 의뢰대상자
① 클라이언트의 문제가 우리 기관의 자원과 시스템의 범위를 벗어날 경우
② 클라이언트의 주변환경(경제력 및 문제해결능력)의 여건이 성숙되어 있으나 문제해결의 방법을 잘 알지 못하거나 적절한 기관을 찾지 못할 경우
③ 잠재적 사례관리 대상자에 포함이 되지만 지역적으로 우리 기관을 이용하기 어려운 지역에 거주한 경우(클라이언트 거주지의 인근 사회복지기관에 의뢰함)
④ 기타 의뢰가 필요한 경우

3. 정보제공자
① 현재 우리 기관의 자원 및 시스템과 관련이 없는 문제에 대해 의뢰할 경우
② 클라이언트의 문제해결을 위해 다양한 정보를 파악하고 있는 경우
③ 기타 정보제공만으로 문제해결이 가능한 경우

4. 서비스 제외 대상자
① 의뢰된 클라이언트가 수혜거부, 가정방문 거부, 상담거부 등의 이유로 인테이크가 불가능할 경우
② 의뢰된 클라이언트가 복지관과의 연결을 꺼리는 경우
③ 기타 서비스를 거절하는 경우

출처 : 서울시복지재단, 2010 : 80.

(3) 가계도 및 생태도 작성

가계도 및 생태도는 가족 구성원들간의 상호관계를 보기 위한 것으로 이를 위해 첫째, 클라이언트 및 가족 구성원의 생활사(출생지, 성장과정, 결혼관계, 직업관계, 가족관계, 세대주의 생활사에 가장 큰 영향을 미친 것 등)

둘째, 친척과의 관계(친화정도, 왕래정도, 원조관계 등)

셋째, 형재(자매)와의 관계(형제의 수, 거주지, 연락되는 형제유무, 왕래정도, 친화정도, 원조관계 등) 등의 자료를 수집하여야 한다.

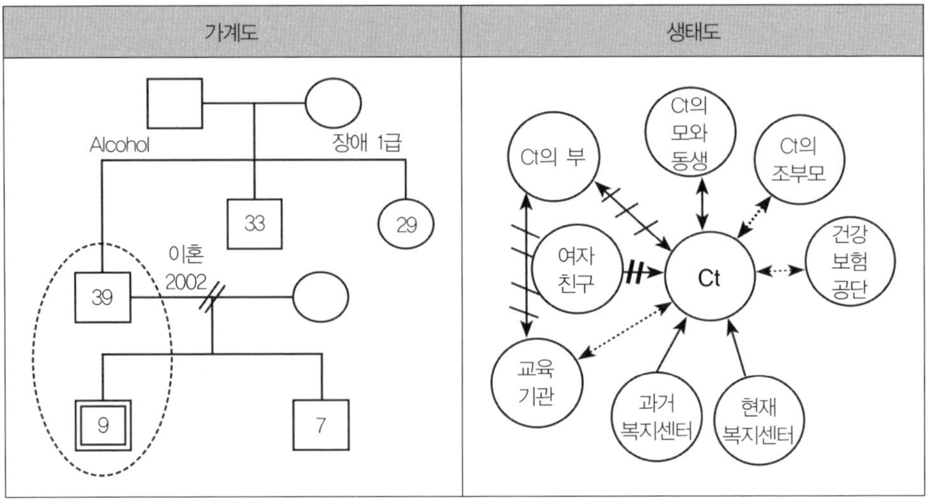

|그림 1-4| 가계도, 생태도 예시

① 가계도

가계도(Genogram)란 3세대 이상에 걸친 가족성원에 관한 정보와 그들간의 관계를 도표로 기록하는 것으로 가족에 관한 정보가 도식화되어 있기 때문에 복잡한 가족 유형의 형태를 한 눈에 볼 수 있다. 가계도는 사회복지사와 클라이언트가 세대를 통해 내려오는 문제가 있는 감정이나 행동의 패턴을 측정하는 데 유용한 도구이다.

가계도는 클라이언트를 중심으로 작성하며 이를 통해 클라이언트의 가족관계를 파악할 수 있다.

가계도는 작성 원칙에 따라 작성하며, 작성 범위는 클라이언트를 중심으로 위로 1대, 아래로 1대가 적절할 것으로 보인다. 단, 조손 가정일 경우에는 구성원이 모두 포함되도록 작성한다.

※ 가계도 그리는 방법

- 남자는 □, 여자는 ○으로 표현한다.
- 결혼관계는 선반받이(└┘)모양의 선으로 표현한다. 실선이면 기혼을, 점선

이면 미혼을 나타낸다.

- 선반받이 모양의 선 아래로 뻗어 나온 선은 임신이나 자손을 나타낸다.
- 별거는 슬래시 1개(/)로 (└─/─┘) 표현한다. 이혼은 슬래시 2개(//)로 표현하되 관계를 나타내는 선을 끊어지게(└─//─┘) 표현한다.
- 임신과 출산은 첫아이에서부터 막내까지를 왼쪽에서부터 오른쪽으로 배열한다. 유산은 □, ○ 없이 ×를 표시하며, 임신 중인 태아는 △으로 표현한다.
- 사망은 □, ○ 없이 ×를 표기함으로써 나타낸다.
- 사람의 이름과 출생일, 결혼(m), 별거(s), 이혼(d) 날짜는 각 상징과 나란히 표기한다.

② 생태도

생태도(Eco-map)는 사회복지사가 클라이언트와 가족의 환경 내 다양한 체계들과의 관계를 탐색하기 위해 사용하는 많은 상호적인 기법들 중의 하나이다. 완성된 생태도는 가족이 각각의 체계들로부터 받는 스트레스와 지지는 물론 가족 환경의 중요요소를 시각적으로 표현해 주며, 클라이언트와 사례관리자로 하여금 클라이언트 가족을 생태체계학적인 관점으로 바라보게 한다.

※ 생태도 그리는 방법

- 가계도에서와 마찬가지로, 사각(□)이나 원(○)은 일차적 사회체계(예를 들면 가구)의 성원을 나타낸다. 이들 성원들은 종이의 한 가운데에 큰 원으로 그려 넣는다.
- 가족이나 가족성원들과 상호작용하는 중요한 다른 사회체계를 확인하고 이들 또한 원으로 그려 넣는다.
- 확인된 사회체계들 간의 관계의 특징은 선으로 표시한다. 실선(──)은 강한 관계(보통은 긍정적 관계)를, 점선(-----)은 약한 관계를, 그리고 해치 모양의 선(┼┼┼)은 긴장된 관계 혹은 갈등 관계를 나타낸다, 화살표(→)는 체계 간 에너지 혹은 자원의 흐름의 방향을 나타낸다. 이와 같은 관계를 나타내는

선들은 가족성원들 간의 에너지 교환의 특성을 나타내는 데도 사용된다. 플러스(+), 마이너스(−), 플러스-마이너스(±) 부호는 관계를 나타내는 선에 인접해 표시하는데, 이들은 해당 관계가 에너지를 향상시키는 관계인지, 에너지를 고갈시키는 관계인지 혹은 에너지 투입과 보상의 균형을 이루는 관계인지를 나타낸다.

3) 계약

계약은 클라이언트가 사례관리 서비스를 제공받기 원하여 사례관리자와 함께 서비스 제공에 동의하는 서식에 서명하는 것을 말한다. 계약은 사례관리자와 클라이언트 사이에 신뢰감을 형성하고 상호 간의 역할을 명료화하며, 서비스에 대한 클라이언트의 기대치를 파악하고 협상하는 것이다.

2. 사 정

사정은 접수과정에서 사례관리 서비스를 제공하기로 결정한 클라이언트를 대상으로 그들의 복합적인 욕구와 문제, 그들의 현재의 기능, 그들의 장점과 잠재능력, 공식적 · 비공식적 지원체계의 그들에 대한 보호능력 등에 관하여 전반적인 자료를 수집하고 종합적으로 분석하는 과정이다. 즉, 사례관리의 전반적인 목적이 클라이언트와 필요한 서비스를 연결하는 것이라면, 사정의 목적은 클라이언트가 어떤 유형의 서비스를 필요로 하는가를 상술하는 것이다. 또한 사정은 클라이언트의 가치와 이익에 가장 부합되는 해결방안과 클라이언트와 관련체계와의 관계에 관한 사항들을 검토하는 것이며, 사례관리 과정에서 사례관리자의 서비스에 대한 관여의 수준과 본질은 물론 서비스 전달의 양과 질을 결정하는 과정이다.

사정은 또한 클라이언트의 욕구와 자원을 전반적이며 다차원적으로 파악할 뿐만 아니라, 앞으로 진행될 개입의 효과성을 결정짓는 중요한 역할을 담당한다. 다차원적 욕구의 충족을 강조하는 사례관리는 사정과정에 대해 훨씬 중요한 비중을 부여하고 있으므로 이 단계에서는 클라이언트를 총체적 인간으로 바라보고 개인의 다양한 문제 및 욕구영역을 확인해야 한다(Kirst-Ashman, K. & Hull, g., 1993 : 장인협, 1995). 특히 사례관리기법은 문제를 전문가가 직접 해결하려는 것이 아니라 클라이언트의 문제해결에 요구되는 가능한 자원을 발견하고 이러한 자원들을 조정하고 의뢰하는 기능이 강조되기 때문에 정확한 사정은 사례관리 서비스의 성패를 결정짓는 중요한 과정이라고 할수 있다. 사례관리에 있어서의 사정은 개인이 서비스를 제공받을 수 있는 능력과 개인이 필요로 하고 있는 서비스를 제공할 수 있는 환경의 상호작용성을 고려하고자 하는 데 그 특징이 있다(이준상, 1994 : 89).

전문적 케어의 능력에 대한 보다 질적인 사정에는 서비스의 이용가능성(availability), 서비스 양의 적당성(adequacy), 욕구에 대한 서비스의 적절성(appropriateness), 클라이언트에 의한 서비스의 수용가능성(acceptability), 서비스에 대한 접근가능성(accessibility)에 대한 정보수집이 포함되어야 한다.

1) 클라이언트 욕구 및 문제 사정

사례관리의 목적 달성에 매우 중요하며 개입의 근거를 제시한다. 클라이언트의 욕구에 대한 확인은 클라이언트의 진술을 토대로 사례관리자의 관찰이 함께 이루어져야 한다. 클라이언트의 생활변천과 관련된 스트레스 요인 등 문제와 위기상황에 관한 것도 사정할 필요가 있다.

2) 욕구에 대한 클라이언트의 능력 사정

스스로의 힘으로 해결할 능력과 의사결정능력을 가지고 있는지를 확인한다. 클라이언트의 약점이나 결함보다는 강점, 잠재능력, 활용 가능한 자원, 발전가능성, 문제해결능력 등과 같은 긍정적인 요소에 우선 초점을 두어야 한다. 또한 다양한 진단도구를 활용할 수 있다. 심리적 · 정서적 기능을 측정하는 도구로는 주로 DSM-IV를 사용하며, 신체적 기능수준의 사정은 주로 일상생활능력(ADL)과 수단적 일상생활능력(IADL) 등을 활용한다.

3) 클라이언트 지원체계의 능력 사정

공식 지원체계에는 사회복지기관과 시설, 지역사회의 공식적인 단체와 기관, 정부기관 등이 있다. 비공식 지원체계는 가족, 친척, 친구, 이웃, 자조집단, 종교집단, 직장동료 등 다양한 형태가 존재한다. 공식 · 비공식적 지원체계에 관한 정보들은 다양한 사정도구를 활용하여 얻을 수 있다. 예를 들면, 가계도, 생태도, 사회적 관계망 격자, 그리고 사회적 관계망 지도 등이 있다.

4) 지원체계 활용의 장애 사정

공식 지원체계와 비공식 지원체계를 활용하는 데 있어서 장애에 대한 사정을 실시한다. 여기서 장애란 지원체계와의 관계를 방해하거나 형성되지 못하도록 막는 그 무엇을 말한다. 이러한 상황을 일으키는 요인들 간의 특수한 복합적 관계와 새로운 서비스 제공이 장애극복에 적절한 효과를 가져다 줄 수 있는지에 대한 충분한 고찰이 가능하게 한다.

3. 계 획

계획은 사례관리의 목적을 달성하기 위해 클라이언트에 대한 장단기의 목표를 설정하고, 그러한 목표달성을 위한 가장 적절한 해결방안을 모색하기 위하여 클라이언트에 대한 개별적인 보호계획을 수립하는 과정이다. 즉, 계획은 클라이언트를 위해 제공되는 서비스에 대한 청사진을 작성하는 것으로, 서비스 제공을 위한 세부목표와 우선 순위를 설정하고, 이러한 목표에 상응하는 활동과 서비스를 개발하고 계획화하는 과정이다.

보호계획은 클라이언트에 대하여 설정한 목표를 달성하기 위해서 어떠한 서비스가 언제, 어떤 방식으로, 얼마 동안, 얼마만큼 제공되어야 하는가에 관한 사항들을 개별적으로 문서화한 것이다. 보호계획의 수립은 대개 다양한 학문분야의 전문가들로 구성된 팀을 활용하여 이루어지며, 이 과정에서 사례관리자와 클라이언트가 적극적으로 관여해야 한다.

1) 목표설정

클라이언트의 생활환경의 개선, 개인의 능력 향상, 지원체계 개발과 강화 등이며, 서비스 개입을 통해 클라이언트에게 기대할 수 있는 결과를 의미한다.

2) 서비스 계획의 수립

클라이언트에 대하여 설정한 목표를 달성하기 위해서 어떠한 서비스가, 언제, 어떤 방식으로, 얼마 동안, 어느 정도 제공되어야 하는가에 관한 사항을 문서화한 것이다. 기록은 사례관리자가 사정과정에서 수집한 모든 관련정보의 조직화될 기회를 제공하며, 불필요한 사항을 제거할 수 있게 하고, 사례관리의 논리적 기초를 제공한다.

4. 연 결

연결은 보호계획을 완전하게 수행하는 단계로서 클라이언트와 필요하고 유용한 서비스를 연결하며, 개입을 통하여 서비스의 획득과 활용에서의 장애를 극복하고 적절하게 서비스를 배열하고 정리하는 과정이다. 즉, 연결은 사례관리실천의 성공을 결정하는 중요한 단계로서 보호계획의 모든 부분들의 단계적인 실행을 통하여 적절한 서비스를 적소에 배치하는 과정이다.

1) 장애극복과 옹호

서비스를 적합한 시기에 적절히 제공하고 효율적으로 활용하기 위해서는 보호계획의 수행 시 발생하는 장애를 극복할 필요가 있다. 그 장애에는 선천적 무능력, 내부장애, 외부장애가 있으며, 선천적 무능력은 클라이언트 통제 밖의 것으로 서비스 제공자와의 효과적인 의사소통에 제한을 초래하며 특수한 서비스 제공이 필요하다.

내부장애는 클라이언트의 동기부족, 낙인감, 불신, 신념, 가치 등 심리사회적인 문제로서 클라이언트의 행동패턴을 결정한다. 외부장애로는 자원의 결연, 자원의 부족, 자원에 대한 정보와 접근성의 결여, 서비스의 단편성과 불연속성 등이 있다. 이러한 장애를 극복하는 방법에는 서비스제공자들과 새로운 관계를 시작하도록 연결하거나, 현재 연결의 경직성을 개선하도록 하거나, 클라이언트 권리에 대해 옹호적 주장을 하거나, 클라이언트가 불공정한 처우를 받지 않도록 강하게 주장, 설득하는 옹호 등이 있다(권진숙 · 전석균, 1999).

2) 서비스 계획의 수행

클라이언트에 대한 장애가 점차 극복되면, 사례관리자는 클라이언트의 환경에 맞게 보호계획을 수행하게 되는데, 사례관리자는 클라이언트와 비공식적 지원체계, 서비스 제공자 및 사례관리기관과 함께 수행한다(Steinberg & Carter, 1983 : 25).

3) 서비스의 조정

서비스 계획의 수행이 클라이언트에게 필요한 서비스를 연결하고 계획된 서비스가 제공되도록 하는 것이라면, 서비스의 조정은 클라이언트에게 제공되는 서비스를 적절히 배열 · 정리하여 서비스의 효과성과 연속성을 보장할 수 있도록 하는 것이다.

5. 점 검

점검은 클라이언트에게 제공되는 서비스의 적시성, 적당성, 적절성 및 연속성을 보장하기 위해서 서비스 제공자를 포함한 클라이언트 지원체계의 서비스의 전달과 실행을 추적하고 재사정을 실시하는 과정이다. 즉, 점검은 사례관리계획이 적절하게 실행되고 있는가, 클라이언트가 기대하는 서비스를 제공받고 있는가, 클라이언트에게 제공되는 서비스가 필요하고 적절한 것인가, 그리고 클라이언트의 지원체계가 서비스 제공과 지지의 역할을 제대로 수행하고 있는가를 추적하고 감독하는 과정이다.

클라이언트에게 제공되는 사례관리에 대한 점검은 클라이언트 수준과 서비스 제공자의 수준에서 이루어진다. 클라이언트 수준에서의 점검은 ① 클라이언트는 목표달성을 위해 스스로 노력하고 있는가, ② 클라이언트의 자기보호의 노력은 적절한가, ③ 클라이언트에게 제공되는 서비스가 욕구충족과 변화에 기여하는가, ④ 클라이언트의 새로운 욕구나 문제가 발생되고 있는가 등에 관한 사항을 확인하는 것이다. 서비스 제공자의 수준에서의 점검은 ① 클라이언트에 대한 사례관리계획은 적절하게 실행되고 있는가, ② 서비스와 지원은 적시에 적절하게 지속적으로 제공되고 있는가, ③ 제공되는 서비스가 클라이언트의 욕구충족과 변화를 위해 필요한 것인가, ④ 서비스 제공자들 사이 또는 서비스 제공자와 클라이언트 사이의 갈등이 있는가 등에 관하여 확인하는 것이다.

재사정은 사례관리계획의 수행 중에 주기적인 사정을 통하여 클라이언트에게 제공되는 서비스가 적합한가, 사례관리계획의 변화가 필요한가, 그리고 사례관리계획은 어떠한 방식으로 변화될 필요가 있는가를 결정하는 과정이다. 재사정과 평가가 다른 점은 재사정이 클라이언트의 사례관리계획의 적합성을 판단하여 서비스에 대한 변화의 필요성의 여부를 결정하는 과정인 반면에, 평가는 가치와 종결을 포함하는 개념으로 사례관리계획이 클라이언트의 삶에 어떠한 변화를 가져왔는가를 판단하는 효과성에 초점을 두는 과정인 것이다. 재사정은 사회복지 기관의 정책을 통해서 3개월 또는 6개월 등의 표준화된 간격을 정하고, 사례관리계획에 기록된 일정표를 기준으로 하여 재사정을 실시한다.

1) 서비스에 대한 점검

서비스의 질에 대한 수준에서는 구조, 과정, 결과의 차원으로 구분하여 평가할 수 있다.

클라이언트의 수준에서는 사례관리자가 클라이언트와 지속적으로 접촉하면서 클라이언트의 상황변화를 평가하여 서비스 계획이 수정될 필요가 있는지 판단한다. 서비스 제공자의 수준에서는 서비스 제공자의 능력, 계약이행 등을 점검할 필요가 있다. 점검은 사례관리의 과정에서 가장 어려운 부분 중의 하나이다. 효과적인 점검을 위해서는 사례관리자가 그들에게 영향력을 행사할 수 있어야 한다. 따라서 기관 간의 협정, 계약, 사례회의 등을 활용할 필요가 있으며, 서비스 전달을 점검하는 방법으로는 대면접촉, 관찰, 가정방문, 직접면접, 전화, 서신, 사회적 지원망 구성원들의 모임, 사례회의, 질문지 발송, 기관 간의 회의 등이 있다(이근홍, 1998).

성공적인 점검은 기록과 주기적인 관리가 좌우한다고도 할 수 있다.

2) 재사정

서비스 계획의 수행 중에 주기적인 사정을 통하여 클라이언트에게 제공되는 서비스의 적합성, 보호계획 변화의 필요성과 변화방식을 결정하는 과정이다.

재사정과 평가의 차이점은 재사정이 클라이언트 서비스 계획의 적합성을 판단하여 서비스에 대한 변화의 필요성 여부를 결정하는 과정인 반면에, 평가는 가치와 종결을 포함한 개념으로 서비스 계획이 클라이언트의 삶에 어떠한 변화를 가져왔는가를 판단하는 효과성에 초점을 두는 과정이다.

6. 평 가

평가는 사례관리의 필수적인 구성요소로서 클라이언트에게 제공된 서비스, 클라이언트의 진척사항, 사례관리계획, 서비스 활동 및 서비스 체계의 효과성과 효율성을 종합적으로 판단하는 과정이며, 사례관리자의 전문적인 판단에 근거하여 클라이언트에게 서비스가 더 이상 필요하지 않을 때 사례관리의 과정을 종결하는 단계이다. 이것은 사례관리의 효과성과 효율성의 분석을 통하여 환류를 제공하고, 사례관리계획, 프로그램 및 서비스 체계의 수정의 중요한 수단이 된다.

사례관리 서비스에 대한 결과의 평가는 클라이언트와 체계의 두 가지 수준에서 이루어진다. 클라이언트 수준에서의 평가의 척도로는 ① 서비스 제공자가 클라이언트가 수용할 수 있는 형태와 수준의 서비스를 제공하고 있는가, ② 클라이언트에게 제공되는 서비스는 적당한가, ③ 서비스가 일반적으로 수용할 수 있는 양질의 실천기준에 적합한가, ④ 제공된 서비스가 의도한 결과를 초래하는가, ⑤ 클라이언트는 제공되는 서비스에 대하여 만족하는가, ⑥ 한정된 서비스의 공급이 극한 위기에 처해있는 클라이언트에게 전달되는가 등이 있다.

서비스 체계 수준에서의 평가의 척도로는 ① 사례관리계획이 클라이언트의 장단기 목표를 달성하는 데 적절한가, ② 사례관리계획에서 기술한 활동과 과업은 적절한 방법으로 실행되는가, ③ 사례관리계획은 클라이언트의 욕구를 충족시키기에 적합한가, ④ 서비스 제공기관의 정책과 프로그램은 클라이언트의 욕구충족에 기여하는가 등이 있다.

사례관리자와 클라이언트 간의 지속적인 의사소통을 위해서는 사례가 종결된 이후에 정기적으로 전화확인이나 우호적인 방문을 실시하며, 주기적으로 클라이언트의 상태를 평가하며, 그리고 클라이언트에게 기관이나 프로그램의 소식지를 보내는 등 관계가 유지되고 있음을 안내하는 것이 필요하다.

1) 평가

사례관리 서비스의 평가도구로는 클라이언트에 대한 직접적인 면접, 전화면접, 사례회의, 전문가의 기록에 대한 검토, 시설과 기관의 이용빈도 등을 활용한다(Rapp & Chamberlain, 1985 : 419).

2) 종결

종결은 사례관리 과정을 통하여 사례목표가 달성되거나, 서비스가 이미 클라이언트를 위해 필요하지 않거나, 클라이언트의 중대한 변화로 인하여 사례관리 과정을 진행할 수 없는 경우에 서비스의 제공을 중단하는 과정이다. 종결에 대한 결정은 사례관리자와 클라이언트 양자 간에 이루어지는데, 종결을 하기 위해서는 클라이언트가 종결에 대해 미리 준비되어 있어야 하며 선행되어야 할 일은 재사정이다.

서비스의 종결은 클라이언트에게 자립의 기회를 제공하기도 한다. 그러나 종결하였다고 하더라도 클라이언트가 다시 서비스를 필요로 할 경우 사례관리자에게 접근할 수 있는 통로로 지속적으로 유지하는 것이 바람직하다. 종결 후에도 지속적으로 클라이언트의 상태를 진단하며, 사회복지기관 프로그램을 안내할 수 있다.

제7절 사례관리자의 역할

사례관리자는 사례관리체계를 구성하는 가장 핵심적인 요소로 클라이언트와 서비스 체계 간을 연결시키고 다른 서비스 제공자들과 협력하여 클라이언트에게 보호의 연속성을 보장해 주고, 나아가 클라이언트가 가장 높은 수준의 사회적 · 경제적 · 신체적 통합을 달성하도록 보장하는 1차적인 책임을 진다.

사례관리자는 사회복지사가 개인이 될 수도 있고 전문가로 이루어진 팀이 될 수도 있다. 사례관리자는 사례관리를 실천하는 과정에서 세 가지 핵심적인 기능을 수행한다. 첫째, 클라이언트의 포괄적 욕구를 충분히 인식한다. 이것이 중요한 이유는 사례관리자가 '전체'로서 클라이언트의 복리를 책임지는 유일한 서비스 제공자이기 때문이다. 둘째, 클라이언트와 그들의 욕구에 적합한 서비스 체계를 조정 · 연결한다. 셋째, 클라이언트에게 제공되는 서비스에 대해 지속적으로 점검한다.

이러한 사례관리자의 역할은 크게 직접서비스 역할과 간접서비스 역할, 그리고 통합적 역할로 나누어 이해할 수 있으며, 각각의 역할을 다음 표와 같이 설명할 수 있다.

〈표 1-8〉 사례관리자의 역할

역할구분	역 할	내 용
직접 서비스 역할	이행자	위기 개입 시 심리적 지지를 제공하는 역할을 하는데, 예를들어 경청, 감정이입적 표현, 환기법, 명료화, 충고 등의 역할을 수행
	교육자	기술을 명확하게 가르치는 역할, 모델화로 사례관리자 자신이 클라이언트가 원하는 역할모델, 역할연습을 시키는 역할, 환류를 제공하여 클라이언트의 능력을 강화시키는 역할, 훈련 이전의 역할로 실제 상황으로 옮겨 클라이언트가 잘 기능하도록 돕는 역할 수행
	안내자, 협조자	클라이언트와 만나고, 서비스와 지원을 위한 결정 과정에 함께 협조하여 추진해 나가며, 클라이언트를 지지하고 사회적 구성원들을 위한 보상이나 급부를 위해 전문가나 구성원과의 지속적 만남을 유지하는 역할 수행
	진행자	클라이언트의 높은 수준의 자기 지향을 행할 수 있을 만큼 준비가 되어야 가능한 역할 수행
	정보 전문가	사례관리자는 지역사회에서 클라이언트가 이용 가능한 대인서비스, 급부체계, 기회 등에 대한 지식 필요 다양하면서도 전문적인 정보를 많이 가지고 있어 이를 클라이언트에게 전달해 주는 역할 수행
	지원자	클라이언트에게 일정 수준의 지식, 기술, 자기인식 능력이 필요하며 클라이언트가 자기옹호를 할 수 있을 때 지원자로서 역할 수행

간접 서비스 역할	중계자	클라이언트 욕구를 위한 서비스 유무를 명백히 하고 기관을 선정하는 전략으로 자원목록이라는 전문지식의 서비스를 중계하는 역할 수행
	연결자	특정 기관의 서비스와 클라이언트를 연결하는 역할 수행 - 대표적 방법으로는 의뢰
	조정자	상호적 기관망의 맥락에서 적합한 방법으로 서비스를 획득하는 노력으로, 조정촉진을 위해 전략하는 역할 수행
	옹호자	서비스 제공을 거부한 기관을 상대로 도움을 주도록 동기화하는 전략으로 클라이언트를 위한 옹호역할 수행
	협동자	상호 보호 수준으로 발전시키기 위해 원조자들에게 조력하는 역할 수행
	협의자	타 조직이나 기관의 변화와 혁신을 장려하는 역할 수행
통합적 역할	상담가, 교육자	클라이언트의 구체적으로 정확한 사정을 통해 클라이언트와 가족의 역기능적인 패턴을 확인할 수 있도록 돕고, 더 유용한 패턴을 개발하도록 클라이언트와 함께 일하는 역할 수행
	조정자	클라이언트의 문제와 타인으로부터 원조를 필요로 하는 욕구를 동시에 사정하고, 계획을 세우고, 원조자들과 효과적으로 만나도록 돕는 역할 수행
	옹호자	변화를 위한 개입과정 중 필요한 자원이 부재하거나, 특정 클라이언트에게 서비스의 제공이 차단되는 상황에 클라이언트가 필요한 자원을 얻을 수 있도록 역할 수행

미국사회복지사협회(Natonal Associaton of Social Workers : NASW, 1992)에서는 사회복지 분야에서 사례관리에 표준기준 10가지를 설정하여 제시하고 있다(권진숙 · 백지영, 2008 : 235-226).

표준 1. 사회복지 사례관리자는 사회복지교육협의회의 인준을 받은 사회사업 프로그램의 학부나 대학원에서 받은 학위를 가지고 있어야 한다. 그리고 사회복지 사례관리자는 사례관리실천을 능숙하게 수행하는 데 필요한 지식, 기술, 경험을 가지고 있어야 한다.

표준 2. 사회복지 사례관리자는 클라이언트의 이익에 최우선의 관심을 갖고 클라이언트에게 서비스를 제공하기 위해 자신의 기술과 숙련성을 사용해야 한다.

표준 3. 사회복지 사례관리자는 클라이언트가 사례관리의 전 과정에서 가능한 한 최대로 관계하고 있음을 확신해야 한다.

표준 4. 사회복지 사례관리자는 타인에게 클라이언트에 관한 정보가 제공될 때 비밀보장의 원칙을 지켜야 하며, 사생활에 대한 클라이언트의 권리를 존중해 주어야 한다.

표준 5. 사회복지 사례관리자는 클라이언트 수준에서 직접적 서비스를 제공하기 위해 개입하고 클라이언트와 그의 가족에 대한 직접적 서비스의 전달을 조정해야 한다.

표준 6. 사회복지 사례관리자는 서비스 체계 수준에서 현존하는 사례관리 서비스를 지지하고, 필요한 서비스에 대한 공급 확장과 접근 개선을 위해 개입해야 한다.

표준 7. 사회복지 사례관리자는 자원의 이용 가능성, 서비스 가격, 예산에 관련된 모수(parameters)에 대한 지식을 가지고 있어야 하며, 모든 사례관리 기능과 실천을 수행함에 있어 재정적 책임감을 가지고 있어야 한다.

표준 8. 사회복지 사례관리자는 사례관리가 진행되고 있는 서비스 전달체계는 물론 사례관리자 자신의 사례관리 서비스에 대한 적절성과 효과성을 점검하기 위해 계획된 평가적이고 품질 보장적인 활동에 참여해야 한다. 그리고 이러한 과정에 대한 전문적 책임감을 가지고 있어야 한다.

표준 9. 사회복지 사례관리자는 자신이 클라이언트나 체계 개입과 관련된 사례관리 과제를 효과적으로 계획 제공하고, 평가할 수 있을 정도의 합리적인 사례수를 가지고 있어야 한다.

표준 10. 사회복지 사례관리자는 친절과 존경을 가지고 동료를 대해야 하며, 클라이언트를 위한 전문가 간, 기관 간 협력을 촉진하기 위해 노력해야 한다.

제8절 사례관리 운영체계

사회복지관의 사례관리 수행을 위해서는 사례관리를 할 수 있는 현실적 기반을 마련하는 것이 선행되어야 한다. 여기에서는 한국사회복지관협회에서 제시한 사례관리 운영체계를 중심으로 설명하며, 사회복지관에서 어떻게 조직적으로 운영하는 것이 사례관리의 효과성을 높일 것인지 이해를 돕고자 한다.

사회복지관에서는 사례관리 전담팀을 구성하고, 사례관리 업무가 효과적으로 운영될 수 있도록 구체적인 지원과 운영에 대한 모니터링을 해야 한다. 효율적인 사례관리 운영체계는 무엇보다 중요하며, 효율적인 운영체계 구축을 통해서 클라이언트의 발굴과 의뢰 또는 연계가 활발하게 진행될 수 있다. 또한 클라이언트를 원조하는 데 서비스 제공자들 간의 협력이 강화될 수 있으며, 지역사회 자원의 활용이 활발해질 수 있다. 따라서 사례관리가 원활하게 이루어지기 위해서는 사례관리팀을 포함하는 기관의 내부적인 시스템의 정비와 더불어 클라이언트의 삶과 밀접한 관련이 있는 지역사회 서비스 제공자와 자원망을 조직화할 필요가 있다.

1. 사례관리자의 자격 및 직무기술

1) 사례관리자

사례관리자는 클라이언트와 가족을 대상으로 초기정보 수집 및 사정, 개입계획의 수립과 조정, 그리고 점검, 평가, 종결 등 사례관리 전 과정을 총괄하는 전문가이다. 클라이언트의 욕구를 보다 심층적 · 다각적으로 사정하여 구체적으로 개입계획을 수립, 필요로 하는 서비스 및 자원을 확인, 확보, 연계함으로써 직접서비스 또는 연계서비스를 제공하며, 클라이언트가 자기효능감을 높이고 동기를 회복할 수 있도록 상담한다. 개입계획에 따른 서비스 제공이 완료되어 가는 시점에서는 의도했던 목표 및 결과가 달성되었는가에 대한 평가를 실시하고 종결 여부를 결정한다. 사례관리자는 사례관리에 필요한 모든 정보를 기록하고 보고하며, 슈퍼바이저의 지도 · 감독을 받는다.

〈표 1-9〉 사례관리자의 직무

<table>
<tr><th>직무내용(과업)</th><th>직무수행절차</th><th>자격기준</th></tr>
<tr><td>클라이언트 면담 및 정보수집</td><td>• 클라이언트와 면담(가정방문, 기관내방)을 통해 심층적 사정을 위한 정보수집</td><td rowspan="7">사회복지사 1급,
3년 이상 사회복지 현장경력</td></tr>
<tr><td>수집된 정보의 분석 및 평가
(사정/ 재사정)</td><td>• 사정 : 다양한 출처로부터 수집된 정보 및 자료 등에 대한 분석을 통해 욕구사정, 개인과 가족사정, 환경사정 및 자원사정, 장애물사정, 강점사정을 통해 서비스 제공에 있어서 중심욕구를 규명
• 재사정 : 서비스가 전개되는 동안 추가적으로 발견되는 정보를 수집, 분석하는 등 사례관리실천 과정 내내 새로운 욕구와 문제에 대한 지속적인 사정을 실시</td></tr>
<tr><td>목표설정 및 사례개입계획 수립</td><td>• 개입계획 수립 : 정확한 사정에 의해 규명된 표적문제에 따른 장 · 단기 목표설정 및 욕구맞춤형 사례개입계획, 서비스제공계획 수립
• 개입계획서 수정 : 서비스가 전개되는 동안 지속적으로 실시되는 재사정 결과, 새로운 욕구 혹은 문제가 발생되었을 시에는 그에 따라 사례개입 계획서를 수정</td></tr>
<tr><td>자원 개발 및 관리, 연계</td><td>• 가용자원 물색 : 기관 내 자체 프로그램 및 인적자원, 서비스자원, 경제적 자원
• 자원목록 및 자원맵 작성
• 기관 내외 프로그램, 인적자원, 서비스(협력처)자원 연계를 위한 서비스 담당자와 업무협의</td></tr>
<tr><td>사례개입 계획의 목표 및 일정에 따른 서비스 수행</td><td>• 상담서비스 : 개입상담을 통한 역량강화
• 자원 및 서비스 연계 : 기관 내외 서비스 지원 및 연계, 자원제공</td></tr>
<tr><td>모니터링</td><td>• 클라이언트 적응도 점검
• 개입과정에 있어서의 비효율적인 요인 제거 및 대안 강구</td></tr>
<tr><td>평가 · 종결 · 사후관리</td><td>• 종결평가 : 개입계획에 따라 의도했던 목표가 달성되었는가에 대한 평가보고 또는 종결회의 소집 및 실시를 통해 사례의 종결 여부를 결정
• 종결처리 : 종결이 결정된 사례에 대한 종결
• 사후관리 : 종결 후 3개월간 정기적인 접촉을 통한 클라이언트 적응상태, 변화유지 확인</td></tr>
</table>

출처 : 한국사회복지관협회(2012).

사례관리자가 사례관리 당사자와의 면접기술로는 다음과 같다.

- 면접을 준비함에 있어 클라이언트에 대한 기본 정보와 배경을 검토하고 면접을 위한 장소 및 장애요인 등을 검토한다. 그리고 클라이언트와 면접일정을 정하고 클라이언트가 불안해하지 않도록 배려한다.
- 면접이 시작되면 먼저 사례관리자를 소개(성명, 소속, 지위 등)하고 클라이언트 및 동행인에 대한 소개를 요청하고 인사를 나누도록 한다. 이때 클라이언트나 동행인의 호칭을 어떻게 할 것인지를 확인한다.
- 상담실에서 사례관리자는 출입문 쪽에 자리를 잡아 위험상황 시 대피할 수 있도록 한다.
- 사례관리자는 면접을 하기 전에 미리 면접 질문내용을 준비하여야 하며, 면접 시작 시 기록에 대해 클라이언트의 동의를 얻어야 한다.
- 면접의 목적을 설명한다. 면접의 목적을 설명하는 것은 클라이언트로 하여금 적절한 기대를 가지도록 하고 불필요한 혼동이나 막연한 불안을 해소할 수 있다.
- 기관의 정책 및 윤리적 요건, 기관의 서비스 수혜자격과 요건, 절차, 후속 조치 등을 클라이언트에게 설명한다.
- 질문은 육하 원칙에 의해 명확하게 진행하며, 개방형 · 폐쇄형 질문을 적절하게 활용한다.
- 경청은 면접의 기본적인 태도이며, 경청한다는 것은 상대를 이해하고 있다는 것을 시사하는 실제적인 노력이며 관심을 기울이는 것이다.
- 클라이언트가 말한 내용을 사례관리자가 잘 이해하고 있는지 확인하기 위해 명료화하기, 바꾸어 말하기 등의 기법을 화용하며, 클라이언트와 피드백을 주고받는다.
- 사례관리자는 면접의 목적 및 초점을 유지하기 위해 촉구, 탐색, 침묵 등의 기법을 활용한다.
- 면접을 진행하면서 클라이언트의 현 상황에 대해 미리 판단을 해서는 안 된다.
- 클라이언트와 상담을 할 때 상담내용에 대한 기록 또는 녹취가 필요한 경

우에는 사전에 클라이언트에게 동의를 얻어 실시하여야 한다. 만약 클라이언트가 이를 거부할 경우에는 기록과 녹취 없이 상담을 진행하여야 한다. (출처 : 서울시복지재단, 2010 : 80).

2) 사례관리 팀장

사례관리 팀장은 사례관리 활동업무 전반 및 팀 운영을 총괄관리하며, 클라이언트 관리와 개입에 있어서 사정, 재사정, 사례개입 계획, 수정개입 계획, 서비스 제공, 사례종결 평가, 사후관리 계획 등 각 단계별 수행업무에 대한 보고내용을 검토하여 필요한 슈퍼비전을 수시 또는 정기적으로 제공한다. 또한 클라이언트의 불만을 처리하고 고위험군의 난이도가 높은 사례개입을 직접 수행하기도 한다.

〈표 1-10〉 사례관리팀장의 직무

직무내용(과업)	직무수행절차	자격기준
사례발굴 및 아웃리치	• 클라이언트 발굴계획 수립 및 수행	사회복지사 1급 이상, 사회복지관 및 사례관리 현장경험 5년 이상
인테이크	• 접수 클라이언트 면담 : 일정 약속 및 면담(가정방문, 기관내방)을 통해 도움요청 사유 및 기본 정보 파악	
적격성 판단 및 사례채택 여부 결정, 사례할당	• 적격성 판단 : 접수 클라이언트의 문제 및 욕구를 확인, 필요로 하는 도움이 기관의 정책과 서비스에 부합되는지 여부를 검토, 판단하여 사례 채택이나 타기관 의뢰 결정 • 사례회의 소집 : 사례 채택 합의 및 사례할당	
보고내용 검토, 승인 및 슈퍼비전 제공	• 사례개입계획, 평가, 상담기록 검토 및 승인, 슈퍼비전 제공 • 사례종결 승인 및 평가 슈퍼비전	
업무지원과 유지	• 사례회의 및 각종 대·내외 사례관리 업무회의 및 협력 주관 • 팀내 업무분장 및 업무지침 마련 • 팀원 교육 및 고충처리	

출처 : 한국사회복지관협회(2012).

2. 전담팀 구성

대상자와의 신뢰감을 가지고 지속적으로 일관되게 개입하기 위해서는 사회복지사에게 사례관리 업무가 우선시되는 업무환경이 주어져야 한다. 즉, 사례관리자가 사례의 변화와 욕구해결에 집중하며 일할 수 있는 사례관리팀의 구성과 업무의 독립성 확보가 필요하다. 사례관리팀을 어떤 규모로 할 것인가는 사회복지관이 속한 지역의 사례 수, 전체 직원 수, 사업량에 따라 매우 다를 수 있다. 단, 사회복지관 평균인력 규모를 참고할 때, 사례관리자 1인이 최소 20사례에서 최대 50사례를 넘지 않는 수준으로 사례의 개입 정도를 고려해서 결정해야 한다.

〈표 1-11〉 사례관리팀의 구성과 기능

구 성	기 능
• 사례관리 팀장 • 사례관리자 • 파트타임 사례관리자(필요 시 채용) • 준사례관리자(필요 시 채용) • 기타 사례관리에 필요한 전문가	• 사례관리 전 과정 총괄 • 사례관리 연관부서와의 협력 개발 • 기관 내부자원 조직화 • 슈퍼비전 체계의 구축 • 통합사례관리팀의 운영 • 지역사회 자원 조직화를 위한 협력 등

출처 : 한국사회복지관협회(2012).

3. 통합사례관리팀의 구성

사회복지관의 사례관리팀을 중심으로 사례관리실천에 필요한 중요한 민간과 공공의[1] 기관들이 참여하는 통합사례관리팀을 구성하는 것이 바람직하다. 왜냐

1) 민간기관 예시 : 종합사회복지관, 노인종합복지관, 장애인종합복지관, 지역아동센터, 건강가정다문화지원센터 등
공공기관 예시 : 시 · 군 · 구 · 읍 · 면 · 동주민센터, 보건소 등
민간 혹은 공공 예시 : 정신건강복지센터(자치구 상이)

하면 사례관리 서비스가 필요한 주민들은 사회복지관뿐만 아니라 같은 관내의 다양한 조직들과 긴밀하게 연결되어 있는 경우가 대부분이다.

통합사례관리팀을 구성할 때, 사례관리 대상자들의 삶에 영향을 미칠 수 있는 공공과 민간의 다양한 주체들이 참여하는 것이 바람직하며, 다학제적인 전문가들이 참여할 수 있도록 개방성을 높이는 것이 바람직하다.

통합사례관리팀에 참여하는 기관과 담당자들은 복지관의 사례에 대해 자문을 제공하는 역할뿐만 아니라 자신들이 담당하거나 발굴한 클라이언트를 사례회의에 상정하고 필요한 경우에 통합사례회의를 통해서 주 사례관리기관을 조정하도록 한다.

〈표 1-12〉 통합사례관리팀의 구성과 기능

구 성	기 능
• 복지관 사례관리팀 • 복지관 내부지원 체계 • 지역사회 서비스 제공기관의 실무자(정신보건센터, 주민자치센터, 보건소, 지역아동센터, 아동보호전문기관, 노인보호전문기관, 의료사회사업팀, 종교단체 등) • 전문 슈퍼바이저	• 사례에 대한 정보 공유 • 임상적 · 행정적 협의 및 의결 • 자원의 공유 • 사례개입을 위한 역할의 분담 • 전문적 실천을 위한 자문 • 주 사례관리기관 조정 등

출처 : 한국사회복지관협회(2012).

4. 교육 및 전문 슈퍼바이저 구축

사례관리는 사회복지사의 전문성과 창의성이 가장 많이 반영되는 실천기술이라고도 볼 수 있다. 사례관리의 통합성과 복합성의 특성을 감안할 때 클라이언트의 욕구에 따라 다학제 간의 개입과 협업이 일어나게 되는데, 이 과정에서 사례관리자의 전문성은 모든 서비스를 조정하고 사례개입 상담의 1차적인 창구가 되는 핵심적인 사회복지사로서의 역할을 해야 한다. 사례관리 서비스는 사례관리자의 전문성과 역량이 서비스의 효과를 결정짓는다고 해도 과언이 아닐 것이다. 사례관리자의 전문적 지식, 적극적 동기, 욕구에 대한 통찰력에 따라 각각의 사례에 대해 어떤 서비스가 통합적으로 제공되어야 하는지, 어떤 자원이 연계되고 발굴되어야 하는지가 달라지며, 클라이언트 스스로가 자신을 통찰하고 동기를 회복하여 자립할 수 있는 의지를 가지고 스스로 삶을 변화시켜 가는 사례관리의 궁극적 목적을 달성하기 위해서 실천의 전문성을 키우기 위한 교육과 슈퍼비전 체계를 반드시 구축해야 한다.

사례관리실천에서 사례에 대한 임상적인 자문과 행정적인 판단 그리고 지역사회 자원의 활용과 관련하여 슈퍼비전 체계를 갖추는 것은 매우 중요하다. 전문 슈퍼바이저는 사례관리에 대한 이론적 · 실천적 전문성을 가진 자로서 대학교수나 현장전문가로 관장이 위촉한다. 전문 슈퍼바이저는 임상적인 자문과 컨설팅, 행정적인 지도, 사례관리실천에 필요한 교육훈련, 사례관리자들의 소진예방 및 극복을 위한 지원 등의 역할을 수행한다.

5. 솔루션 위원회

사례관리 실천 시 심리사회적 문제뿐만 아니라 폭력, 알코올, 의료적 · 정신과적인 문제 등으로 매우 복합적인 문제를 표출하거나, 만성적인 문제상황에 빠져서 해결의 실마리가 보이지 않는 고위험 사례들이 자주 발생하곤 한다. 이러한 어려움에 효과적으로 대처하기 위하여 심의 및 자문기구인 솔루션 위원회를 두도록 한다. 솔루션 위원회는 시 · 군 · 구 단위로 설치하는 것이 바람직하며, 업무의 효율성이나 재정적인 상황을 고려하여 개별기관 또는 기관연합으로 설치할 수 있다. 솔루션위원회는 관련분야 교수, 사회복지 현장전문가, 의사, 사례관리전문가, 상담관련 전문가, 변호사, 지방자치단체 의원, 지역복지 대표협의체의 위원 등 8~15인으로 구성하는 것이 바람직하다.

솔루션위원회는 긴급사례 또는 심의나 판정사안이 발생할 경우, 신속하게 소집되어 사례에 대한 임상적 자문, 사례에 대한 행정적인 판단, 그리고 사례관리 실천을 위한 정책적인 건의 등을 통해 사례관리실천을 지원하도록 한다.

6. 통합사례관리 지원단

사례관리실천이 효과적으로 운영되기 위해서는 개별사례관리기관의 사례관리를 지원하고 조정할 수 있는 지원단의 구축이 필요하다. 통합사례관리 지원단은 공공부문의 일부분으로서 시 · 군 · 구 단위로 구성하는 것이 바람직하며, 이는 통합사례관리팀을 조정하는 기능을 수행하고, 개별기관이 사례관리실천을 하는 데 필요한 행정 · 재정적인 지원을 담당한다. 뿐만 아니라 사례관리가 필요한 대상자가 접촉했을 경우, 클라이언트의 주거 지역 및 호소하는 문제와 욕구의 특성을 고려하여 적절한 사례관리체계로 사례를 의뢰해 주는 조정의 기능을 수행한다.

7. 지역사회 자원망

사례관리의 핵심은 클라이언트의 문제와 욕구 해결에 필요한 공적 · 사적 자원망을 연계하고 조정하는 활동이다. 따라서 사례관리기관은 자신의 기관이 보유하고 있는 자원에 대한 조직화는 물론 지역사회, 나아가서는 국가단위에서 활용할 수 있는 공적 · 사적인 자원망을 조직화해야 한다. 자원 조직화는 개별기관마다 독립적으로 자원을 조직화하는 것보다는 기관 간에 연합하여 자원을 조직화하는 것이 효율적이다. 또한 자원의 조직화는 자원목록의 형태로 구체화되어야 하는데, 민간과 공공에 따라서 복지, 문화, 교육, 의료, 주택 등 다양한 영역의 자원들이 포함되도록 한다. 사례관리자는 자원개발 담당자와 협력하여 자원목록을 수시로 보완함으로써 사례관리 실천에서 자원의 활용가능성을 높이도록 한다.

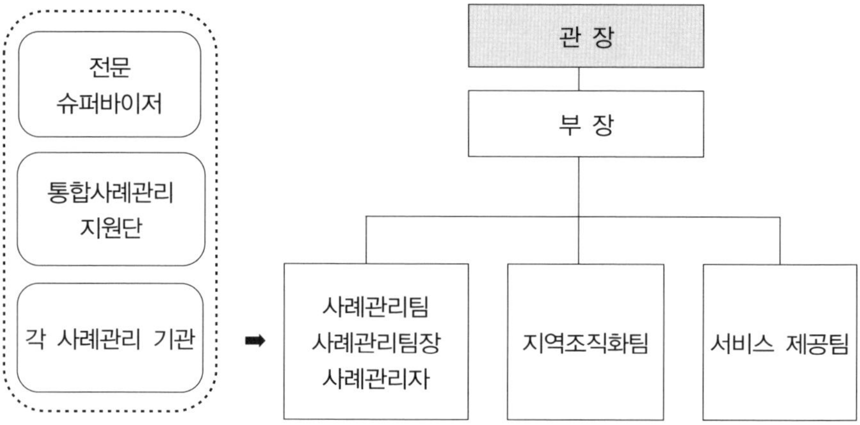

|그림 1-5| 사례관리 운영체제

제2장 사회복지관 사례관리의 거점화

제2장 사회복지관 사례관리의 거점화

제1절 사회복지관의 사례관리 거점 모형

1. 사회복지관 거점 사례관리의 등장배경

1) 공공복지 전달체계의 한계의 대안 마련

공공영역에서의 핵심적인 사회보장의 과업은 방문상담, 사례관리, 민(民)-관(官) 협력 강화라는 방향성을 지닌 채 추진되어 왔다. 이에 따라 공공기관은 전달체계의 영역에서 사례관리팀의 구성 및 운영, 복지담당공무원과 민간 복지전담인력의 연계, 민(民)-관(官) 협력기구의 설치 및 관리 등 사례관리의 효과적인 추진을 위한 총괄적임 책임을 지니게 되었다.

공공의 역할은 서비스 전달체계의 통합적인 관리와 조정이며, 사례관리 체계 역시 이러한 원초적인 역할에서 벗어날 수 없는데 이후 폭발적으로 증가하는 사회서비스의 요구를 고려할 때 공공의 부문에서 직접적인 대면 서비스를 담당하는 것은 재정과 인력의 부분에서 한계점에 당면하게 되었다. 따라서 민간 부문의 서비스 제공 능력과 사례관리 전문성, 특히나 다양성을 기초로 복잡하게 변모하는 지역사회의 욕구에 신속하게 응답할 수 있는 사례관리 체계를 갖추는 것이 향후 주요 과제이며 네트워크형 사례관리가 그 대안으로 부상하였다.

2) 민(民)–관(官) 협력을 위한 가교조직의 필요성 대두

현 시점 주요 과업으로 추진되고 있는 것이 시·군·구 또는 읍·면·동 단위 맞춤형 민(民)–관(官) 협의체를 운영하여 지역사회 안전망을 구축하는 것이라고 할 수 있다. 이는 사회보장 전달체계 개편에 따른 수급권자의 발굴 및 급여 계획, 그리고 서비스 제공을 모두 공공복지 기관이 담당할 수 없다는 현실적 한계에서 기인하였다.

지역사회 민간자원 네트워크는 서비스 제공기관 간 협력, 기관의 자율성 및 창의성 유지, 자원의 공유, 비공식적 사회자본의 구성을 의미하며 아산시와 같이 읍·면·동 민관협의체(행복키움추진단[1])가 골자가 될 수 있다. 수원시의 경우 시·군·구 휴먼서비스센터를 민(民)–관(官) 협력을 위한 가교조직으로 만들 수 있다. 현재 희망복지지원단이 유사 민(民)–관(官) 협력 기능을 수행하고 있으나 사례관리자의 전문성 함양, 지역사회 내 협력 체계 마련에 미흡한 실정이다.

이처럼 각 사회복지기관이 단일한 체계로 존재할 때의 복지서비스는 단편적이며 포괄적이지 못하다는 한계에 부딪힌다. 이를 극복하기 위하여 네트워크를 통한 지역기반의 사례관리 체계의 도입이 논의되었으며 공공과 민간영역을 이을 가교조직의 필요성이 제기되었다. 사회복지관 거점 사례관리는 이러한 문제를 극복하기 위해 제시된 모형으로서 사례관리 추진에 필요한 협력적인 자원을 마련할 수 있으며 기관 간 수평적인 파트너십을 구축할 수 있다는 점에서 강점을 지닌다.

---

1) 행복키움지원단은 복합욕구를 가진 지역주민에게 통합사례관리를 제공하고 지역 내 자원 및 방문형 서비스를 총괄관리함으로써 지역단위 통합서비스 제공의 역할을 수행하는 전담조직이다(보건복지부, 2014). 구체적인 주요 업무는 통합사례관리를 통해 공공 및 민간의 급여 서비스 자원 등을 연계하여 서비스를 제공하는 것으로 사업의 중점대상자는 기초보장 수급가구, 차상위계층 빈곤가구, 긴급지원 대상가구, 기초수급탈락가구, 탈빈곤 및 빈곤예방지원가능 가구들이다. 그 외 지역사회복지자원관리, 지역사회 공식 비공식 자원 현황에 대한 총괄관리, 자원조사 및 개발을 통해 통합사례관리의 원활한 지원, 지역주민 및 관련기관에게 지원현황에 대한 정보제공공유 등이다(충남발전연구원, 2014; 보건복지부, 2014).

3) 네트워크 간 연대와 신뢰의 회복

이제까지 다양한 지역사회 내 네트워크 사업이 효과적이지 못했던 주요 원인은 서비스연계의 동기가 미비하고 공유되는 자원의 총량이 적었기 때문으로 평가 받고 있다. 위로부터의 네트워크 조직은 민간자원 발굴을 위한 지역사회 참여 조직들 간의 업무 협정 수준에 준하지 않으며 지역사회 조직은 복지사각지대의 발굴 및 취약 · 위기가구의 결연 등 도구적으로 접근되었다는 비판을 받아왔다.

한국사회복지관협회(2019)의 사회복지 분야 전문가 및 사례관리 실무자 포커스그룹인터뷰(FGI)를 통해 살펴 본 현재의 공공과 민간의 사례관리 경험은 상호 대치하고 갈등하는 모습을 발견하였다고 보고한 바 있다(서울시 도봉구의 경우 2006년도 사례관리 사업을 강화하면서 사회복지사업과 관련성이 낮은 시민단체가 탈퇴한 경험이 있음. 현재의 도봉시민사회복지네트워크는 이후 복지관련 기관과 단체를 재조정하여 새롭게 구축된 네트워크임).

반대로 우수 민(民)−관(官) 협력 사례의 경우를 살펴볼 때 상기의 문제를 해결하기 위해 채택한 방식은 지역사회자본의 축적을 꼽을 수 있었다. 이처럼 세 체계, 즉 민간, 공공, 지역사회 자본 축적 간의 연대의식과 신뢰성의 회복을 위해서 네트워크형 사례관리 체계의 구축이 필요할 것이다.

4) 통합사례관리의 핵심 전략 : 거버넌스

사례관리는 지역사회의 여러 주체들이 사례당사자 선정 사례회의를 통해 지역사회 관계자들을 설득하고 참여를 유도시켜 그들이 지역사회의 문제와 당사자에 대한 관심을 갖도록 환기시키고 해결 방안을 모색하기 위한 소통의 장이 필요하다. 공급자 중심의 위로부터의 네트워크는 전달체계 상에 서비스를 어떻게 규합하고 연결할 것인지에 초점을 두고 있기 때문에 법적 규정이나 제도의 마련, 재정적 지원이 부재할 경우 쉽게 무너질 수 있다. 한편 거버넌스에 의한 참여적인 네트워크형 사례관리의 경우 참여 주체의 자발성에 따라 연대와 신뢰를 바탕으로 사례관리를 수행할 수 있다. 기존의 서비스통합형 사례관리와 현재 논의되고 있는 네트워크형 사례관리의 차이점은 다음 〈표 2-1〉과 같다.

〈표 2-1〉 네트워크형 사례관리의 특성

	네트워크형 사례관리	서비스통합 사례관리
주도기관	민간 사회복지관	정부 지방자치단체(시 · 군 · 구)
참여기관	자원 제공기관, 주민 조직	사회복지시설
접근방식	수요자 중심	공급자 중심
운영원리	신뢰	공식, 강제
성격	유연성, 개방성	경직성, 폐쇄성
기대효과	민간자원 발굴 사회자본	서비스 통합, 연계 및 기능조정
약점	거래비용, 시간소요	민간자원 동원 제약

출처 : 한국사회복지관협회(2019) 사회복지관 사업의 이해와 사회경제적 가치.

2. 사회복지관 사례관리 거점 모형

"사회복지관 사례관리 거점 모형"이란 공공전달체계, 사회복지관, 민간 네트워크가 각각 역할과 책임성을 부여받아 네트워크형 사례관리를 추진하는 것을 일컬으며 더 나아가 사회복지관이 거점기관으로서 유연성과 다양성을 기초로 복잡하게 변화하는 지역사회의 욕구에 대하여 신속하고 즉각적인 반응체계를 갖추는 것을 의미한다(그림 2-1 참고).

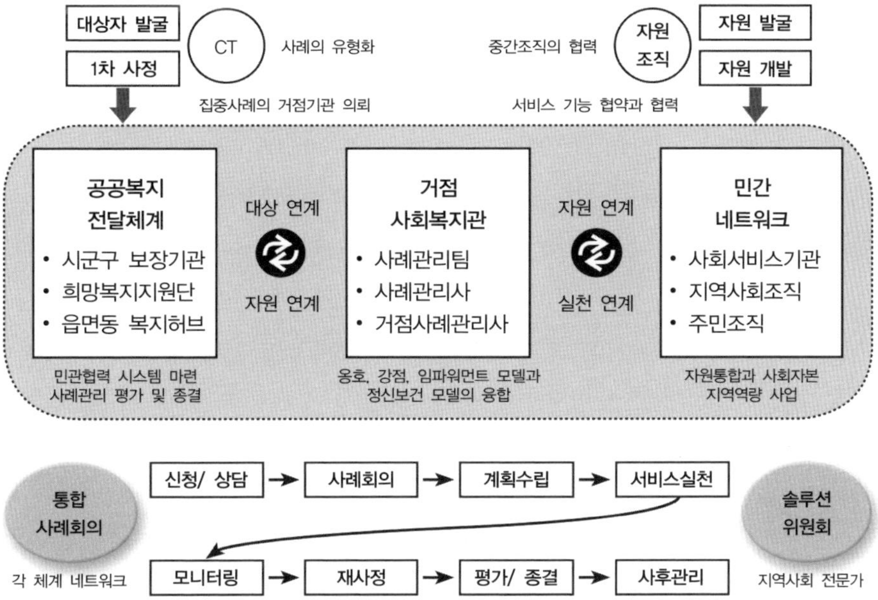

|그림 2-1| 사회복지관 사례관리 거점 모형

1) 공공전달체계

공공전달체계란 시 · 군 · 구와 읍 · 면 · 동과 같은 지방자치단체를 의미한다. 공공은 사회보장기관으로서 사례관리의 기회와 지원을 계획하는 조직이다. 사례관리 당사자의 관련 정보를 수집하여 제공하기 때문에 지역사회의 지원망이 구축되도록 하는 '제도적 책임성'을 지닌다.

2) 거점 사회복지관

거점기관으로서 사회복지관은 사례관리의 전문성을 기반으로 당사자별로 최적의 서비스 제공과 자원 연결이 이뤄지도록 하는 '실천적 책임성'을 지닌다. 때문에 사례관리사 육성과 교육, 자원의 개발과 연계, 사례당사자 개별 모니터링과 산출에 일차적인 책무를 이행해야 한다.

3) 민간자원 네트워크

지역사회 내 민간자원 네트워크는 조직의 특성상 민간, 공공, 지역사회 자본 축적 중 자율적인 기관 미션에 따른 서비스 수행 기능을 담당한다. 따라서 효과적인 서비스 제공의 책임성을 지님으로서 서비스 개발과 함께 지역사회 공공경영의 주체로서 '자원 제공의 책임성'을 가진다고 할 수 있다.

최근 민간자원 네트워크 조직은 공공복지 전달체계를 비롯하여 각종 사회복지기관, 주민조직, 지역기업 등 광범위하게 연계될수록 자원 공유와 협력이 강화되었다(예를 들면 아산시 행복키움공동방문팀의 경우 : 읍 · 면 · 동복지팀, 통합사례관리사, 교육청 교육복지사, 보건소 방문간호사, 거점복지관 사례관리사, 장애인활동보조인, 생활지원사 등).

3. 거점기관으로서 사회복지관의 정합성과 역할

1) 민간영역에서의 거점기관의 필요성

공공영역에서의 사례관리 거점이 시 · 군 · 구 또는 읍 · 면 · 동 희망복지지원단이라고 할 때, 민간 사례관리 조직으로서 거점 기관도 요구되었다. 공공과 무관하게 민간에서 사례관리 모형을 개발하고 사례개입 기법을 연구하여 교육하고 보급하게 되면서 이에 따라 사례관리를 조직할 수 있는 사례관리 거점 기관이 필요한 것으로 보고되고 있다(진재문, 2014).

현재의 조건에서 민간 복지조직이 개별적으로 사례관리 역량을 발전시키기란 상당히 도전적인 상황이다. 또한 지역 간의 사례관리 역량 불균형을 심화시킬 수 있는 위험도 상당하기 때문에 사례관리 거점 기관의 필요성이 제기되고 있다고 볼 수 있다.

희망복지지원단을 골자로 한 시 · 군 · 구 통합사례관리는 제한적인 인력의 배치로 인하여 사례관리 수요에 대한 즉각적인 대응에 미진하고 읍 · 면 · 동의 경우 상담 및 의뢰 등의 수행이 미흡한 실정으로 보여진다. 또한 불안정한 신분의 민간 사례관리사들은 지역사회의 지속적이고 장기적인 관점에서의 집중사례관리 당사자에 대한 개입과 모니터링 및 사후관리 수행에 장애를 겪고 있기 때문에 사회복지관과 같은 민간 지역사회기관이 집중사례관리를 수행해야 한다고 주목받고 있다.

2) 거점기관으로서 사회복지관의 역할

사례관리 거점기관은 집중사례관리 당사자의 인테이크 창구의 역할을 하면서 아울러 서비스 연계와 조정을 위한 중개 및 조정자의 역할을 수행해야 한다. 또한 통합사례회의와 솔루션위원회의 중간자 역할을 해야 할 것으로 보인다. 이를 위해 거점기관에 전문 사례관리사 인력의 마련이 필수적인 상황이다.

민간에서 자원을 지원할 수 있는 관련 기관들과 협력하기 위해서는 기존의 서비스 제공기관들이 상호경쟁하며 발생하는 부작용을 방지하기 위하여 거점기관을 구성하여 설치 · 운영하는 것이 바람직할 것으로 보인다.

기존의 서비스통합 네트워크의 경우 조정자의 역할을 담당하는 사례관리자가 수직적인 의사소통 방식을 취할 수 있는 권한보다는 자원을 동원하고 분배할 수 있는 수평적인 방식의 의사소통 권한이 인정되어야 한다.

단순서비스 연계 당사자는 공공이나 개별 서비스기관이 주요 사례관리 역할을 수행하고 있어 개별 기관별로 자율적인 사례관리가 가능할 수 있다. 그러나 집중사례관리 당사자의 경우 거점기관 네트워크형 사례관리의 추진체계가 요구된다. 이는 복합적인 욕구 및 어려움에 대하여 개별기관이 대처하기보다는 네트워크를 통한 집중사례관리를 운영하는 것이 효과적이라 거점기관은 통합사례회의, 사례회의, 솔루션위원회의 등을 통해 민(民)-관(官)의 기능적인 협력을 도모하고 단일한 지역사회 보호망을 구축해야 한다.

제2절 거점 사회복지관 사례관리 추진전략 및 과제

1. 거점 사회복지관 설치 및 운영 전략

1) 거점 사회복지관 내부구조

한국사회복지관협회(2019)에 따르면 우수 민(民)-관(官) 협력 사례를 살펴볼 때 공통적으로 사례관리 중심의 조직을 설계했음을 알 수 있었다. 즉, 성공적인 네트워크형 사례관리를 위하여 사례관리팀의 기능을 강화하는 한편 조직적인 운영체계의 마련이 필수적임을 알 수 있다.

사례관리의 운영체계는 조직 내부의 체계와 외부의 체계로 구분된다. 아래 〈표 2-2〉를 통해 조직 내부의 운영체계가 당사자가 당면한 문제와 표출한 욕구를 잘 충족시키기 위하여 사례관리팀, 서비스제공팀, 지역조직화팀 등 다양한 팀제 간 협력구조인 것을 알 수 있다.

〈표 2-2〉 사회복지관 조직 내부 운영체계 예

구 분	구 성	기 능	운 영
사례관리팀	• 사례관리팀장 • 사례관리팀원	• 사례관리 전담 • 사례관리 전 과정 관리 : 사례당사자 발굴 및 개입 • 사례관리 관련 사업 • 타 기관 의뢰 • 정기적 사례회의 수행 • 내 · 외부지원 당사자 선정 • 내·외부 협력체계 마련	• 사례관리 • 사례관리 관련 사업 수행 • 주 1회 이상 팀사례회의 실시 • 지역주민 상담 및 서비스 이용 당사자 선정 • 동단위 통합사례회의 참석 • 외부 자문회의 개최 • 기타 사례관리 네트워크 활동
서비스제공팀	• 서비스제공팀장 • 서비스제공팀원	• 사례관리 당사자 대상 프로그램 개발 및 제공 • 프로그램 참여 사례관리 당사자 모니터링 및 공유	• 사례관리 당사자 발굴 • 사례관리 당사자를 위한 프로그램 개발 및 제공 • 프로그램 참여 당사자 모니터링 및 공유

지역조직화팀	• 지역조직화팀장 • 지역조직화팀원	• 사례관리 당사자의 욕구 충족을 위한 인적·물적 자원 개발 및 조직 • 인적 · 물적 자원의 관리	• 자원 개발 및 관리를 통한 사례관리 당사자 지원 • 자원 강화 및 확대를 통한 사례관리 당사자 지원

출처 : 창동종합사회복지관 내부자료(2019).

2) 거점 사회복지관 인력구조

민간영역의 사례관리 전문 인력의 확보 없이 지역사회 네트워크 사례관리의 체계 구성은 어려움이 따른다. 공공의 사례관리 전문 인력은 일명 '복지코디네이터'로서 심층 상담을 통한 면밀한 욕구사정과 적합한 서비스 연계 및 총괄적인 사후관리의 역할이 기대되지만 방문상담, 서비스의 연계 및 사후관리, 사례관리 실적관리, 개별 당사자의 보장계획 전반을 수립하는 것은 지나치게 과도한 과업이며, 복지코디네이터에게 상기 모든 역할을 지게 하는 것은 원활한 업무 진행에 무리가 있을 것으로 판단된다. 복지코디네이터의 역할은 서비스를 조정하는 것이지 전반적인 사례관리 과정의 직접적인 사례관리 수행자가 아님을 명백히 해야 하며 이에 따라 코디네이터의 일부 역할을 거점 사회복지관의 사례관리사에게 위임하고 이에 수반되는 권한과 책임을 명확하게 이양하는 과정이 선행되어야 하며 아래와 같은 과업이 수반된다.

(1) 거점 사례관리사의 전문성 확보

거점 사례관리사의 전문성은 일종의 복지코디네이터로서의 보편적인 전문가 성격을 지니며, 스페셜리스트(specialist)로서의 사례관리 업무가 아니며 사례관리 전문가 육성과정에서 주민의 당면한 문제를 종합적으로 진단하고 환경 속 인간관점(person-in-environment perspective)으로 접근하여 급여 및 서비스를 제공하는 것에 집중하는 인력을 의미한다.

전문성을 갖춘 사례관리사의 충원이 가능하지 못한 지역도 있을 수 있다. 따라서 채용은 모든 지역에 획일적으로 적용하기보다 지역적인 특수성을 반영한 사례 상담 수요파악을 선행한 뒤 이에 따른 수급이 바람직할 것이다.

섣부른 기간제 혹은 시간제 성격의 일자리의 창출은 신중해야 한다. 사례관리의 특성상 당사자와 사례관리자 사이의 신뢰형성이 중요하고 이는 장기적인 관점에서의 지속적인 관심과 돌봄이 필요하다. 또한 사례관리 과정상에 적합한 자원의 발굴과 연계가 수반되므로 이는 곧 지역사회 내 유관기관과의 상호 신뢰적인 관계 형성의 필요성을 의미한다. 즉, 사례관리자의 안정적인 고용형태의 마련이 절실하며 이러한 안정성은 사례관리자의 전문성 함양 및 제고에도 직결된다.

(2) 거점 사례관리자의 역할과 권한 정립

사회복지관의 거점 사례관리사의 역할은 지역사회의 역량과 복지서비스 수요에 따라 다르지만 일반적으로 집중사례관리 당사자에 따른 전문적 사례관리 업무로 집중될 것이다. 사회복지관의 거점 사례관리사는 당사자 초기 상담부터 전체 사례관리 과정을 다시 전개해야 한다. 거점 사례관리사의 경우도 직무기술이 지나치게 포괄적이라면 과업의 중복과 혼선을 초래할 수 있고 또한 전문 사례관리사일지라도 지역의 복지 수요와 자원에 대해 충분한 정보를 습득하지 못할 수 있기 때문에 여전히 민(民)–관(官) 협력 및 통합사례회의 구조는 반드시 필요하다.

다만, 거점 사례관리사가 공공사례관리자의 역할을 대신하는 것이 아니므로 업무의 분장이 필요할 것이다. 예를 들어, 사회보장정보시스템 상담실적 입력과 같은 성격의 과업은 공공사례관리사의 업무로 분명히 제시해야 한다. 이렇듯 거점 사례관리사의 업무 범위를 명확하게 제시할 수 있는 기준과 근거가 필요하다.

(3) 사례관리 전문성 제고 및 향상을 위한 역량교육 실시

사회복지사 자격제도 내 대학교육으로 이루어지는 사례관리 교육은 상대적으로 비중이 매우 적은 실정에서 이루어진다. 따라서 사례관리 전문성을 확보하기 위해서는 거점기관의 사회복지관 사례관리팀을 위한 별도의 사례관리 보수교육 지원이 필수적이라고 할 수 있다. 이는 광역시나 기초지방자치단체 수준의 균일한 역량교육 과정으로서 계획하고 공공사례관리사를 비롯한 지역사회 내 사례관리 관련 인력자원을 대상으로 지원되어야 한다. 사례관리사 양성을 위한 역량교육은 양성과정, 심화과정, 맞춤형 과정 등 실천적인 기술 향상을 목적으로 둔 형태여야 하며 거점기관은 지역기반 사례관리를 추진할 수 있는 역량을 개발하고 참여 기관의 기능을 조정할 수 있도록 제반 교육을 강화해야 한다.

공공영역, 민간영역의 참여 주체들의 역량을 강화하지 않은 채 네트워크형 사례관리를 적절히 수행하기란 매우 어려움이 따를 것이다. 지역사회 안에서 사례관리 교육, 슈퍼비전, 솔루션 회의를 통해 사례에 대한 공통의 기준을 마련하고 워크숍을 비롯한 사례관리 역량강화 교육을 통하여 참여기관들의 자발적인 협력이 마련되도록 노력해야 한다.

3) 사회복지관의 전문 사례관리 수행 전략

사회복지관에서의 사례관리 업무가 차지하는 위상을 제고할 필요성이 있다. 현재 사회복지관에서 바우처 사업의 증대와 마을지향을 비롯한 지역조직화 사업에 대한 수요가 늘어남에 따라 사례관리 업무로의 집중이 위협받고 있는 실정이다. 이에 사례관리사들이 타 업무에 영향을 받지 않고 집중적으로 과업을 수행할 수 있는 업무환경이 조성되어야 한다. 이는 사례관리가 단순한 서비스와 자원의 중심으로 이해되고, 전문적인 실천 기술이 투입되지 않기 때문이기도 하다. 게다가 공공영역에서 희망복지지원단[2])이 출범하게 됨에 따라 민간의 사례관리 역할이 이양된 결과로도 볼 수 있다. 재정과 인력의 대부분을 공공에 의존하고 있는 민간 사회복지기관들은 희망복지지원단을 통해 사례관리 에너지가 집중되는 현황 속에서 이에 상응하는 사례관리 전문가로서 역량을 키울 여력이 부족했다고 보고된다(진재문, 2014).

전문적인 사례관리를 수행하기 위해서 적정량의 사례 수를 유지하는 것이 중요하다. 대부분의 사회복지관 사례관리사의 사례 수는 30개를 넘지 않는 것으

2) 희망복지지원단이란 복합적 욕구를 가진 대상자에게 통합사례관리를 제공하고 지역 내 자원 및 방문형 서비스 사업 등을 총괄관리함으로써 지역단위 통합서비스 제공의 중추적인 역할을 수행하는 전담조직이다. 민관협력을 통한 지역단위 통합적 서비스를 제공 체계를 구축, 운영함으로써 맞춤형 서비스 제공 및 지역주민의 복지체감도를 향상시키는 것을 목표로 한다(보건복지부, 2015).

로 보인다. 이는 사례관리사가 동원할 수 있는 자원의 규모와 당사자의 욕구 충족 및 당면한 문제를 해결할 수 있는 능력 등을 고려할 때의 상한계수이다.

사회복지관 사례관리사의 집중사례 수가 6~7개 정도임을 감안할 때 신규로 지원되는 거점 사례관리사에게 할당됨직한 집중사례당사자 수는 20개를 초과하지 않아야 하는 것이 합리적이다. 민소영 · 임선영(2012)의 연구에서도 취약계층 대상의 집중 사례관리를 수행할 때 약 20개에서 25개의 사례가 적절한 것으로 보고되었으며 보건복지부(2012)의 희망복지지원단의 매뉴얼에서도 위기계층의 당사자를 사례관리를 할 시 공공사례관리자 1인에게 적정한 사례 수를 20개로 제시한 바 있다.

아래 〈표 2-3〉을 통해 사회복지관의 사례관리자의 역할과 적정 사례 수를 살펴볼 수 있다.

〈표 2-3〉 사례관리자의 역할 및 적정 사례 수

구 분	사례관리팀원	사례관리팀장
역할	• 각 동별 당사자 현황 관리 • 당사자 상담 및 사례관리 안내 • 당사자 선정 및 사례회의 상정 • 서비스제공계획 수립 • 서비스연계 및 점검 • 평가 및 종결 • 사례관리 대상가구별 문서 및 자료 관리 • 사회복지시설정보시스템 입력 • 자원개발 및 자원 관리 • 동단위 사례회의 참석 • 종결가구-사후관리 모니터링	• 사례관리 슈퍼비전 및 업무 총괄 • 신규 상담 및 사례배정 • 전체 당사자 가구 현황 관리 • 내외부 사례회의 및 슈퍼비전 • 사례관리 네트워크 관리(동단위, 통합사례관리 분과, 기타 네트워크 등) • 사례관리팀 인력관리 • 내 · 외부 사례관리 자료 관리 • 사회복지시설정보시스템 관리 • 사례집 발간, 매뉴얼 수정 • 외부 자문위원 관리
자격	• 대학교 사회복지학사 이상의 학력 소지자 • 사례관리전문교육 매 연간 16시간 이수자 • 당사자 직접개입 경력이 1년 이상인 자 ※ 1년 미만의 자는 슈퍼비전을 통해 직무수행	• 대학교 사회복지학사 이상의 학력 소지자 • 사례관리전문교육 매 연간 16시간 이수자 • 당사자 직접개입 경력이 3~5년 이상인 자
적정량	1인당 사례 수는 최대 30~40개를 넘지 않도록 하며, 집중사례 수는 20개를 넘지 않도록 배정	

출처 : 창동종합사회복지관 내부자료 「사례관리 업무매뉴얼」(2019), 한국사회복지관협회(2019) 사회복지관 사업의 이해와 사회경제적 가치. p. 156 재구성.

2. 네트워크형 사례관리체계 구축을 위한 실행 전략

1) 기관들의 역할 및 기능 구체화

지역사회기반 네트워크형 사례관리체계에 참여하는 다양한 주체들의 역할에 초점을 둔 협력이 필요하다. 공급자 중심에서 네트워크형 사례관리체계로의 전환은 지역사회 내 다양한 복지기관들이 각기 다른 내용과 수준의 서비스를 제공하게 됨에 따라 지역사회 내 서비스전달체계 상의 혼란을 초래할 수 있다. 따라서 거점기관은 컨트롤타워가 아니므로, 각 참여 기관의 책임과 역할을 명확히 밝히고 적절한 협력 시스템을 구축해야 한다. 개별 참여 기관들의 독립성을 유지하면서 책임성을 강화할 수 있는 네트워크형 업무 추진 방법을 모색하여야 하며 동시에 기관 간, 서비스 간 수평적 연결을 촉진하는 협업구조를 마련해야 할 것이다.

2) 중간 지원조직의 활용

사례관리가 민(民)−관(官) 협력에 의해 추진되기 위해서는 중간 지원조직이 필요함. 기존의 거버넌스 조직(예를 들면 지역사회보장협의체 등)을 적극 활용해야 한다. 지역사회보장협의체는 이미 시 · 군 · 구 단위의 민(民)−관(官) 협력을 대표하는 조직이며 실무협의체에는 복지담당 공무원, 보건소, 이용시설 및 생활시설 등 민간 복지기관 실무자들이 정기적으로 모여 수평적이고 협의적인 의사결정과 서비스의 조직 및 연계, 공유 기능을 수행하도록 명시하고 있다.

중간 지원조직은 민(民)−관(官) 협력의 주요 기능을 수행하며 대표적으로 자원조사 및 데이터베이스 구축, 자원의 배분, 주민 조직화 등의 역할을 기대할 수 있다. 특히 민(民)−관(官) 협력회의, 통합사례회의, 솔루션 회의 등이 추진되고 활성화되는 데에는 지역사회복지협의체의 선도적인 역할이 주요하다. 따라서 민(民)−관(官) 협력 시스템 내에서 지역기반 사례관리를 구축하고 거점기관 사회복지관의 사례관리 역량을 제고하기 위해서는 현행 지역사회복지협의체의 기능성을 활용하는 방안이 적극 검토되어야 한다.

3) 공공과 거점 사회복지관 간의 역할 분담

공공복지 전달체계의 주체인 시 · 군 · 구나 읍 · 면 · 동은 초기상담을 통해 사례관리 개입 당사자와 단순서비스 연계 당사자를 구분하여 당사자를 선별하고 이들을 거점기관 사회복지관으로 의뢰해야 한다. 공공은 당사자를 선별하는 역량이 필요하나 대부분 이러한 역량이 미흡한 경우가 많고 이러한 과정에서 당사자가 적절한 기준에 따라 연계되지 않거나 누락될 가능성이 있기 때문에 이러한 사례들은 민(民)-관(官) 협의 기구를 통하여 선별하는 것이 바람직하다고 판단된다.

4) 공공의 지원체계 마련

민간의 사례관리 역량강화를 위해 공공의 투자와 지원, 일정한 권한의 이양이 전제되어야 한다. 공공영역은 사례관리 당사자를 의뢰하고 이를 평가하기 위해 민간영역에 개입하기보다는, 민간 조직의 특성을 반영하여 사례관리 역량을 제고하기 위한 재정적인 지원을 약속하고 자원 사용의 권한을 일정부분 이양해야 한다(예를 들면 긴급복지지원사업 또는 위기가정지원사업 등에 민간의 사례관리사가 자원 분배에 일정한 권한을 행사할 수 있는 구조적이고 제도적인 장치 마련이 필요함). 이는 통합사례회의 등의 공식적이고 구조적인 소통 창구를 활용하는 것이 바람직하겠다.

지역사회 내 자원실태 파악의 정도는 민간영역의 사례관리사 전문성에 주요한 요건 중 하나이며 이는 공공영역의 협조가 요구된다. 사례관리사의 역량에 따른 자원 연계의 불균등은 공공의 지원에 의해 보완될 수 있다. 민간은 각자의 역량과 노력에 의해 자원 활용의 총량이 달라지지만, 공공은 자원의 편향이 비교적 적은 편이다. 따라서 자원 관련 네트워크가 독립적으로 운영되기 전까지는 공공이 파악한 자원의 현황과 실태를 민간과 공유할 필요성이 제기된다.

5) 집중사례관리 의뢰의 구조화

구체적인 초기상담의 기록과 보장계획의 명시화에 따른 공식적인 의뢰 체계의 구축이 필요하다. 현 시점에서 복지전달체계의 복지사각지대 당사자의 발굴은 통(반)장과 자발적으로 결사된 주민조직을 통해 발굴될 수 있는 포괄적인 성격의 것으로 간주된다. 초기 발굴의 경우 전체 사례를 공공의 초기상담으로 이관하여야 하며 이때 공공사례관리는 공적 지원이 가능한 경우로, 민간 서비스 기관은 단순 서비스 연계중심의 사례로, 거점기관 사회복지관의 경우 장기적이고 어려운 집중사례 당사자의 구조로 설계할 수 있다.

그러나 이러한 경우 거점기관 사회복지관에 경우 매우 다루기 어렵고 성과가 낮은 사례들이 집중되는 경향이 있을 것이며 거점 사례관리자의 어려움이 증폭될 것으로 예상되기 때문에 이에 대한 공공의 공식적 의뢰 체계를 통해 지원과 실적연계가 적절하게 연결될 수 있는 시스템을 마련해야 한다. 사례관리 체계에서 공공과 민간이 사례당사자를 둘러싼 경쟁과 상호대치보다 협력적인 파트너십을 유지하기 위해서는 거점기관에 의뢰된 초기 상담의 내용이 구체적이고 명확하게 기록되어야 하며, 공공에서 위임하는 사례의 보장계획이 별도로 명기되는 것이 바람직하다.

6) 민간의 강점 기반의 실적 평가 도입

기능적인 변화가 기대되기 어렵고 장기적인 개입이 요구되는 당사자에 대해서 가시적인 성과를 측정하기보다는, 거점기관의 개입 수준과 수량에 따른 현실적인 실적 평가 가이드라인이 제시되어야 한다.

거점기관 사례관리자가 의뢰된 사례로 인하여 공공과의 문제와 갈등에 당면하고 민간기관이 공공에 종속된다고 인식되는 경우에는 사례관리가 기능적으로 수행되기 어렵기 때문에 어떠한 경우에도 민간이 가지는 다양성과 창의성, 자율성으로 일컬어지는 강점을 향상시키는 방향으로 실적이 평가되어야 한다.

7) 네트워크 협력 기반 마련

네트워크 협력 기반을 다지기 위하여 다음과 같은 과업이 요구된다. 첫째, 지역사회기반 네트워크형 사례관리의 강화를 위한 관계망 사업을 확대하여야 한다. 이를 위하여 사회복지서비스기관, 지역사회복지조직, 자발적 주민조직이 함께 지역역량강화교육을 통해 지역사회 내 사례관리 관련 이슈를 수렴할 필요가 있다. 지역사회 내 관련 유관기관의 협력은 전달체계의 개선만으로 개진되기 어렵다. 지역기반의 사례관리 당사자들에게 지원될 수 있는 자원은 사회적자본의 측면에서 확대하고자 하는 고민을 관계자 간 공유해야 한다. 이를 기반으로 발굴된 자원과 수집된 정보망을 활용하여 복지의 사각지대를 최소화할 수 있을 것이다.

둘째, 민(民)-관(官)이 함께 참여하는 통합사례회의체계를 구축하여야 한다. 통합사례회의에는 서비스제공을 담당하는 사회복지기관과 자원을 담당하는 다양한 민간 기관들이 적극적으로 참여하여야 한다. 집중사례당사자의 경우, 통합사례회의와 같은 공식적이고 구조화된 창구를 통해 서비스와 그에 적절하게 소요될 자원 동원 방식이 결정된다. 중요한 것은 거점기관의 의뢰에 따른 서비스 제공이 전제되어야 하며 협력 기관과의 상호 신뢰성을 형성하기 위한 오랜 경험이 기반되어야 한다. 또한 거점기관과 지역사회 내의 기관들은 수직적인 의사소통 구조로는 기능적으로 운용될 수가 없기 때문에 최대한의 민간 복지서비스 기관들이 수평적인 분위기 속에서 통합사례회의와 솔루션 회의 등에 자발적으로 동참할 수 있는 환경을 마련해야 한다.

셋째, 지역사회에 기반을 둔 사회복지관이 구심점이 되어 지역의 다양한 민간자원과 MOU(Memorandum of Understanding)를 체결하는 것이 하나의 대안이 될 수 있을 것으로 보인다. 공공의 역량도 민간 네트워크의 주요한 조건 중 하나이다. 개별적인 서비스 기관들의 급여비용은 지역사회 내의 공공재원으로 지불되는 경우가 많기 때문에 공공영역의 참여를 독려하는 것은 유의미한 전략으로 꼽을 수 있다.

8) 사례관리 재정지원 체계의 마련

첫째, 기능적으로 민간의 사례관리가 추진되기 위해서는 현행 지자체 보조금 지원의 재정지원 방식을 개선할 필요가 있다. 거점기관 사회복지관의 사례관리의 경우 사회서비스 바우처 제도 또는 서비스구매 계약 방법 등의 다양한 민간위탁 재정지원 제도를 활용해야 한다. 민소영(2015)의 연구에서는 사례관리의 적정한 비용을 책정하기 위해서는 공공이 당사자의 욕구평가, 사례관리 서비스 이용자격 심사, 비용 책정을 위한 사례관리 업무 등을 정리해야 한다고 보고하였다. 사회서비스 바우처 제도와 같은 사례관리 서비스를 민간이 공급하고 정부가 부담하는 방식으로 제도화한다면 공공의 품질관리, 거점기관은 평가제도와 사례관리사 등 인적 자원의 기준 등 여러 행정체계적 장치를 마련해야 할 것으로 사료된다.

둘째, 공공과 민간이 함께 참여하는 제3의 섹터를 통해 사례관리를 위한 민간 펀드를 조성할 필요성이 제기된다. 사례관리는 당사자에게 지원되는 확실한 자원이나 서비스가 존재해야 한다. 단순한 상담은 거점기관의 과업으로는 적당하지 않고 실체적인 서비스와 자원연계가 요구된다. 우수 민(民)-관(官) 협력 사례들을 살펴볼 때, 공통적인 요소 중 하나로 꼽히는 것이 사례관리를 위한 '지역사회의 나눔 문화'를 가지고 있다는 점이다. 시급하게 사례관리 당사자에게 전달되어야 하는 긴급지원이나 급여비용을 부담하기 위한 자체 펀드의 유치는 거점기관의 사례관리 역량을 제고할 수 있는 주요 수단이 될 것이다.

또한 지역사회의 민간 펀드는 복지사업을 수행하기 위한 기반으로 작용하기도 한다. 지역사회 내 복지 이슈와 안건들을 형성하고 문제해결 방법을 모색하는 협의의 노력으로 볼 수 있다. 특히 사회복지관이 지역사회의 사례관리 주체로서 규정되면 자칫 자원이 사회복지관으로 집중된다는 오해를 받을 수 있기 때문에 민(民)-민(民) 협력의 확보를 위하여 공동의 자원개발의 시도가 추진되어야 하며, 민간 펀드는 이러한 기관 간 역동 속에서 지역사회의 상호호혜적인 복지생태계 마련에 기여할 수 있을 것으로 기대된다.

제3장 창동종합사회복지관 사례관리 실천

제3장 창동종합사회복지관 사례관리 실천

제1절 사례관리 이론 적용 및 경험적 기반

사례관리는 자원관리와 조정 등의 간접적 서비스를 제공해야 하는 동시에 클라이언트와 환경체계를 사정하여 클라이언트의 다양한 욕구를 만족시킬 수 있는 서비스 제공과 연결 그리고 직접적 서비스도 제공하여야 한다. 이러한 사례관리의 특성으로 인하여 사정 시에 가계도와 생태도 등 다양한 사정도구를 활용하여 종합적인 사정을 요구하므로, 생태체계이론에 대한 충분한 지식이 요구되며, 클라이언트의 장기적이고 복합적인 문제를 해결하고 클라이언트의 역량을 강화하기 위한 임파워먼트와 강점접근 및 증거기반 이론이 중시된다. 또한 자원의 효과적인 개발과 연계를 위한 네트워크 이론 등에 대한 지식이 요구됨에 따라 여러 이론들을 활용하여 적용하고자 한다.

1. 생태체계적 관점

생태체계적 관점은 '환경 속의 인간'이라는 개념을 적용하여 인간과 환경 간의 적절한 상호작용이 건강하고 안녕한 삶에 있어서 매우 중요하다고 보는 것이다. 즉, 인간은 환경에 잘 적응하고, 환경은 인간의 욕구에 반응적이고 지지적일 때, 인간의 건강하고 안녕한 삶이 확보될 수 있다는 것이다. 이러한 내용을 바탕으로 보면 생태체계적 관점은 클라이언트에 대한 이해와 서비스 내용의 바탕이 되는 관점이다. 다시 말해서 인간이 안녕한 상태를 이루기 위해서는 환경과 적절한 상호작용을 해야 하고, 복합적 욕구를 충족할 수 있도록 다양한 환경적 요소와 상호작용해야 하기 때문에 사례관리 서비스 내용도 그에 부합해야 한다.

체계적 관점은 심리, 정신병리 등 클라이언트 개인의 문제에 중점을 두고 이에 대한 개입전문성을 키워왔던 전통적인 사회사업실천에 개인을 둘러싼 환경 속에서의 다양한 관계망과 상호작용, 사회적 변화 등에 대한 관심을 더함으로써 사회사업의 통합적인 접근을 가능하게 하였다. 여기서 '체계'는 '사람들이 상호작용하고 상호 의존하는 일련의 구조'(Greene & Ephross)를 말한다.

2. 강점관점과 임파워먼트 관점

사례관리에서 강점관점은 강점으로 바라보기와 그것을 바탕으로 한 역량향상 목표설정이라는 두 가지로 나타난다. 먼저 강점으로 바라보기는 "모든 개인, 집단, 가족, 지역사회는 강점(역량)을 가지고 있다"는 인식과 "외상, 학대, 질병, 갈등 등은 해가 되기도 하지만 도전과 기회의 자원이 될 수도 있다"는 인식을 가지고 클라이언트를 바라보는 것이다. 모든 사람들은 강점을 가지고 있다는 것과, 모든 것을 강점(자원)으로 인식하는 것이다. 이러한 인식을 사례관리 실천에 적용하면 "클라이언트가 원하는 것에 초점을 두고", "클라이언트로 하여금 자신의 삶을 주체적으로 살아갈 수 있도록 결정과 선택의 권한을 부여하고", "사례관리자는 클라이언트의 협력자로서 활동" 하는 것이다. 또한 사례관리의 목표를 역량을 향상시키는 데 초점을 맞추는 것이다.

강점관점은 모든 사람이 강점을 가지고 있다는 이론으로 클라이언트의 바람직한 변화를 위한 동기와 잠재능력을 향상시킬 수 있다. 사회복지사는 문제에 중심을 두기보다는 체계가 가지고 있는 자질과 기술을 토대로 접근함으로써 클라이언트 체계와 환경의 맥락에서 자원을 보다 효율적으로 이용할 수 있고, 더욱 효과적으로 기능이 증진되도록 이끌 수 있는데, 이때 클라이언트의 회복력을 통해 더욱 견고해진다. 때문에 사례관리자는 클라이언트의 개별화를 촉진하며, 조언가가 아닌 파트너로서의 관계를 촉진해야 한다.

임파워먼트 관점은 권한부여, 역량강화, 세력화 등으로 적용되며, 개인, 그룹, 조직, 그리고 지역사회 등이 각각의 기능을 잘 수행하고 적절한 관계를 형성해 나갈 수 있도록 그 능력과 힘을 잘 통제할 수 있도록 하는 과정으로, 무력함을 경험하는 사람, 집단, 지역사회의 잠재적 파워를 개발하는 일련의 과정으로 규정할 수 있다. 따라서 임파워먼트는 개인 내적 변화를 사회정치적 수준으로 연계하는 실천적 접근이라고 할 수 있으며, 사례관리실천에서 적용하자면, 사례관리자와 클라이언트의 차원으로 클라이언트의 역량의 원천을 개선하는 것, 클라이언트 욕구에 부합하기 위해 기관의 조직과 역량을 이용하는 것, 정치적 차원으로 정책 형성과 실행에 영향력을 행사하는 것으로 적용할 수 있다.

3. 네트워크 관점

네트워크란 자원, 기술, 사회관계, 지식, 신뢰 등을 서로 공유, 유대, 연계하는 것으로 사례관리에서의 부족한 자원을 다른 기관과의 협력을 통해 극복할 수 있으며, 네트워크를 통해 클라이언트의 욕구충족, 자원부족 문제의 극복, 효율성의 증진 및 소속감, 공동체 의식의 증진 등을 이끌어 낼 수 있다.

특히 네트워크의 구축이 사례관리사업에서 필요한 이유는 ① 누락된 클라이언트의 발굴, ② 서비스 단절의 연계, ③ 서비스와 프로그램의 중복의 조정 등을 통한 효율성의 증대, ④ 부족한 자원의 동원, ⑤ 네트워크를 통해 기대되는 효과 때문이다.

4. 적용모델

〈표 3-1〉 사례관리 적용 모델

사례관리 모델 유형	창동종합사회복지관 사례관리사업 적용 모델	모델 적용 내용
Lambert & Magure의 모델 분류	일반사회복지 모델과 전문사회복지 모델의 혼합	• 사례관리자별로 지역별에 따라 담당자가 지정되어 있으며, 자원연계 및 각 대상별 담당도 지정되어 있음(예를 들면 자살고위험군 어르신 담당, 어린이재단 결연후원 아동 · 청소년 담당, 남자홀몸어르신 담당 등), 담당 대상에 관한 모든 사례관리 과정을 담당 • 업무 공유 및 팀워크 : 주 1회 혹은 안건 상정 시 사례회의를 통해 사례에 대한 공유가 이루어지며, 사례논의 및 개입방향을 모색하고 사례별 당사자 개입기준에 따른 논의를 통하여 전체관리 당사자를 관리하고 있음
사례관리자에 따른 분류 모델	통합전문가 모델	• 담당 사례관리자가 맡은 사례의 개입계획부터 종결까지 책임지고 관리
	자원봉사자 모델	• 사례별 지역 내 도움이 필요할 경우 지역 자원봉사자들과 협력하여 함께 사례관리를 진행할 수 있도록 맞춤형 사례개입을 적용함
Ross의 서비스 총합의 차이에 따른 분류	조정모델과 포괄적 모델의 혼합	• 조정모델과 포괄적 모델의 중간단계 • 클라이언트 발견, 클라이언트 사정, 사례계획 수립, 준비된 서비스로 의뢰, 클라이언트 권익옹호, 직접적인 개별 사회사업, 지지체계의 개발, 재사정, 자원개발을 위한 옹호, 점검, 위기개입
서비스 수준에 따른 분류	기본형과 종합형의 혼합	• 사례관리자가 각 50사례 내외의 사례를 관리하고 있으며, 개별적 접근과 팀 접근을 혼합하여 진행 • 독립된 사례관리팀의 운영과 사례분류에 따른 사례, 서비스제공팀 내 사례당사자를 구분하여 관리 • 상담, 자원연계, 서비스제공, 타 지역사회 자원과의 유기적 관리를 위한 논의 및 개입 등

5. 경험적 기반

본 기관의 경우 1999년 사회복지관부설 재가복지센터가 개소된 이후 사례관리를 지속적으로 운영해 오고 있으며, 2014년부터 사례관리 매뉴얼을 발간하여 사례관리에 적용하였으며 2018년 사례관리업무매뉴얼, 양식 수정 등 사례관리 사업의 시스템을 구축하여 전문적인 사례관리를 실천하고 있다.

〈표 3-2〉 연도별 사례관리 방향성

<table>
<tr><th>구 분</th><th>사례관리 방향성</th><th>사례관리 전문인력</th></tr>
<tr><td>2013년</td><td>신규대상자 발굴 및 지원 대상자의 범위 확장(아동 · 청소년 · 다문화가정 포함)</td><td>사례관리전담부서분리/ 주니어소셜워커를 활용한 집중사례관리팀 구성 및 활용</td></tr>
<tr><td>2014년</td><td>기관특성에 맞는 사례관리사업 매뉴얼 제작</td><td>사례관리전담팀 운영
주니어소셜워커를 활용한 전체대상자 관리
사례관리사업 자문교수</td></tr>
<tr><td>2015년</td><td>집중사례관리의 전문화된 사례관리
찾아가는 동주민센터 시범사업에 따른 사례관리 일원화 진행</td><td>사례관리 전문교육을 이수한 사례관리팀 구성
통합사례회의 강화된 찾아가는 동 주민센터 방문복지팀 연계</td></tr>
<tr><td>2016년</td><td>특화사업을 중심으로 한 사례발굴 및 사례관리
찾아가는 동 주민센터 방문복지팀과의 통합사례회의 강화</td><td>사례관리 전문교육을 이수한 사례관리팀 3명 구성
통합사례회의 찾아가는 동주민센터 방문복지팀 연계</td></tr>
<tr><td>2017년</td><td>사례관리대상자/ 서비스대상자 일원화
동별 담당 지정에 따른 사례관리 체계 구축</td><td rowspan="3">사례관리 전문교육을 이수한 사례관리팀 4명
통합사례회의를 활용한 신규사례 공유 및 사례논의</td></tr>
<tr><td>2018년</td><td>사례관리 제공 표준화를 위한 사례관리시스템 구축 및 지원체계 운영(전수조사, 자원연계목록)
당사자 관점을 통한 질적 사례관리 추진</td></tr>
<tr><td>2019년</td><td>찾아가는 당사자 발굴활동을 통한 사례관리 당사자 확보
집중사례관리의 질적인 과정 충실(집중사례회의, 통합사례관리 추진)</td></tr>
</table>

2020년	집중사례관리 영역 확대 및 과정별 개입강화 (단기개입, 모니터링, 집중사례관리) 동별 담당 책임제/ 자원개발 및 연계 강화	사례관리 전문교육을 이수한 사례관리팀 3명 통합사례회의를 활용한 신규사례 공유 및 사례논의
2021년	집중사례관리 영역 확대 및 과정별 개입강화 (집중/ 모니터링/ 단기개입) 틈새대상 파악, 인적 · 물적 지원 활용한 사례관리 범위 확장	사례관리 전문교육 이수한 사례관리팀 규명 통합사례관리를 활용한 사례공유 및 사례개입 추진

제2절 사례관리사업 목적 및 목표

• 목적 : 지역 내 도움이 필요한 주민에게 복합적이고 다양한 욕구를 스스로 문제를 인식하고, 해결할 수 있도록 개인의 역량을 강화하여, 지역 내 자원체계를 활용할 수 있도록 서비스제공 및 전문적인 사례관리를 통하여 각 상황에 맞는 가정(개인)의 기능을 함께 찾도록 조력하고 지역주민의 문제해결 및 예방을 돕고자 한다.

◇ **목표 1** : 도움이 필요한 주민을 적극적으로 발굴하고, 사례관리 개입대상을 파악하여 사례관리 당사자 관리를 실행한다.

하위목표 1. 찾아가는 당사자 발굴활동을 연 4회 실시하고 사례관리 당사자 70case를 발굴한다.

하위목표 2. 2주 이내 상담을 실시하여 당사자의 논의과정인 사례회의를 연 24회 진행한다.

하위목표 3. 당사자 정보관리를 위하여 당사자 명단을 분기별 점검한다.

◇ **목표 2** : 당사자 관점에 따른 마을지향 집중사례관리를 과정에 따라 실천하여 당사자의 문제해결을 조력하도록 사례관리를 실천한다.

하위목표 1. 당사자와 함께 집중사례관리 case를 12개 선정하고 과정을 이행한다.

하위목표 2. 월 1회 28명의 모니터링 당사자의 사례개입을 통하여 사례관리서비스를 확장한다.

하위목표 3. 마을지향 집중사례관리(동/ 지역 단위 연계 4건, 준사례관리자 양성, 마을지향 자원목록표 제작)을 통하여 지역 중심의 자원관리를 실행한다.

◇ **목표 3** : 사례관리 네트워크 및 사례관리 인력을 활용하여 사례관리팀의 업무영역을 확장한다.

하위목표 1. 사례관리 네트워크(동단위사례회의 및 통합사례관리분과)를 통하여 집중사례관리 사례의뢰를 연 4건 이상 달성한다.

하위목표 2. 사례관리 인력의 다양한 학습기회를 제공하여 역량을 강화한다. (연 16시간 이수)

하위목표 3. 사례관리팀의 역량강화를 위하여 사례관리발표회 및 책 발간을 시행한다.

제3절 사례관리사업 운영방안 및 실천과정

창동종합사회복지관에서는 복지관의 모든 사례를 사례관리팀에서 전체적으로 관리하고 있으며 사례별 구분과정을 거쳐 집중사례관리 당사자, 모니터링 당사자, 서비스 당사자로 구분하여 접근하고 있다. 집중사례관리 당사자, 모니터링 당사자는 사례관리팀에서, 서비스 당사자는 서비스제공팀에서 관리하고 있으며 2017년을 기점으로 찾아가는 주민센터 환경체계 변화에 대응하기 위하여 창동종합사회복지관 관할지역 담당을 사례관리 팀원들의 동 담당제로 전환하여 현재까지 운영되고 있다. 사례관리팀은 당사자관리, 자원관리, 지역관리 총 3개 영역에 따라 업무가 배정되어 있다.

또한 사례관리자 1인의 개입이 아닌 공동사례관리 차원의 내부사례회의를 강화하여 분기별 당사자 전체 당사자 점검, 집중사례관리 개입에 대한 논의 회의, 원활한 자원배분관리 등 여러 안건을 사례회의 내 상정함으로써 최대한 공정한 사례관리가 이뤄질 수 있도록 개입하고 있다.

다양한 지역 자원과의 연합을 위하여 도봉구 내 사례관리 개입을 위하여 도봉지역사회보장협의체 통합사례관리 분과활동, 복지관 관할지역 내 각 동별 동 단위 사례회의를 정기적으로 참여함으로써 창동종합사회복지관 사례가 아닌 지역 안의 사례가 운용될 수 있도록 노력하고 있다. 2019년 창동종합사회복지관의 사례관리사업 운영방안을 제시한 표를 소개하고자 한다.

1. 사례관리사업 운영방안

〈표 3-3〉 사례관리사업 운영방안

구분	내용
미션, 비전	주민의 일상에 활력을 더하는 공동체
중장기계획	지역중심으로 당사자의 일상에 힘을 더하는 통합사례관리사업 운영

사례관리팀 추진목표	당사자 관점에 따른 사례개입 절차적 과정 이행 사회변화에 따른 틈새계층 사례 개입 강화 마을지향관점으로 당사자 조직 구성/ 인적, 물적 자원을 발굴 및 연계 민관 네트워크를 활용하여 통합사례관리를 추진 사례관리자의 안전 및 인권보장을 위한 위기대응 체계 강화

사례관리팀 과제	당사자의 관점에서 절차에 따라 충실한 과정으로 사례관리를 실천한다.

환경변화	마을지향	네트워크	주민참여
통합사례관리 찾아가는 동주민센터	마을지향 자원관리 당사자 중심의 사례관리	통합사례분과 (권역장회의) 사례관리 제공 표준화	우리동네복지사 양성/ 당사자도 사회적 자원
• 동단위 사례회의를 통한 사례개입 • 집중사례관리 (다각적 개입)	• 동별 담당제 • 사례관리 총괄운영 • 지역중심 자원목록표 – 질적관리 : 집중 + 모니터링 • 집중당사자 과정별 사례회의 추진	• 지역과 아우르는 사례접근 • 업무매뉴얼, 양식에 따른 사례관리 절차적 과정 이행	• 지역 인적자원 : 우리동네복지사[1) 양성 • 틈새계층 당사자 조직 활동

1) 우리동네복지사 : 창동종합사회복지관에서 추진하는 사업으로 지역주민 중 사회복지를 공부하거나 사회복지사 자격증은 있으나 현장 경험이 없는 분들을 대상으로 사례관리활동을 하는 주민모임

2. 사례관리사업의 운영체계

〈표 3-4〉 사례관리사업 운영체계

운영체계의 구조	창동종합 사회복지관 적용 여부	운영체계 적용내용
사례관리자	○	• 사례관리를 전담하는 인력, 서비스제공을 전담하는 인력 구성 • 영역별 사례관리를 수행하는 사례관리자 존재 • 사례관리자는 사례관리 팀장 및 내부슈퍼바이저의 지도감독을 받으며 사례관리 업무 진행
사례관리팀	○	• 구성 : 사례관리팀장, 사례관리자 • 기능 : 사례관리 전 과정 총괄, 사례관리 연간 부서와의 협력 개발, 기관 내부자원 조직화, 슈퍼비전체계 구축, 통합사례관리 회의 및 통합사례관리지원단 연계
통합사례관리팀 구성	○	• 도봉구 권역별 통합사례관리팀 구성 • 창동, 쌍문 권역회의 분기별 1회 실시 • 각 팀별 부서장 및 관련 직원 참여하에 사례회의
교육 및 전문 슈퍼바이저 구축	○	• 전문 슈퍼바이저 1인 위촉(사회복지학과 교수) • 역할 : 연 2회 슈퍼비전, 수시 자문 요청
솔루션위원회	△	• 도봉구 지역사회보장협의체를 통해 통합사례관리지원단과 함께 솔루션위원회 구축 • 변호사, 의사, 경찰, 공공기관 실무자, 교수 등 전문가 • 긴급을 요하는 사안 및 위기사례 발생 시 소집
통합사례관리 지원단	○	• 도봉구청과 도봉구 지역사회보장협의체의 협력을 통해 통합사례관리분과 구성 • 분기별 회의를 통해 권역별 통합사례관리팀 지원
사례관리자원망	○	• 지속적으로 지역자원을 발굴, 조사하고 있으며, 목록표 갱신 중 • 현재 지역중심 사례관리 자원목록표 제작 중

3. 사회복지관 사례관리 거점 모형(창동종합사회복지관)

〈표 3-5〉 사례관리사업 거점 모형

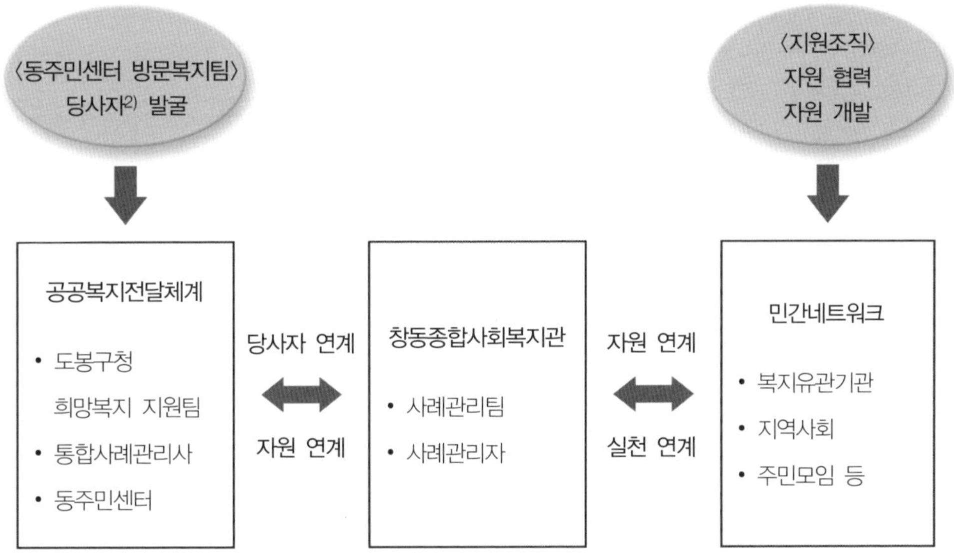

2) 당사자 : 어떤 일이나 사건에 직접 관계가 있거나 관계한 사람이라는 뜻으로 사례관리를 지원하는 지역주민을 주민의 주도성을 인정하고자 "당사자"로 명한다.

4. 사례관리 실천과정

〈표 3-6〉 사례관리 실천과정

과정	실천과업	기록서식
접수/초기면접	• 직접 발굴 • 의뢰 • 사례관리 합의	• 사례관리실태조사표 • 개인정보동의서 • 인테이크기록지
사정	• 해결하기 원하는 욕구확인 • 강점확인	• 사정기록지 • 사정도구틀 (위기도 조사)
계획	• 목표합의 • 실행합의	• 실행계획서 • 사례관리동의서
실행/점검	• 실행과정 지원 • 점검/ 조정	• 사례관리과정기록지 • 서비스의뢰서 (타기관) • 실행점검기록지
평가	• 평가근거 확보 • 종결평가	• 사례관리평가서
종결	• 종결합의 • 성과확인	• 사례종결평가서

통합사례회의 구조

도봉구 지역사회 보장협의체 통합 사례분과 (창동권역, 쌍문권역)

동 단위 사례회의 월1회 사례논의

통합사례관리 분과 분기별 네트워크

창동종합 사회복지관 구조

- 사례관리팀
  사례관리팀장
  사례관리자
- 서비스제공팀
  서비스제공 지원
- 지역조직화팀
  지역자원 발굴 및 연계 조력

5. 사례관리 절차별 과정

〈표 3-7〉 사례관리사업 절차별 과정

연번	실천과정	양 식	절차별 과정	진행기간
1	접수	사례관리 초기접수대장	당사자접수가 있을 경우 바로 사례관리사업팀 공유폴더에 기재 선정결과의 경우 스크리닝(팀장 상의) 이후 작성	의뢰 후 작성 상담약속 : 3일 이내
2	초기면접	사례관리 실태조사표	당사자 접수 이후 모든 사례에 해당되고 가정방문하여 기재	상담 : 접수 및 당사자결정 1주일 이내
3		인테이크	사례관리 당사자 결정(사례회의) 이후 2차 방문하여 기재함	
4		개인정보/ 사례관리동의서	인테이크 시행 시 당사자에게 사례관리 안내문을 가지고 고지하고 동의서 작성 인권 및 학대예방 교육 진행 상담거부권 안내	
5	사정	사례관리 사정기록지	인테이크 이후 1차 욕구사정 후 작성 각 욕구별 우선순위 당사자 확인	사례회의 후 1주일 이내
6		사정도구틀 (위기도조사지)	사정에 따라 당사자와 위기도 조사 (집중사례관리당사자만 작성)	
7	계획	사례관리계획서	인테이크, 사례관리 사정기록지에 의거하여 사례관리계획서 기재 (사례회의 시 당사자 욕구 및 계획서 기재하여 확정)	사정기록지 작성 후 1주일 이내
8		사례관리계약 동의서	추가로 가정 방문하여 사례관리 계획 및 당사자 목표 기재	사정기록지 작성 후 2주일 이내
9	개입	사례관리 과정기록지	각 사례개입할 경우 사례별 기재/ 매월 결재자 보고	수시로 작성 매월 보고
10		재사정기록지	사례관리 6개월 이상자에 한하여 재사정 진행	연 2회/ 점검시행 시

11	점검	사례관리 서비스의뢰서	외부자원 연계 시 담당자가 작성하여 외부기관 발송 혹은 우리기관 의뢰 시 관련양식 전송하여 서류접수	서비스 의뢰 시
12		사례관리 점검기록지	사례관리계획에 따른 추진에 대해 당사자와 상의 후 점검기록지 작성	재사정기록 시 연 2회/ 점검기록 (상, 하반기)
13	평가	사례관리 평가서	집중사례관리 당사자에 한하여 사례에 대한 평가 단, 사례회의 이후 계약기간 연장 시 계속 진행	매년 12월 2주
14	종결	사례관리 종결보고서	집중사례관리 당사자 종결 시 당사자에게 고지이후 종결보고서 작성/ 서비스당사자 종결 시 작성	매년 12월 4주
15	기타	무료급식 사정도구틀	무료급식 의뢰 당사자의 경우 사례관리실태조사표 작성 후 담당자가 작성하여 사례회의 시 점수 고지	사례관리 실태조사표 작성 시 (신규사례)
16		사례관리 환경체크리스트	신규당사자의 경우 사례관리실태조사 방문 시 환경체크리스트도 함께 작성 후 자원담당 복지사에게 자료 등업 요청	사례관리 실태조사표 작성 시 (신규사례)
17		사례회의록	신규당사자, 집중사례관리당사자 안건 상정 시 관련서류 작성 후 회의참석 차 전달 안건 상정된 당사자별 요약정리하여 회의 결과까지 작성함	매주 사례안건 상정 시 작성
18		사례보고 및 슈퍼비전일지	집중사례관리 당사자의 경우 계획/ 점검/ 평가 시 사례보고서 작성 후 회의 이후 슈퍼비전일지까지 작성	계획/ 점검/ 평가 시 분기별 1회 집중사례관리 당사자 회의

제4장 사례관리 실천과정

제4장 사례관리 실천과정

이 장에서는 사례관리 과정별 수행내용을 제시하고, 창동사회복지관의 실제 사례를 들어 그 이해를 돕고자 한다. 구체적인 사례관리의 과정별 과업내용은 한국사회복지관협회(2012)의 사례관리 매뉴얼에서 발췌하였으며, 창동사회복지관 사례관리 양식은 한국사례관리학회(2017)의 사례관리전문가교육 실무자 기초과정의 기본 양식에 창동사회복지관의 특성에 맞게 재구성하였다.

〈표 4-1〉 사례관리 과정별 서식

연 번	사례관리 실천과정	양 식
1	접수	사례관리 초기접수대장
2	초기면접	사례관리실태조사표
3		인테이크
4		개인정보/ 사례관리 동의서
5	사정	사례관리 사정기록지
6		사정도구틀 (위기도조사지)
7	계획	사례관리계획서
8		사례관리계약 동의서
9	개입	사례관리 과정기록지
10		재사정기록지
11	점검	사례관리 서비스의뢰서
12		사례관리 점검기록지
13	평가	사례관리 평가서
14	종결	사례관리 종결보고서
15	기타	사례회의록
16		사례보고 및 슈퍼비전일지

제1절 과정별 사례관리의 실제

1. 접수/ 초기면접

1) 개요

사례관리 당사자에 대한 정보를 접하게 되는 과정으로 발굴, 자발적 신청, 외부기관 및 주민의뢰를 받아 창동사회복지관 사례관리 서비스를 이용하는 것이 적합한 것인지 여부를 검토 · 합의한다.

2) 실천과업

(1) 직접 발굴

① 잠재적 클라이언트 확인하기

현재 창동사회복지관의 사례관리 서비스를 이용하고 있지 않지만, 사례관리 서비스를 필요로 하는 지역사회 주민 특성을 파악한다. 이를 위해 복지관에서는 기관, 지역사회, 주민 특성을 파악한다.

② 접근경로 확보와 홍보하기

잠재적 클라이언트에 대한 접근경로는 기존의 공공기관(관공서, 학교, 병원 등) 외에도 이웃 주민, 마을상점, 기존 클라이언트 등과 같은 지역사회에 이미 존재하는 자연적 자원이 더 효과적인 사례발굴을 위한 매개가 될 수 있다.

공공 · 민간기관 등 앞으로 서로 협력해야 할 기관들을 위해 의뢰 방법, 협력할 수 있는 내용 등에 대하여 사전에 상세하게 안내해야 하고, 일반 주민들과의 협력을 위해서는 먼저 찾아가 눈 맞춰 인사하고 소통하며, 사례관리자(기관)가 지역사회의 일원이 되어가는 과정을 겪어 나가는 것이 중요하다.

(2) 의뢰

① 의뢰서 접수하기

잠재적 클라이언트는 다양한 지역사회 기관 또는 구성원을 통해 의뢰되는 경우가 많은데, 이때 간단한 의뢰서와 공문 등 창동사회복지관 서비스 의뢰서에 의거하여 행정절차를 따르도록 한다.

② 의뢰자 기대 확인하기

사례관리자는 의뢰서 접수 시, 의뢰자(기관)에서는 잠재적 클라이언트에 대해 어떤 기대를 갖고 있는지 파악한다. 의뢰자(기관)는 잠재적 클라이언트에 대해 이미 잘 알고 있거나 가까이에서 도움을 줄 수 있는 자원이다. 따라서 의뢰자(기관)의 의뢰에 대한 기대를 파악하고 관심을 가짐으로써 의뢰자(기관)와 협력적 관계를 맺어갈 수 있게 된다.

(3) 사례관리 합의

① 클라이언트와 만나기

클라이언트 스스로 사례관리를 요청한 경우를 제외하면 대부분은 사례관리자가 먼저 연락하거나 만남을 요청하게 된다.

첫 번째 만남을 계획하는 데 있어 시간, 장소, 방법 등과 관련하여 클라이언트의 상황에 맞추어야 하는데, 이때 가능하면 클라이언트가 있는 장소로 직접 찾아가는 것(아웃리치)이 도움이 된다.

② 클라이언트 기대 확인하고 합의하기

클라이언트와 첫 만남에서 사례관리자는 클라이언트의 욕구에 대해 파악하고, 그것을 위한 노력을 시도할 것인지에 대해 클라이언트가 결정할 수 있도록 도와야 한다. 아울러 사례관리자와 협력하는 과정이 필요하고, 이를 위해 사례관리자와 클라이언트가 협력할 것인지에 대해 서로 합의한다.

(4) 관련정보 파악

① 클라이언트 이슈와 관련된 정보에 초점 맞추기

사례관리자는 클라이언트를 만나기 전 '반드시 파악해야 하는 정보(예를 들면 복지관 또는 상위기관에 요청하는 것, 클라이언트 욕구와 직접 관련된 것 등)'에 초점을 맞추어 정보를 파악한다. 그 외의 정보는 추후면접 또는 사례관리의 다른 과정에서 필요에 따라 충분히 파악할 수 있다.

기초면접은 클라이언트에 대한 정보를 수집하는 것보다는 클라이언트의 어려움을 이해하고, 그 해결책을 발견하는 데 필요한 정보를 얻는 것에 목적이 있다.

② '조사'보다는 '대화'하기

기초면접 시, 사례관리자는 가능한 한 필요한 정보목록을 미리 파악하고 클라이언트와 대화를 통해 자연스럽게 파악하도록 한다. 자칫 사례관리자가 '조사자'와 같은 태도를 취해 클라이언트가 경계하거나 부끄러움·수치심을 느끼거나 사생활을 침해받는 것 같은 인상을 주지 않도록 유의해야 한다.

만약 충분히 대화를 통해 파악할 수 있는 시간이 부족하거나, 미처 파악하지 못했거나, 클라이언트가 답하기를 꺼려하는 내용이 있다면, 함께 협력하기 위해 필요한 정보임을 미리 고지하고 클라이언트에게 직접 기입하거나 답해 줄 것을 부탁할 수도 있다. 캐묻는 듯한 인상을 주는 것보다는 오히려 솔직하게 상황을 설명하고 클라이언트에게 도움을 요청하는 것이 훨씬 효과적일 수 있다.

3) 진행과정

(1) 사례관리 초기접수 대장

접수의뢰 ➡ 동의확인 개인정보동의 (기관)의뢰서 접수 ➡ 사례관리 초기대장 기록 ➡ 동별 담당자 정보제공 및 연결

(2) 사례관리 실태조사표

상담일정 조율 ➡ 가정방문 ➡ 사례관리 실태조사 진행 (개인정보동의) ➡ 추후 일정 안내 관련정보 제공

4) 기록관리 : 사례관리 초기접수 대장, 사례관리실태조사표

(1) 양식 : 사례관리 초기접수 대장

사례관리 초기접수대장

<table>
<tr><th>연번</th><th>접수일</th><th>접수자</th><th colspan="2">① 주소 및 연락처</th><th>② 의뢰사유</th></tr>
<tr><td rowspan="4"></td><td rowspan="2">20○○. ○. ○.</td><td rowspan="2">○○○</td><td colspan="2">주소 서울시 도봉구 ○○길 ○○</td><td rowspan="2">급식서비스 요청</td></tr>
<tr><td colspan="2">연락처 000-000-000</td></tr>
<tr><td>소득
구분</td><td colspan="2">☐ 수급권 ☑ 차상위
☐ 저소득 ☐ 일반</td><td>주거형태</td><td>☐ 자가 ☐ 전세 ☑ 월세 ☐ 기타</td></tr>
<tr><td>가족
유형</td><td colspan="2">☑ 1인 ☐ 2인 이상(　　　)</td><td>③ 의뢰경로</td><td>☐ 본인 ☐ 이웃의뢰
☑ 기관의뢰 (담당/ 연락처 ○○주민센터 00-000-0000)</td></tr>
<tr><td>⑤
팀장
(인)</td><td>상담자</td><td colspan="2"></td><td>④ 선정결과</td><td>☑ 상담
☐ 미상담 (사유 :　　　　　　)</td></tr>
<tr><td colspan="6">양식 안내</td></tr>
<tr><td colspan="6">① 주소 및 연락처 : 주소는 도로명 주소에 의거하여 작성한다.
② 의뢰사유 : 의뢰경로 시 요청했던 사항을 간결하게 작성한다.
소득구분, 주거형태, 가족유형 및 스크리닝 기준표에 의거하여 창동사회복지관 사례당사자 여부를 파악한다.
③ 의뢰경로 : 당사자 의뢰사항을 기재하고, 이웃, 기관 의뢰시 당사자의 관련정보를 파악한다.
④ 선정결과 : 사례당사자 여부를 파악하여 상담/ 미상담을 기재하고 미상담 시 사유를 기재하여 관리한다.
⑤ 팀장(인) : 동별 담당자 배정 전 사례관리팀장이 관련 사례를 확인한다.</td></tr>
</table>

(2) 양식 : 사례관리 실태조사표

사례관리 실태조사표

<table>
<tr><td>① 작성일</td><td colspan="4">20○○. ○. ○○.</td><td>② 거주지역</td><td colspan="2">창○동</td></tr>
<tr><td>③ 상담일</td><td colspan="4">20○○. ○. ○○. (접수일 : 20○○. ○. ○○)</td><td>상담자</td><td colspan="2">○○○사회복지사</td></tr>
<tr><td>접수경위</td><td colspan="4">유관기관 의뢰</td><td>사례유형</td><td colspan="2">홀몸어르신</td></tr>
<tr><td>성 명</td><td colspan="4">김성철(가명)</td><td>④ 생년월일</td><td colspan="2">000000-1</td></tr>
<tr><td rowspan="2">주 소</td><td colspan="4" rowspan="2">서울시 도봉구 ○○로 ○○길 ○○</td><td rowspan="2">⑤ 연락처</td><td colspan="2">00-000-0000</td></tr>
<tr><td colspan="2">보호자 : 당사자 원하지 않음</td></tr>
<tr><td rowspan="3">가족 및 동거인</td><td>관계</td><td>성명(가명)</td><td>연령</td><td>성별</td><td>학력</td><td>직업</td><td>비고</td></tr>
<tr><td>본인</td><td>김성철</td><td>73</td><td>남</td><td>초졸</td><td>–</td><td></td></tr>
<tr><td></td><td></td><td></td><td></td><td></td><td></td><td></td></tr>
<tr><td rowspan="4">⑥ 생활 실태</td><td>주 거</td><td colspan="6">☐ 자가 ☐ 전세(　　만원) ☑ 월세(1,000만원/ 30만원) ☐ 임대주택 ☐ 기타</td></tr>
<tr><td>보호구분</td><td colspan="6">☑ 수급권(생계/ 주거/ 교육/ 의료) ☑ 차상위(　　) ☐ 저소득(　　) ☐ 기타(　　)</td></tr>
<tr><td>주요소득</td><td colspan="6">☑ 공적부조(　　) ☐ 근로소득(　　) ☐ 가족부조(　　) ☐ 기타(　　)</td></tr>
<tr><td>경제상황</td><td colspan="4">수입 (60만원)　지출 (60만원)
*주 지출내역</td><td colspan="2">부채 : ☐ 유 (　　만원) ☑ 무
※ 출처 :</td></tr>
<tr><td rowspan="2">건강상태</td><td>보유질병</td><td colspan="6">만성위장장애, 허리디스크</td></tr>
<tr><td>장애명</td><td colspan="3">해당없음</td><td>장애등급</td><td colspan="2">해당없음</td></tr>
<tr><td>⑦ 주요욕구</td><td>서비스 및 자원</td><td colspan="6">식사지원, 정서적 지원</td></tr>
<tr><td colspan="2">연계 자원현황</td><td colspan="6">☐ 공식적 체계 : ○○동 주민센터
☐ 비공식적 체계 : ○○교회</td></tr>
<tr><td colspan="8">양식 안내</td></tr>
<tr><td colspan="8">① 작성일 : 본 양식을 기록일을 기재한다.
② 거주지역 : 당사자가 살고 있는 거주지역을 기재한다. (동편제에 따른 구분)
③ 상담일 : 당사자와 실제 상담일과 접수일에 대해 기재하여 사례추천과 실제 상담일자 확인이 필요하다.
④ 생년월일 : 성별을 구분하기 위하여 남자, 여자의 기록을 숫자로 표기 (2000년생 이후 남자는 3, 여자는 4)
⑤ 연락처 : 당사자의 연락처 이외에 돌발상황 대처를 위하여 보호자 연락처로 기재한다. (단 원하지 않을 경우 기록하지 않음)
⑥ 생활실태 : 해당되는 영역에 ☑ 표시로 표기한다.
⑦ 주요욕구 : 상담 시 당사자가 원하였던 서비스 혹은 욕구내용을 기재한다.</td></tr>
</table>

⑧ 상담내용	ㅇㅇ동주민센터 담당자를 통하여 당사자를 추천받음 당사자는 30년전 당사자의 처가 위암으로 사망, 당사자에게 1명 아들이 있으나 사업실패로 신용불량자로 이혼하게 되어 한부모 수급권 생활을 하고 있어 당사자의 지원이 어려운 상황임. 당사자는 수급비 60만원으로 생활하고 있으며, 월세, 공과금, 생활비 등 수입의 대부분을 지출하고 있음. 3개월 전 수술로 인하여 100여만원 병원비 체납으로 현재 월세가 2달 정도 체납되고, 난방비도 약 20만원 미납. 만성위장장애 등으로 식사에 어려움을 호소하고 있음. 고령의 나이임에도 근래 수술 영향으로 무릎관절염 및 허리통증으로 일상생활 어려움이 있다고 표현함. 당사자 거주지는 1층에 거주하나 음지에 위치하여 습기가 많고 임시적 단열처리로 겨울철 난방의 효율성이 떨어짐. 혼자 거주한 기간이 길어 살림하나 수술이후 거동이 많이 불편하고 밖에 나가는 것도 어려워함. 술과 담배를 좋아하지 않아 인근 경로당에 나가는 것을 꺼려하고 혼자 집에서 성경을 읽거나 시간을 보내는 것을 좋아함. 이웃와의 왕래가 없는 편으로 실질적 도움을 주는 대상은 없음.
⑨ 상담자 의견	당사자의 경우 홀몸어르신으로 실질적 부양의무자도 없고 근래 수술에 따른 일상생활의 어려움이 야기되어 기관 당사자로 선정할 필요가 있음. 특히 식사지원을 통하여 일상생활이 가장 큰 어려움을 해소하되, 조리능력은 있는 상황이므로 요양기간 동안 지원하고 추후 이후 지원에 대한 논의가 필요함. 서비스당사자로 지원하고자 함.
양식 안내	
⑧ 상담내용 : 인테이크의 약식과정으로 추천경로, 개인력, 가족력, 경제상황, 건강상황, 주거상황, 심리사회적 상황 중 주요 욕구와 연관되거나, 사례관리자가 상담 시 관련욕구 파악에 필요한 내용 위주로 상담한 내용을 작성한다. ⑨ 상담자 의견 : 사례관리실태조사표를 작성하면서 본 사례선정에 대한 사례관리자의 판단을 기술하고 당사자의 주요욕구에 대한 지원여부에 대한 생각도 기재한다.	

실습해 보기 1 [초기상담] 사례관리실태조사표 작성(소요시간 1시간)

1. 목적 : 사례관리의 첫 시작으로 사례당사자 혹은 사례관리자가 되어 상담 진행 후 양식에 따라 작성해 보도록 한다.
2. 방법

① 학생 2명이 1:1로 연결 후 사례당사자라고 생각한 후 초기상담을 진행한다.

② 상담 이후 [사례관리실태조사표]를 작성해 본다.

③ 부록에 있는 [사례관리실태조사표] 양식에 작성하여 제출한다.

2. 사 정

1) 개요

사례관리 당사자로서 적합성 여부를 판단하기 위한 자료를 수집하는 과정으로 사례관리실태조사표 조사 이후 집중사례관리 당사자로 선정될 경우 인테이크 상담을 실시하고, 수집된 정보를 바탕으로 서비스 계획을 수립하는 데 있어 당사자의 욕구과 목표, 강점 및 제한점 등의 정보를 파악하고 수집, 분석하는 과정이다.

2) 실천과업

(1) 해결하기 원하는 욕구 확인

① 클라이언트에게 중요한 것에서 시작하기

많은 경우 사례관리자가 중요하게 생각하는 것과 클라이언트가 중요하게 생각하는 것에 차이가 있다. 사례관리자가 아무리 중요하게 생각하는 것이라도 클라이언트에게 설득하거나 강요하기보다는 클라이언트가 중요하게 생각하는 것을 잘 듣고 그것에서 시작하는 것이 도움이 된다.

단순히 물질적인 필요를 뛰어넘어 삶에서 가고자 하는 방향을 함께 탐색하기 위해 사례관리자는 클라이언트가 원하는 것이 무엇이고 그것이 이루어졌을 때의 모습에 대해 자세히 물어보아야 한다. 원하는 것이 이루어 졌을 때 자신의 모습은 어떠할지, 가족들과의 관계는 어떠할지, 주변에서는 어떻게 그것을 알 수 있을지 물어보면서 점차 구체화하고 확장시켜 나가야 한다.

② 클라이언트 참여 우선하기

사정뿐만 아니라 사례관리 전 과정에서 '클라이언트의 참여와 결정'은 가장 기본적인 요소이다. 클라이언트가 자기 자신에 대해 가장 잘 알고 있는 전문가라는 인식하에 사정과정에서 사례관리자는 지속적으로 클라이언트가 원하는 것을 잘 이해하고 초점을 맞추고 있는지 클라이언트에게 묻고 확인한다.

구체적으로 사정기록지 등을 클라이언트와 공유하고 클라이언트 의견을 다시 반영하여 보완하는 과정을 통해 사례관리자는 물론 클라이언트 자신도 문제와 욕구에 대한 이해와 통찰을 높일 수 있게 된다. 아울러 클라이언트가 존중받는 느낌을 갖게 하여 사례관리자와 보다 협력적 관계로 발전하게 하는 발판이 된다.

③ 척도질문 사용하기

척도질문은 클라이언트가 아직 명확하게 생각하지 못했던 자신의 욕구는 물론, 현재 상황과 앞으로 도달하고자 하는 목표를 보다 구체화할 수 있도록 돕는 유용한 방법 중 하나이다. 척도질문은 사정과정뿐 아니라 사례관리 전 과정을 통해 점검과 평가의 도구가 될 수 있다는 점에서 유용성이 높다.

척도질문의 예를 들어 보면 다음과 같다.

- 문제가 해결된 상태를 10점, 가장 나쁜 상태를 1점이라고 한다면 지금은 몇 점인가요? 그런 점수를 주신 이유는 무엇인가요?
- 현재보다 1점이 올라가려면 지금보다 무엇이 달라야 하나요? 어떤 일을 하면 그렇게 될까요?
- 지난주와 비교해 보면 이번 주는 몇 점인가요? 점수가 올라간/ 내려간 이유는 무엇인가요?

④ 표준화 척도 사용하기

사례관리자는 필요에 따라 표준화된 척도(예를 들면 ADL 평가척도, 가족강점 척도, 임파워먼트 척도 등)를 사용할 수 있다. 클라이언트는 표준화된 척도에 응답하는 것을 어려워하는 경향이 있다. 따라서 표준화 척도를 사용할 때에는 클라이언트의 상황과 특성, 척도 사용의 목적과 용이성, 척도내용 적합성 등을 충분히 고려하여 신중하게 사용해야 한다.

(2) 강점 확인

① 강점에 초점 맞추기

간혹 강점을 하나도 찾을 수 없을 것 같은 클라이언트를 만날 때도 있다. 이때 강점에 대한 이해의 폭을 달리해 볼 필요가 있다. 강점은 단순히 잘하는 것이나 장점의 의미를 넘어서 삶을 소중히 여기게 만드는 긍정적인 에너지로 재능, 능력, 성품, 정보나 지식, 경험, 기술, 인간관계, 자원 등 무궁무진하다.

이미 가지고 있는 것을 확장시키고 활용하는 것은 새로운 것을 시도하는 것보다 성공할 가능성이 훨씬 높다. 그렇기 때문에 사례관리자는 클라이언트를 만날 때 강점을 발견해 내는 것이 중요하다. 특히 변화의 가능성이 없는 것 같아 보이는 클라이언트를 만날 때에는 더욱 그렇다.

② '환경 속의 인간' 적용하기

클라이언트의 강점은 개인의 내 · 외적 측면뿐 아니라 클라이언트와 관련된 환경적 측면 중 비공식적 자원의 측면을 모두 고려하여야 한다.

우선 클라이언트의 자질과 성격, 물리적 · 재정적 자원, 교육 · 직업, 문제해결능력, 건강 등과 같은 '개인', 클라이언트 욕구에 대응하는 대인서비스 체계인 '공식적 지원망' 등의 영역을 중심으로 강점을 확인하고, 이를 더욱 지속하거나 보완해야 할 것을 탐색하도록 한다.

③ 클라이언트가 자신의 강점 발견하고 인정하기

강점사정은 클라이언트가 미처 알지 못했거나 잊고 있던 삶의 성공적 경험을 발견하고 그 속에서 자신만의 강점을 인식하고 인정하는 과정을 통해 이루어져야 비로소 의미를 갖게 된다. 강점사정 과정에서 사례관리자는 클라이언트 강점을 발견해 알려주는 역할이 아니라 클라이언트가 자신의 강점을 충분히 탐색할 수 있도록 조력하는 역할을 수행해야 한다.

(3) 진행과정

① 인테이크 · 사정

상담일정 조율 ➡ 가정방문 ➡ 인테이크 안내 (개인정보동의) ➡ 상담진행

추후일정 안내 ➡ 사례선정 회의 ➡ 선정결과 안내

3) 기록관리 : 인테이크 기록지, 사정기록지

(1) 양식 : 인테이크 기록지

※ 사례관리실태조사표를 작성하였기 때문에 가계도, 생태도 이전부분은 사례관리실태조사표 양식과 동일하다. 초기면접은 1회로 끝나지 않을 수 있음을 기억하고 클라이언트에 대해 알아가는 과정을 통해 작성을 완성하도록 한다. 기초적인 현황을 파악해야 하는 이유를 충분히 사전에 설명한다.

인테이크 기록지

<table>
<tr><td>작성일</td><td colspan="3">20○○. ○. ○○.</td><td>거주지역</td><td colspan="3">창○동</td></tr>
<tr><td>① 상담일</td><td colspan="3">20○○. ○. ○○. (접수일 : 20○○. ○. ○○)</td><td>상담자</td><td colspan="3">○○○ 사회복지사</td></tr>
<tr><td>성 명</td><td colspan="3">박재성(가명)</td><td>② 생년월일</td><td colspan="3">000000-1 (만 70세)</td></tr>
<tr><td rowspan="2">주 소</td><td rowspan="2" colspan="3">서울시 도봉구 ○○로 ○○길 ○○</td><td rowspan="2">③ 연락처</td><td colspan="3">00-000-0000</td></tr>
<tr><td colspan="3">보호자 : 010-0000-0000</td></tr>
<tr><td rowspan="3">가족 및 동거인</td><td>관계</td><td>성명(가명)</td><td>연령</td><td>성별</td><td>학력</td><td>직업</td><td>비고</td></tr>
<tr><td>본인</td><td>박재성</td><td>70</td><td>남자</td><td>초졸</td><td>–</td><td></td></tr>
<tr><td>아들</td><td>박진철</td><td>38</td><td>남자</td><td>대졸</td><td>–</td><td>실직</td></tr>
<tr><td>가구유형</td><td colspan="7">☐ 독거노인가구 ☐ 청장년1인가구 ☐ 한부모가구 ☐ 조손가구
☐ 노인부부가구 ☐ 부부중심가구 ☐ 장애인가구 ☐ 다문화가구 ☑ 기타</td></tr>
</table>

④ 생활실태	주 거	□ 자가 □ 전세(만원) ☑ 월세(1,000만원/ 45만원) □ 임대주택 □ 기타		
	보호구분	□ 수급권 (생계/ 주거/ 교육/ 의료) □ 차상위( ) ☑ 저소득( ) □ 기타( )		
	주요소득	☑ 공적부조(노령연금) □ 근로소득( ) □ 가족부조( ) ☑ 기타(국민연금)		
	경제상황	수입 (60만원) 지출 (60만원) * 주 지출내역	부채 : □ 유 (만원) ☑ 무 (2014년 파산)	
건강상태	보유질병	고혈압, 신장질환, 전립선질환		
	장애명	해당 없음	장애등급	
자원현황		□ 공식적 체계 : 없음 □ 비공식적 체계 : 없음		

⑤ ■ 가계도

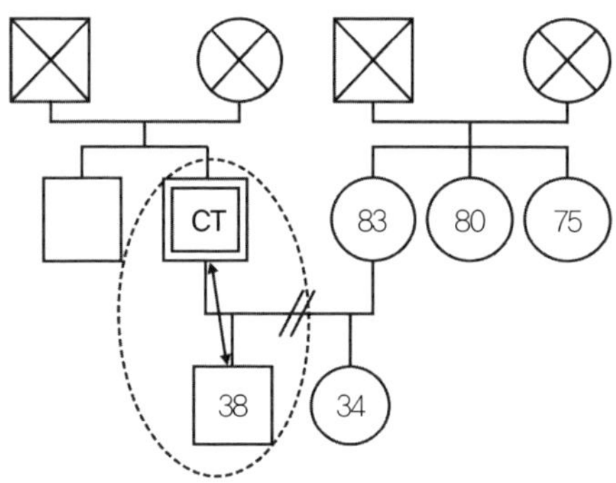

■ 생태도

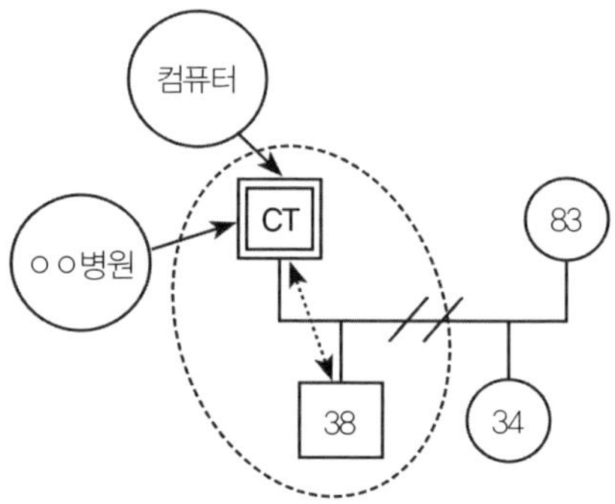

양식 안내

① 상담일 : 당사자와 실제 상담일과 접수일에 대해 기재하여 사례추천과 실제 상담일자 확인이 필요하다.
② 생년월일 : 성별을 구분하기 위하여 남자, 여자의 기록을 숫자로 표기 (2000년생 이후 남자는 3, 여자는 4)
③ 연락처 : 당사자의 연락처 이외에 돌발상황 대처를 위하여 보호자 연락처로 기재한다.
(단 원하지 않을 경우 기록하지 않음)
④ 생활실태 : 해당되는 영역에 ☑ 표시로 표기한다.
⑤ 가계도, 생태도 : 가계도와 생태도를 통합하여 그려보면서 가족구성원 개인별, 가족 전체의 사회적 지지체계를 확인한다.

※ 추가사항

가. 인적 사항

– 클라이언트가 외국인, 새터민 등일 경우에는 이와 관련된 항목(예를 들면 이전/ 현재 국적, 입국년월, 한국어능력 수준 등)을 추가 구성하여 기록한다.

나. 가족사항

- 클라이언트의 가족은 물론 가족관계는 아니더라도 함께 동거하고 있는 구성원에 대한 인적 사항을 기록한다.
- 나이는 가능한 생년월일을 기록하면 시간이 지나더라도 나이를 정확히 파악할 수 있다.
- 비고에는 가족사항과 관련한 중요 이슈나 특징 등에 대해 기술한다.

다. 그 밖에 가족 및 환경 사항

- 처음부터 모든 항목을 기록하기 위해 캐묻기보다는 클라이언트가 해결하기 원하는 어려움과 관련된 항목을 중심으로 탐색하여 파악하도록 한다.

라. 가족사회 관계망(개인력/ 가족력/ 경제상황/ 건강상황/ 사회심리적 상황 등)

- 클라이언트를 포함한 가족 전체가 관계를 맺고 있는 지역사회 공식적 자원체계(학교, 사회복지관, 보건소, 주민센터 등)와 비공식적 자원체계(친척, 이웃, 동호회, 교회, 학원 등)를 모두 기록하고 이들로부터 제공되고 있는 실제적인 지원내용, 빈도, 연락처 등에 대해 기록한다.

⑥ ■ **개인력/ 가족력**

IMF 이후 퇴직하고 퇴직금으로 아내와 자영업을 하다가 망하고 사기 등으로 당사자 아내와 딸은 친정식구들의 도움으로 외국으로 이주함. 당사자는 아들과 현재 거주중임. 아들과는 전세사기 등으로 현 거주지에 4년 전 이주하였음. 2번의 파혼의 이유가 당사자로 생각하여 갈등이 심하였고 당사자 아들은 제약회사에 다녔는데 작년 11월에 퇴사하였음. 퇴직금으로 노무사 준비를 하다가 떨어지면 본인도 호주로 가겠다고 하여 당사자가 불안하고 부담감이 큼. 4년 전부터 아들과의 관계는 소원함. 아들의 실직 이후 더 예민해져서 당사자가 말 붙이기도 쉽지 않다고 함.

■ **경제상황(수입/ 생활비/ 저축/ 부채 등)**

당사자 아들은 월세를 부담하고 당사자는 공과금을 부담하고 있음. 60만원 중 공과금으로 20만원을 지출하고 그 외 병원비, 생활비로 생활하고 있으나 그 외 비용을 사용하는 데 제한적이라 경제적 부담이 있다고 말함. 특히 겨울철에는 매번 미납되어 봄까지 남은 금액을 해결하기 때문에 계속 경제적 부담이 있음. 그나마 나아진 것은 2014년 파산 신청되어 부채는 없다고 함. 특히 국가지원을 받지 못하기 때문에 병원비에 대한 부담이 커서 병원 가기가 매우 겁이 난다고 함.

■ **건강상황(장애/ 병력/ 진단 및 치료 등)**

만성질환인 고혈압이 있고 3년 전 신장 및 전립선 쪽 문제가 있어 수술을 받아 현재 신장은 40% 밖에 기능을 하지 않는다고 함. 평소 밤에는 못 자고 낮에 자서 야행성 생활을 하고 있음. 추가로 병원진료가 필요하지만 비용에 대한 부담 때문에 이후 치료는 감당하지 못하고 있음. 또한 통풍질환으로 발이나 손이 퉁퉁 부어 어느 때는 슬리퍼 신는 것 또한 힘들 정도의 통증이 있다고 함. 특히 잠을 자지 못하다 보니 뒷골이 많이 땡기고 외부활동보다는 집 안에 머물러 있는 편이라고 함.

■ 사회심리적상황[가족관계 및 생활상태 · 심리정서상태 · 사회적 관계(공식적 · 비공식적 자원체계) 등]

당사자 사기, 아들은 전세 사기를 겪은 후 부자관계는 매우 악화되었고 아들이 당사자와 거의 말하지 않음. 또한 당사자가 의료비라고 지원을 받고 싶어 국가지원을 알아보기 위해 아들의 정보가 필요하여 물어보면, 당사자 아들은 창피하게 국가지원을 왜 받느냐고 비난한다고 함. 당사자 아들과의 사례관리자의 만남에 대해서는 거부하였음. 한 예를 들면서 근래에 컴퓨터가 고장이 나서 아들에게 10만원만 빌려줄 수 있냐고 물어보니 폐지 주워서 돈을 모으라고 했다고 함. 아들과의 갈등, 아들의 실직 등으로 사실 죽고 싶은 마음도 있고 우울하다고 말함. (7년 전 실제 자살시도를 한 적이 있다고 함. 목맴)

당사자는 대부분의 시간을 방 안에 있는 컴퓨터를 가지고 시간을 보내고 있음. 이웃과의 교류에 대해 당사자 상황이 급격하게 나빠지면서 아는 사람을 만날까 봐 매우 걱정스럽고 대인기피도 있다고 함. 타인과 만나는 것보다 혼자 집에 있는 게 그나마 낫다고 함.

당사자방의 경우 컴퓨터와 쇼파만 있음. 쇼파를 침대로 사용하고 있음. 주변정리가 안되어 먼지가 수북히 쌓여 있음.

■ 강점사정

젊은 시절 직장생활을 하여 학력 수준이 높고, 컴퓨터를 활용하여 정보습득을 할 수 있음. 특히 파산신청도 컴퓨터로 정보습득 후 신청한 만큼 컴퓨터 활용능력이 높은 편임. 만약 본인에게 필요한 정보의 경우 본인 스스로 찾을 수 있는 적극적인 모습도 있었음.

⑦ ■ 문제 및 욕구(주 호소내용)

당사자 아내와 이혼 후 조리능력을 습득하지 않아 인스턴트 음식으로 끼니를 때우고 있었으며 건강 상황 및 경제적 어려움으로 식사조리 역시 원활하지 못하였음.

당사자의 경우 국가지원이 없고 아들도 실직하여 경제적 어려움이 크다고 호소하였음. 또한 아들과의 갈등이 있음에도 문제해 결시 본인이 아들과의 갈등이 더 악화될 것이라 생각하여 두려워 보였음. 그로 인하여 우울한 마음, 자살생각이 있었음.

(검사시, 우울 13(GDS)/ 자살생각 24(Beck-SSI)

당사자욕구우선순위	1순위 : 식사지원　2순위 : 경제적 어려움　3순위 : 우울감 및 자살생각

⑧ ■ 당사자의 태도와 반응

당사자의 경우 복지관에 대한 정보도 컴퓨터를 통하여 확인하여 본인이 의뢰한 상황이라 사례관리자의 상담 시 우호적인 태도로 상담에 임하였음. 상담 중 본인의 생각에 대해 확고한 부분에 대해서 강조하는 모습이 컸음. 당사자 아들과의 만남에 대한 거부, 타인과의 교류에 대한 거부감 표시하였음.

⑨ ■ 사회복지사 의견	
당사자의 경우 실질적 홀몸 어르신임. 당사자 아들과 거주하나 생활 중 월세비 이외에 거의 도움을 받지 못하고 있으며, 특히 당사자를 정서적으로 더 고립하고 있는 것으로 판단됨. 당사자는 식사 및 경제적 어려움을 크게 호소하였으나 사례관리자는 우울감, 자살생각에 대한 개입이 신속하게 이루어져야 한다고 생각됨. 당사자의 경우 집중사례관리 당사자로 논의할 필요가 있음.	
⑩ 판정의견	☑ 사례관리 당사자 ☐ 서비스 연계 당사자 ☐ 위기(긴급) 당사자
양식 안내	
⑥ 욕구영역 기록 : 가족사회 관계망(개인력/ 가족력/ 경제상황/ 건강상황/ 사회심리적 상황 등) 당사자를 포함한 전체가 관계를 맺고 있는 지역사회 공식적 자원체계(학교, 사회복지관, 보건소, 주민센터 등)와 비공식적 자원체계(친척, 이웃, 동호회, 교회, 학원 등)를 모두 기록하고 이들로부터 제공되고 있는 실제적인 지원내용, 빈도, 연락처 등에 대해 기록한다. 기록시 사례관리자의 생각은 배제하고 당사자관점으로 기술한다. ⑦ 문제 및 욕구 : 당사자가 호소하는 어려움과 요청하는 내용을 가능하면 당사자의 표현 그대로 기록한다. ⑧ 당사자의 태도와 반응 : 상담 동안 사례관리자가 느꼈던 생각을 기술함. 당사자의 표면적 욕구와 실질적 욕구에 대하여 사례관리자가 파악하여 기록도 가능하다. ⑨ 사회복지사 의견 : 집중사례관리 당사자 선정이유 및 주요욕구 중 당사자의 표현욕구와 사례관리자의 판단을 종합적으로 기재한다. ⑩ 판정의견 : 사례회의 이후 판정된 기록을 기재한다.	

(2) 양식 : 사정기록지

① 영역

찾아가는 동주민센터 양식 중 위기도조사지의 10대 욕구를 기준으로 영역을 구분한다.

욕구영역	세부항목	욕구영역	세부항목
안전	가족 내/ 가족외부	경제	기초생활해결/ 자산관리
건강	신체적/ 정신적	교육	기초학습 습득/ 교육환경개선
일상생활 유지	의식주/ 여가생활	고용	취(창)업/ 고용유지
가족관계	관계형성/ 가족돌봄	생활환경	주거내부, 환경개선/ 주거내외 환경
사회적 관계	친인척 및 이웃 간 소속된 집단 및 사회생활	법률 및 권익 보장	권익보장/ 법률적지원

② 제시된 욕구

클라이언트, 가족, 의뢰자 등 관련된 사람들이 해결하고 싶어 하는 욕구를 영역별로 구분하여 기록한다. 단, 클라이언트와 위기도조사 결과점수를 기재하여 정확한 우선순위에 따라 순서대로 기록한다.

욕구를 기록할 때에는 클라이언트가 제시한 욕구를 왜곡시킬 수 있으므로 가능한 그대로 기록한다. 이는 평가 시 욕구해결 정도를 보다 정확히 확인할 수 있는 지표가 된다.

③ 강점

제시된 욕구와 관련된 강점을 기록한다.

클라이언트와 그 가족이 가지고 있는 강점, 그리고 관계 맺고 있는 환경이 갖고 있는 강점과 강점을 발견하게 된 근거를 기록한다.

강점은 클라이언트와 가족이 바라는 것과 관련한 것으로 지금은 해결해야 할 어려운 문제이지만, 과거에 이 어려움을 성공적으로 해결했던 경험, 클라이언트에게 도움이 될 수 있는 환경의 강점(자원)을 탐색하여 기록한다.

특히 강점을 발견하는 것은 클라이언트가 스스로의 잠재력, 가능성 등을 인식하게 되어 변화의 동기를 강화하는 첫 번째 과정이라고도 할 수 있으므로 반드시 클라이언트와 함께 공유해야 한다.

④ 사례관리 합의

사정결과 사례관리보다 서비스를 단순 연계하는 수준에서 클라이언트 욕구를 해결할 수 있다고 판단하게 되면 '서비스 단순 이용'에 표시하고 관련부서나 기관으로 의뢰하는 것으로 마무리한다. 이 또한 클라이언트와 논의를 거쳐 합의된 결과이어야 한다.

⑤ 사례관리자 종합의견

사정 전반에 걸친 사회복지사의 의견을 종합하여 기록한다.

사례관리를 진행하는 데 있어 영역별 욕구와 관련된 강점, 그 밖에 파악된 강점 등을 사례관리 과정에 어떻게 적용해 나갈 것인지를 기록한다. 클라이언트의 강점을 욕구해결 과정에 충분히 적용하기 위한 것이므로 가능한 한 구체적으로 정리하고 기록한다.

① 욕구 영역	② 제시된 욕구	③ 우선 순위	④ 현 상황	⑤ 강점	⑥ 장애물사정
안전	아들이 있지만 본인이 필요할 때만 말을 합니다. 예전에 경찰서에 아들을 신고한 후 잠잠해졌어요.	8	이전에 아들이 언어, 신체 폭력을 시도할 때 경찰서에 연락한 이후 잠잠해졌음	표면적 아들과의 갈등이 잠잠해짐	아들에 대한 개입에 대해 당사자 부정적 의사표현
건강	요실금으로 밖에 나가면 불안해요. 혹시 오줌이 나오면 다들 날 미친 사람 취급하지 않겠어요?	11	전립선 관련 수술 이후 일상생활에 어려움 호소하여 외부활동에 대한 제약을 호소함	이를 해결하고자 정보를 찾고 있음	담당자 이외에 타인과의 외부교류에 대해 매우 부정적인 상황
	아들 때문에 더 우울하고 죽고 싶은 생각도 가지게 됩니다. 다른 사람처럼 잠을 잘 잘 수 없습니다. 밤에 잠을 못 자서 새벽에 잠이 들어 도시락이 올 때까지 잠이 와요. 뒷골이 계속 당깁니다.		우울감, 자살생각까지 하고 있어 이에 대한 긴급한 의료적 개입 필요 수면관리가 안 되어 일상생활 유지의 어려움 호소	담당자의 제안에 대해 우호적 병원치료에 대해 수용	경제적 어려움으로 이에 대한 장기적 치료의 어려움
⑦ 사례관리자 종합의견	☑ 집중 ☐ 일반 부양의무자의 실직에 따른 실질적 홀몸어르신으로 이에 따른 국가개입의 틈새계층 당사자임. 자살, 우울 고위험군 당사자 사례관리 개입 필요. 긴급한 개입은 지역사회 내 자원연계 및 당사자 의지에 의거한 문제해결 완화 방식으로 접근이 필요한 사례임.				

양식 안내
① 욕구영역 : 사정도구틀(위기도조사지)에 기재된 항목에 따라 기록한다. ② 제시된 욕구 : 당사자의 표현을 욕구영역에 맞춰서 기록한다. ③ 우선순위 : 사정도구틀(위기도조사지)에 영역별 점수에 맞춰 기록한다. ④ 현상황 : 제시된 욕구를 객관적으로 조망하여 상황을 기록한다. ⑤ 강점 : 욕구를 해결하기 위한 현 상황을 긍정적으로 반영할 수 있는 사항을 기록한다. ⑥ 장애물 사정 : 제시된 욕구 해결하기 어려움에 해당되는 요소를 기록한다. ⑦ 사례관리자 종합의견 : 각 욕구영역을 확인하여 전체적으로 사정에 따른 사회복지사의 의견을 기록한다.

사정도구틀(위기도조사)

작 성 일　20○○. ○. ○○.　　　　성 명　박재성

1. 안전 : 가족구성원 또는 외부인과의 관계에서 야기되는 기초적 신변보호상의 위기 정도(12점)

1. 안전	위기도 문항	0	1	2	3
가정 내 안전 유지	1. 함께 거주하고 있는 가족구성원이 본인이나 가족을 위협하고 있거나 위협할 것 같다. ① 폭력 ② 정서적 폭력 ③ 성적 폭력 ④ 방임과 방치 ⑤ 경제적폭력 0점) 해당사항 없음. 3점) 어느 하나라도 해당 시 3점.				√
	2. 본인이 가족(비동거 가족 포함)을 위협하고 있거나 위협할 것 같다. ① 신체적 폭력 ②정서적 폭력 ③성적 폭력 ④방임과 방치 ⑤경제적 폭력 0점) 해당사항 없음. 3점) 어느 하나라도 해당 시 3점.				√
가족 외부로부터의 안전유지	3. 비동거 가족, 친척, 친구, 이웃, 사회(학교, 직장 등) 등이 본인이나 가족을 위협하고 있거나 위협할 것 같다. ① 신체적 폭력 ② 정서적 폭력 ③ 성적 폭력 ④ 방임과 방치 ⑤ 경제적 폭력 0점) 해당사항 없음. 3점) 어느 하나라도 해당 시 3점.	√			
	4. 응급상황이 발생할 경우 도움을 받는 데 어려움이 있다. 0점) 어려움이 없다./ 해당사항 없음. 1점) 도움을 요청할 지원체계는 있으나 충분하지 않다. 2점) 응급 시 도움을 요청할 지원 체계는 있으나 원만한 관계가 아니다. 3점) 도움을 요청할 지원 체계가 전혀 없다./ 응급상황을 인지하지 못 한다.			√	

2. 건강 : 대상자 및 가족구성원의 신체적 · 정신적 건강문제로 인한 생활상의 위기 정도 (18점)

2. 건강	위기도 문항	0	1	2	3
신체적 건강 유지	1. 동거가족이 신체적 건강 문제로 어려움을 겪고 있다. 0점) 어려움이 없다./ 해당사항 없음. 1점) 신체적 건강 문제가 있으나 일상생활 및 사회생활이 가능하다. 2점) 신체적 건강 문제로 일부 일상생활이나 사회생활에 어려움이 있다. 3점) 신체적 건강 문제로 일상생활이나 사회생활이 전혀 안 된다.	√			
	2. 본인이나 동거가족이 신체적 건강 문제를 관리하는 데 어려움이 있다. 0점) 어려움이 없다./ 해당사항 없음. 1점) 관리하는 데 어려움이 있으나, 관리하기를 원하고 있다. 2점) 관리하는 데 어려움이 있고, 건강관리를 위한 지원체계가 충분하지 않다. 3점) 관리하는 데 어려움이 있고, 건강관리를 위한 지원체계가 전혀 없다.			√	
정신적 건강 유지	3. 본인이나 동거가족이 중독, 우울, 조현증(정신분열) 등의 정신질환으로 어려움이 있다. 0점) 어려움이 없다./ 해당사항 없음. 1점) 어려움은 있으나 일상생활 및 사회생활이 가능하다. 2점) 일상생활이나 사회생활에 일부 어려움이 있다. 3점) 일상생활이나 사회생활이 전혀 안 된다.			√	
	4. 본인이나 동거가족이 중독, 우울, 조현증(정신분열) 등의 정신질환에 대한 증상관리가 어렵다. ① 질병인식(병식)이 없다. ② 증상관리를 도와줄 자원이 없다. ③ 증상관리가 안 되고 있다. ④ 자해나 타해의 시도나 위험이 있다. 0점) 해당사항 없음. 3점) 어느 하나라도 해당 시 3점.				√
	5. 본인이나 동거가족이 약물을 복용하는 데 어려움이 있다. 0점) 가족의 도움을 받거나 스스로 약물을 처방대로 복용하고 있다./ 해당사항 없음. 1점) 약물 복용을 도와주는 지원 체계가 있지만, 규칙적인 약물 복용이 어렵다. 2점) 약물 복용을 도와줄 지원 체계가 충분하지 않아서 규칙적인 약물복용이 어렵다. 3점) 약물 복용이 전혀 이루어지지 않는다./ 약물 치료를 거부한다.			√	
	6. 본인이나 동거가족이 지난 6개월 동안 자살을 시도하거나 구체적인 방법을 생각한 적이 있다. 0점) 해당사항 없음. 1점) 자살을 생각한 적이 있다. 2점) 자살을 위한 구체적인 방법을 생각한 적이 있다. 3점) 자살을 시도한 적이 있다.			√	

3. 일상생활 유지 : 기능적 및 수단적 일상생활 유지상의 위기 정도(9점)

3. 생활유지	위기도 문항	0	1	2	3
의식주 관련 일상 생활 유지	1. 건강을 해치거나 타인에게 피해를 줄 정도로 본인이나 동거가족이 일상생활을 유지하는 데 어려움이 있다. ① 식사 ② 대소변 등 용변처리 ③ 옷 입기(세탁포함) ④ 세수, 목욕 등 몸씻기 ⑤ 청소 ⑥정리정돈 ⑦ 수면 ⑧ 그 외 가사활동 0) 해당사항이 0개인 경우/ 누군가의 도움을 받으며 원활하게 수행하고 있는 경우/ 해당사항 없음. 1점) 해당사항이 1개인 경우(도움을 받아도 충분하지 않을 경우 포함). 2점) 해당사항이 2개인 경우(도움을 받아도 충분하지 않을 경우 포함). 3점) 해당사항이 3개 이상인 경우(도움을 받아도 충분하지 않을 경우 포함) 영유아인 경우 1, 2, 7중 하나라도 해당하면 3점				√
	2. 본인이나 동거가족이 외출하는 데 어려움이 있다. 0점) 어려움이 없다./ 해당사항 없음. 1점) 불편하지만 외출이 가능하다. 2점) 외부(자원)의 도움이 있으면 외출이 가능하다. 3점) 교통수단이 없어서 외출할 수 없다./ 도움이 있어도 외출이 어렵다.		√		
여가 생활 활용	3. 본인이나 동거가족이 여가생활에 어려움이 있다. 0점) 어려움이 없다./ 해당사항 없음. 1점) 자원은 있으나, 정보부족으로 여가를 즐기지 못하고 있다. 2점) 자원이나 정보의 부족으로 여가를 즐기지 못하고 있다. 3점) 즐겨하는 일이 전혀 없다.			√	

4. 가족관계 : 가족구성원의 갈등 및 보육, 간병 등의 돌봄 · 보호 상의 위기 정도(9점)

4. 가족관계	위기도 문항	0	1	2	3
관계형성	1. 가족(동거 및 비동거 가족 포함)으로부터 도움을 받는 데 어려움이 있다. 0점) 필요할 때 도움을 충분히 받을 수 있다./ 해당사항 없음. 1점) 필요할 때 도움을 받고 있으나 충분하지 않다. 2점) 필요할 때 도움을 요청할 가족은 있으나 원만한 관계는 아니다. 3점) 필요할 때 도움을 요청할 가족이 전혀 없다. (연락하고 사는 가족이 전혀 없는 경우도 포함)			√	
	2. 가족(동거 및 비동거 가족 포함)갈등으로 어려움이 있다. 0점) 어려움이 없다./ 해당사항 없음. 1점) 가족갈등이 있으나 가구원들의 일상생활 및 사회생활이 가능하다. 2점) 가족갈등으로 인해 가구원들의 일상생활이나 사회생활에 일부 어려움이 있다. 3점) 가족갈등으로 인해 가구원들의 일상생활이나 사회생활이 전혀 안 된다.			√	

4. 가족관계	위기도 문항	0	1	2	3
가족 돌봄	3. 보호가 필요한 영유아, 아동, 노인, 장애인 등을 돌보는 데 어려움이 있다. 0점) 돌볼 가구원이 없다./ 돌보는 데 어려움이 없다./ 해당사항 없음. 1점) 돌볼 능력이 부족하나 의지가 있다. 2점) 돌볼 능력이 부족하며, 지원체계가 충분하지 않다. 3점) 돌볼 능력이 부족하며, 지원체계가 전혀 없다./ 돌볼 의지가 없다.	√			

5. 사회적 관계 : 사회관계친지, 이웃 및 소속집단 내에서의 관계형성 및 유지상 위기 정도 (12점)

5. 사회관계	위기도 문항	0	1	2	3
친인척 및 이웃 간 관계형성	1. 친구, 이웃, 지인이나 친인척으로부터 도움을 받는 데 어려움이 있다. 0점) 필요할 때 도움을 충분히 받을 수 있다./ 해당사항 없음. 1점) 필요할 때 도움을 받고 있으나 충분하지 않다. 2점) 필요할 때 도움을 요청할 친구, 이웃, 지인이나 친인척은 있으나 원만한 관계는 아니다. 3점) 필요할 때 도움을 요청할 친구, 이웃, 지인이나 친인척이 전혀 없다(연락하고 사는 친구, 이웃, 지인이나 친인척이 전혀 없는 경우도 포함)		√		
소속된 집단 및 사회생활	2. 직장동료, 소속된 단체나 기관으로부터 도움을 받는 데 어려움이 있다. 0점) 필요할 때 도움을 충분히 받을 수 있다./ 해당사항 없음. 1점) 필요할 때 도움을 받고 있으나 충분하지 않다. 2점) 필요할 때 도움을 요청할 직장동료, 소속된 단체나 기관은 있으나 원만한 관계는 아니다. 3점) 필요할 때 도움을 요청할 직장동료, 소속된 단체나 기관이 전혀 없다.				√
	3. 본인이나 동거가족이 자기 방이나 집에서 나오지 않는다. 0점) 일상생활 및 사회생활 유지에 어려움이 없다./ 해당사항 없음. 1점) 방이나 집에서 거의 나오지 않으나, 기본적인 생활이 가능하고 소수의 타인 (가족 포함)과 관계를 유지하고 있다. 2점) 방이나 집에서 거의 나오지 않은 채 기본적인 생활은 하지만, 다른 사람(가족 포함)과 접촉이 없다. 3점) 방이나 집에서 거의 나오지 않은 채 기본적인 생활이 어렵거나 다른 사람(가족 포함)과 접촉이 없다.			√	
	4. 타인에게 피해를 주는 언행으로 이웃과 갈등을 유발하고 있다. 0점) 유발하고 있지 않다./ 해당사항 없음. 1점) 유발하고 있으나 조정이 가능하다. 3점) 유발하고 있다.		√		

6. 경제 : 기본적인 생활에 필요한 경제적 문제 및 자산관리상의 위기 정도(9점)

6. 경제	위기도 문항	0	1	2	3
기초 생활해결	1. 없어서 어려움을 겪고 있다. ① 돈이 없어 식사를 못하고 있거나 식료품 구입이 어렵다. ② 공교육비를 기한 내 납부하지 못하고 있다. ③ 계절에 맞는 의복과 신발을 구입하지 못하고 있다. ④ 치료비가 없어서 본인이나 가족이 병원을 못 가고 있다. ⑤ 집세가 3개월 이상 밀려 있다. ⑥ 안정적으로 살 수 있는 집이 없다(퇴거위험, 노숙, 비닐하우스, 쪽방, 고시원, 여관/ 여인숙, 찜질방, 쉼터 등). ⑦ 난방장치가 없거나, 난방비 때문에 추운 겨울에 난방을 사용하지 못하고 있다. ⑧ 공과금(사회보험료, 전화요금, 가스요금, 수도요금, 전기요금, 관리비 중 하나 이상)이 밀려있다. ⑨ 공과금 연체로 사회보험급여 자격정지, 전화중단, 가스차단, 단수, 단전 중 하나 이상의 상태에 있다. 0점) 해당사항이 0개인 경우 1점) 해당사항이 1개인 경우 2점) 해당사항이 2~3개인 경우 3점) 해당사항이 4개 이상인 경우/ 1, 4, 5, 6, 9번에 하나라도 해당하는 경우				√
자산관리	2. 금전관리에 어려움이 있다. 0점) 어려움이 없다./ 해당사항 없음. 1점) 도움이 있을 경우 금전관리가 가능하다. 2점) 수입보다 지출이 더 많다. 3점) 금전관리 자체가 어렵다(개인역량 부족, 건강, 장애, 기타 사유).			√	
	3. 빚과 관련된 문제를 해결하는 데 어려움이 있다. 0점) 어려움이 없다./ 해당사항 없음. 1점) 빚은 있으나 갚아 나가고 있다. 2점) 빚을 갚을 능력이 없거나, 빚 갚을 능력이 없으면서 계속해서 빚을 내고 있다. 3점) 빚 갚을 능력이 없으며 지속적으로 채무 독촉을 받고 있다.	√			

7. 교육 : 일상생활 유지에 필요한 기초교육 습득상의 위기 정도(6점)

7. 교육	위기도 문항	0	1	2	3
기초학습 습득 및 향상	1. 자녀가 일상생활 및 사회생활유지를 위해 필요한 기본능력이 부족하다. ① 듣기 ② 읽기 ③ 쓰기 ④ 말하기 ⑤ 다른 사람의 말 이해하기 ⑥ 신문, 글 등을 이해하기 ⑦ 간단한 계산하기 0점) 해당사항이 0개인 경우/ 현재 도움을 받아서 원활하게 수행하고 있는 경우/ 해당사항 없음. 1점) 해당사항이 1개인 경우(도움이 필요한 경우) 2점) 해당사항이 2개인 경우(도움이 필요한 경우) 3점) 해당사항이 3개 이상인 경우(도움이 필요한 경우)	√			
교육 환경 개선	2. 본인(고등학생 이하)이나 자녀(고등학생 이하)가 학교생활에 어려움이 있다. 0점) 어려움이 없다./ 해당사항 없음. 1점) 등교는 하지만 학교생활에 어려움을 표현하고 있다. 2점) 등교는 하지만 학교규칙 및 생활규정 위반(무단이탈, 무단지각, 무단조퇴)하거나 징계(정학, 사회봉사 등)를 받고 있다. 3점) 등교는 하지만 다른 학생으로부터 따돌림을 받고 있거나, 다른 학생에게 해를 입히고 있다./ 무단으로 결석하고 있다.	√			
	3. 본인(고등학생 이하)이나 자녀(고등학생 이하)의 학업유지에 어려움이 있다. 0점) 어려움이 없다./ 해당사항 없음 1점) 장애 등으로 특수교육을 받아야 하지만 그러지 못하고 있다(거리, 비용 등의 이유). 2점) 상급학교에 진학하거나(검정고시 포함) 특기를 개발하거나 학업을 유지하려는 데 자원이 부족하다. 3점) 학업을 유지하려는 의지나 대안이 없다./ 현재 의무교육을 받고 있지 않다.	√			

8. 고용 : 취업 · 창업상 문제 및 직업기능 수행상의 위기 정도(6점)

8. 고용	위기도 문항	0	1	2	3
취(창)업	1. 본인이나 동거가족이 구직에 어려움이 있다. 0점) 어려움이 없다./ 해당사항 없음. 1점) 근로능력은 부족하나 일할 의지가 있다. 2점) 근로능력은 있으나 가족돌봄, 자녀양육, 일자리 발굴 등으로 일하기 어렵다. 3점) 근로능력도 부족하고 가족 돌봄, 자녀양육, 일자리 발굴 등으로 일하기 어렵다./ 일할 의지가 없다.				√

8. 고용	위기도 문항	0	1	2	3
고용 유지	2. 본인이나 동거가족이 직장생활을 유지하는 데 어려움이 있다. 0점) 어려움이 없다./ 해당사항 없음. 1점) 근무조건이 맞지 않아 직장생활을 유지하는 데 어려움이 있다. 2점) 개인적인 방해요소로 직장생활을 유지하는 데 어려움이 있다. 3점) 언제든지 정리 해고될 수 있다.			√	

9. 생활환경 : 거주지의 내외부적 환경 및 권익보장상의 위기 정도(12점)

9.생활환경	위기도 문항	0	1	2	3
주거내부 환경개선과 안전	1. 본인이나 가족의 안전과 건강에 해를 끼칠 정도로 거주하는 집의 생활환경이 열악하다. ① 화장실 ② 주방시설 ③ 도배장판 ④ 전기시설 ⑤ 가스시설 ⑥ 상하수도시설 ⑦ 냉난방시설 ⑧ 위생상태(곰팡이, 찌든 때, 방역불량, 배설물처리 불량, 쓰레기 등) ⑨ 창호/ 문짝 ⑩ 주변 환경 ⑪ 채광 0점) 어려움이 없다./ 해당사항 없음. 1점) 해당사항이 1개인 경우 2점) 해당사항이 2개인 경우 3점) 해당사항이 3개 이상인 경우			√	
주거내부 환경개선과 안전	2. 거주하는 집에 안전상의 문제로 어려움을 겪고 있다. ① 히터나 전기장판 과열 ② 전기선 누출 ③ 누수 ④ 가스누출 ⑤ 베란다 안전장치 미비 ⑥ 방범장치 미비 ⑦ 침수 ⑧ 붕괴위험 ⑨ 그 외 기타 0점) 어려움이 없다./ 해당사항 없음. 1점) 어려움이 있으나 임시방편을 마련하였다. 2점) 어려움이 있으나 대책을 마련 중에 있다. 3점) 어려움이 있으나 대책 마련을 못하고 있다.	√			
	3. 거주하는 집에서 신체활동상에 어려움이 있다. ① 공간부족(휠체어 이동공간 부족) ② 문턱 ③ 안전바 미설치 ④ 싱크, 찬장, 가구 등 높낮이 미조절 ⑤ 욕실 미개조 ⑥ 램프 미설치 0점) 어려움이 없다./ 해당사항 없음. 1점) 해당사항이 1개인 경우 2점) 해당사항이 2개인 경우 3점) 해당사항이 3개 이상인 경우		√		
	4. 주거 내 외부 환경 때문에 이웃과 갈등을 유발하고 있다. 0점) 유발하고 있지 않다./ 해당사항 없음. 1점) 유발하고 있으나 조정이 가능하다. 3점) 유발하고 있다.	√			

10. 법률 및 권익보장 : 가족구성원의 권익보장상의 위기 정도(6점)

10. 법률 및 권익보장	위기도 문항	0	1	2	3
권익보장	1. 불이익을 받고 있다. 0점) 차별대우나 불이익을 받고 있지 않다./ 해당사항 없음. 1점) 차별대우나 불이익을 받고 있지만, 옹호을 위한 지원 체계가 있다. 2점) 차별대우나 불이익을 받고 있으며, 옹호을 위한 지원 체계가 충분하지 않다. 3점) 차별대우나 불이익을 받고 있으며, 옹호를 위한 지원 체계가 전혀 없다.			√	
법률적 지원	2. 본인이나 동거가족이 법적문제로 어려움을 겪고 있다. 0점) 어려움이 없다./ 해당사항 없음. 1점) 어려움이 있으나 일상생활 및 사회생활이 가능하다. 2점) 법적문제로 일상생활이나 사회생활에 일부 어려움이 있다. 3점) 법적문제로 일상생활이나 사회생활이 전혀 안 된다.	√			

▣ 사례관리대상자 선정 기준표(참고)

호	욕구영역	총점	사례관리 여부 기준표	해당 여부
1	안전	8	어느 한 문항이라도 3점인 경우	☑ 해당 ☐ 비해당
2	건강	11	어느 한 문항이라도 3점인 경우	☑ 해당 ☐ 비해당
3	일상생활 유지	6	어느 한 문항이라도 3점인 경우	☑ 해당 ☐ 비해당
4	가족관계	4	어느 한 문항이라도 3점인 경우	☑ 해당 ☐ 비해당
5	사회적 관계	7	어느 한 문항이라도 3점인 경우	☑ 해당 ☐ 비해당
6	경제	5	어느 한 문항이라도 3점인 경우	☑ 해당 ☐ 비해당
7	교육	0	어느 한 문항이라도 3점인 경우	☐ 해당 ☑ 비해당
8	고용	5	어느 한 문항이라도 3점인 경우	☐ 해당 ☑ 비해당

9	생활환경	3	어느 한 문항이라도 3점인 경우	☐ 해당 ☑ 비해당
10	법률 및 권익보장	2	어느 한 문항이라도 3점인 경우	☐ 해당 ☑ 비해당
11	당사자 참여의지 여부	해당		☑ 해당 ☐ 비해당
(잠재적) 통합사례관리대상자 선정 여부		51	1. 1. 안전, 2. 건강, 6. 경제 영역에 해당 2. 그 외 영역이 1개 이상 해당 3. 11. 당사자의 참여의지 여부가 해당될 사례	☑ 선정 ☐ 미선정

양식 안내
① 총점 : 각 영역별 위기도문항에 따른 표기된 합계를 기록 ② 해당 여부 : 사례관리 여부 기준표에 해당될 사항에 맞춰 해당/ 비해당에 기록한다.

사정기록지

작성일	20○○. ○. ○○.	거주 지역	창○동
당사자명	박재성	사례관리자	○○○
사정일지	20○○. ○. ○○.	유 형	☐ 신규 ☑ 재사정

욕구영역	제시된 욕구	우선순위	현 상황	강 점	장애물사정
안전	아들이 있지만 본인이 필요할 때만 말을 합니다. 예전에 경찰서에 아들을 신고한 후 잠잠해졌어요.	8	이전에 아들이 언어, 신체 폭력을 시도할 때 경찰서에 연락한 이후 잠잠해졌음	표면적 아들과의 갈등이 잠잠해짐	아들에 대한 개입에 대해 당사자 부정적 의사표현
건강	요실금으로 밖에 나가면 불안해요. 혹시 오줌이 나오면 다들 날 미친 사람 취급하지 않겠어요?	11	전립선 관련 수술 이후 일상생활에 어려움 호소하여 외부활동에 대한 제약을 호소함	이를 해결하고자 정보를 찾고 있음	담당자 이외에 타인과의 외부교류에 대해 매우 부정적인 상황

	아들 때문에 더 우울하고 죽고 싶은 생각도 가지게 됩니다. 다른 사람처럼 잠을 잘 잘 수 없습니다. 밤에 잠을 못 자서 새벽에 잠이 들어 도시락이 올 때까지 잠이 와요. 뒷골이 계속 당깁니다.		우울감, 자살생각까지 하고 있어 이에 대한 의료적 긴급한 개입 필요 수면관리가 안 되어 일상생활 유지의 어려움 호소	담당자의 제안에 대해 우호적 병원치료에 대해 수용	경제적 어려움으로 이에 대한 장기적 치료의 어려움
일상생활 유지	도시락으로 아침, 점심 해결하고 저녁은 라면을 먹습니다. 음식을 할 줄 모르니까 이렇게 사는 겁니다.	6	도시락, 라면으로 '식'을 해결하고 있음. 음식제작에 대해 관심은 있으나 실제 가용능력 없음	담당자의 음식제작에 대해 수용	음식제작 능력 없음
	집에서 컴퓨터로 유튜브 보고 영어공부하는게 시간이 빨리 지나갑니다.		대부분의 시간을 가정 내에서 지내고 있음	타 당사자보다 컴퓨터 활용능력이 좋음	신체적 활동은 거의 이루어지지 않음
가족관계	차상위 신청 시 아들의 근로의지에 대한 서류도 필요한데 내가 만약 요청해 봐요. 아들이 나에게 언어폭력을 할 거예요. 잘 지내고 싶지만 내 원망이 많으니… 실직한 아들이 2년 동안 노무사가 안되면 해외로 나가겠다고 해서 불안해요.	4	아들과의 갈등에 대한 개입에 대해 해결의지는 없고 현 상황 유지하기를 기대함 당사자는 아들이 구직을 하기 원하나 실제 아들의 구직의사가 없음.	당사자는 당사자 아들과의 관계를 개선하고 싶어함. 아들 나름의 계획에 따라 수행하고 있기에 의지가 있다고 생각함.	부양의무자의 도움이 있어야 하나 비협조적임. 아들문제에 대해 노파심으로 불안하게 될 상황에 대해 스트레스를 받고 있음.
	아들이 예전에는 조금씩 돈도 줬지만 실직하고 난 이후 일절 끊어졌습니다. 고스란히 허덕이게 될 수 밖에 없죠.		아들의 실직으로 경제적 고립이 더 유발됨	이전에는 당사자 아들이 당사자를 도와줄 의사가 있었음	현재 실직으로 당사자 아들도 불안함

욕구영역	제시된 욕구	우선순위	현 상황	강 점	장애물사정
사회적 관계	예전에 교회친구들이 나에게 큰 도움이 되었습니다. 복지관에서 도움을 많이 받았지만 그들도 잊지 못합니다.	7	건강상의 어려움으로 더 밖으로 나가려 하지 않아 집 대부분의 시간을 보내고 있음. 외부와의 교류에 대해 부정적이나 젊은 사람들(복지사, 자원봉사자)에 대해 우호적인 태도를 보임.	본인의 의사가 확고함. 다행히 사례관리자와 대화하는 것을 싫어하지는 않아 추후 개입한다면 조정이 가능하지 않을까 긍정적으로 검토됨.	현재 연결된 사회적 가족은 없는 상황임
	밖에서 보기에는 괜찮지만 내 상황은 너무 힘들어요. 밖에 나가라고 말하지만 사실 쉽지 않아요. 대인기피가 있어 밖에서 누굴 만날까 봐 두려워 외부활동을 원치 않아요.		외부와의 교류가 없음	유일하게 복지관에만 오는 편임	그 외 교류 없음
경제	아들이 2,000만원 퇴직금이 있는데 매달 월세로 깎아 먹고 있으니, 걱정이 많고 나도 겨울철에는 관리비가 점점 미납되지만 아들에게 말할 수는 없어요. 차상위가 되어 의료만 지원되더라도 병원에 갈텐데 현재는 돈도 없고 힘들어요. 일상생활 하는 데 돈이 많이 들죠.	5	매년 같은 상황이 반복됨. 체납금액이 20만원 정도 미납된 상황임. 수입 대비 지출금액이 더 큰 상황이라 의료비에 대한 과중으로 아픔에도 참고 있고 병원에 가지 못하는 상황임.	국가-차상위 지원 결과 기다리는 중 관리비가 매년 체납되었다고 하는데 본인이 조금씩 갚아 해결하려는 의지가 크다고 생각함. 여유자금을 모아서 본인이 스스로 치료할 수 있도록 생각을 가지고 있어 자립적 요소가 보였음.	차상위 탈락 시 현 생활 어려움 유지 근로가 가능한 부양의무자가 있다보니 국가지원의 어려움이 있으며 그 결과 경제적 압박이 큰 상황
	파산으로 더 큰 어려움은 해결되었죠.		파산으로 경제적 어려움 그나마 감소됨	파산신청으로 정리	
교육	해당없음	0			
고용	욕구표현 안 함	5			

<table>
<tr><td rowspan="2">생활환경</td><td>방역은 하지만 주거지가 오래되서인지 시멘트 벌레가 계속 나와서 내 피부도 안 좋아지는 거 같아요.</td><td rowspan="2">3</td><td>당사자는 집안정리에 대해 할 의사가 없음. 시멘트 벌레로 인하여 불편함을 호소함</td><td>–</td><td>시멘트 벌레로 어려움 호소
하고자 하는 의지, 환경정리에 대해 본인은 어지러워 하기가 어렵다고 표현함.</td></tr>
<tr><td>주거지가 북쪽 방향이라 겨울철에 너무 추워서 옷가지로 커튼을 만들어서 버텼어요</td><td>좁은 방에 쇼파에서 잠을 자서 수면의 질이 높지 않음</td><td>아파트라 그 외 시설은 무난함</td><td>거주지가 안정적이라 그 외 주거환경개선에 대한 개입이 타 어르신보다 낮음</td></tr>
<tr><td>법률 및 권익 보장</td><td></td><td>2</td><td></td><td></td><td></td></tr>
<tr><td colspan="2">사례관리자 종합의견</td><td colspan="4">☑ 집중 □ 일반
부양의무자의 실직에 따른 실질적 홀몸어르신으로 이에 따른 국가개입의 틈새계층 당사자임. 자살, 우울 고위험군 당사자 사례관리 개입 필요. 긴급한 개입은 지역사회 내 자원연계 및 당사자 의지에 의거한 문제해결 완화 방식으로 접근이 필요한 사례임.</td></tr>
</table>

3. 계 획

1) 개요

사정에서 합의된 당사자의 변화 목표를 합의하고 변화목표에 도달하기 위한 실행 계획을 수립하는 과정이다. 효과적인 계획 단계를 수행하기 위해서는 당사자가 원하는 결과에 대해 서로 이해해야 하며, 가능한 모든 접근방법에 당사자와 함께 심사숙고하는 시간을 가지고 당사자의 감정이 계획에 반영되어야 한다. 사례관리 실천과정에서 지속적이 평가를 통해 재계획할 수 있는 융통성과 유연한 태도가 전제되어야 한다.

2) 실천과업

(1) 변화목표 합의

① 클라이언트가 원하는 것에 초점 맞추기(CT의 문제 및 욕구)

사례관리 과정에서 변화를 필요로 하는 사람은 클라이언트이므로 사례관리자는 클라이언트에게 변화해야 할 것이 무엇인지 말해주기보다는 클라이언트가 변화하기 원하는 것이 무엇인지 명확히 규명할 수 있도록 돕는다.

예를 들어, '좋은 엄마 되기'를 원하는 클라이언트에게 좋은 엄마의 모습을 물어 보면 '아이들과 대화가 잘 통하는 엄마', '아이들이 학교에서 돌아왔을 때 집에서 맞이해 주는 엄마', '잔소리하지 않는 엄마' 등 자신이 생각하는 좋은 엄마가 되었을 때의 변화모습을 구체적으로 제시함으로써 변화의 방향을 보다 명확하게 확인할 수 있게 된다.

② 클라이언트의 표현 그대로 기술하기

클라이언트와 사례관리자 모두가 앞으로 변화목표 달성 정도, 변화노력의 방향 등을 확인하는 데 훨씬 유용하므로, 클라이언트의 표현 그대로 기술한다.

(2) 실천계획 합의

① 클라이언트 강점 활용하기

클라이언트의 변화목표를 합의하게 되면, 목표에 도달하기 위해 클라이언트와 사례관리자가 수행해야 할 변화노력의 과정을 계획해야 한다. 이때 사정단계에서 알게 된 클라이언트의 강점을 활용하여 실행 계획을 수립해야 하는 것이 매우 중요하다.

② '서비스' 계획을 뛰어 넘은 '실행' 계획하기

클라이언트에게 일방적으로 주어지는 '서비스' 계획보다는 클라이언트, 클라이언트 중심의 자원, 사례관리자가 모두 참여하는 의미의 '실행계획'으로 초점을 두어 작성한다.

클라이언트가 자신이 이미 가지고 있는 강점(자원)과 주변환경의 강점(자원)을 발휘할 수 있는 내용을 포함하도록 한다. 클라이언트가 스스로 문제해결 방법을 찾아 시도하게 함으로써 문제해결 역량을 강화하는 요인으로 작용하기 때문이다.

③ 구체적으로 계획하기

실행계획에는 사례관리자와 공식적 자원의 서비스 제공 계획은 물론 클라이언트 자신의 실행과 주변의 비공식적 · 자연적 자원의 지원계획이 모두 포함되어야 한다. 사례관리자는 해당 자원이 현재의 어려움을 해결하는 데 도움이 되는지 여부는 물론 앞으로 클라이언트의 삶 속에서도 지속적인 지원망으로 기능할 수 있는지를 판단할 필요가 있다.

따라서 사례관리자는 아동을 공식적 자원과 연계하기 전에 가족, 이웃과 같은 비공식적 · 자연적 자원이 지원망으로 기능하고, 또 클라이언트 자신의 아동보호 역량(시간, 방법, 재정 등)을 탄탄히 구축하도록 돕는 일을 우선 시도해야 한다. 또는 공식적 자원의 지원을 받는 기간 동안 그러한 노력을 지속해야 할 것이다.

클라이언트 자신과 주변자원 등을 포함하는 실행주체를 선택하는 것 외에 또한 실행시기, 방법 등의 구체적인 사항을 클라이언트와 함께 합의하고 공유한다.

3) 진행과정

(1) 변화목표 합의

우선순위 욕구확인 ➡ 장기목표 단기목표 수립 ➡ 각 역할 논의 ➡ 목표점검

4) 기록관리 : 사례관리 계획서

(1) 우선순위

사정기록지에 영역별 총점 중 우선순위에 따라 상위 영역의 총점을 기재한다.

(2) 영역 CT의 문제 및 욕구(제시된 욕구)

사정기록지와 '제시된 욕구'와 동일하게 기록한다.

(3) 합의된 목표

제시된 욕구 해결을 위해 클라이언트와 사례관리자가 목표를 계획한다. 목표는 제시된 욕구가 해결된 상태를 가능한 한 구체적으로 그려보고 이를 확인할 수 있는 문장으로 기록한다.

(4) 실행계획

전체적인 사례관리 과정에서 사례관리자와 클라이언트가 수행하게 될 역할을 개략적으로 기록한다. 단, 실행계획은 사례관리자와 그 밖의 제공자에 의한 서비스 계획과 더불어 클라이언트와 가족이 계획하는 변화노력에 대한 정보로 포함하여 기록한다.

(5) 기간

실행계획별로 정해진 기간 또는 예상되는 기간, 실행 간격 또는 주기 등을 기록한다. 정해진 기간이 없거나 기간을 예상하기 어려운 경우라면 실행 특성에 따라 적절한 기간을 설정하여 기록한다. 조정이 필요할 경우 함께 점검하고 조정한다.

(6) 외부자원 연계 및 자원확보 방안

실행할 주체 또는 담당자가 합의해 나가는 과정에서 사례관리자는 '클라이언트의 개인적 자원 → 가족자원 → 확대가족, 이웃 등의 자연적 자원 → 비공식적 서비스 자원 → 공식적 서비스 자원' 의 순서로 실행 여부를 탐색한다.

① 우선순위	② 제시된 욕구	③ 합의된 목표	④ 실천계획	⑤ 개입기간	⑥ 외부자원 연계 및 자원확보 방안
11	건강 – 신체적, 정신적 요실금으로 밖에 나가면 불안해요. 혹시 오줌이 나오면 다들 날 미친 사람 취급하지 않겠어요? 아들 때문에 더 우울하고 죽고 싶은 생각도 가지게 됩니다. 다른 사람처럼 잠을 잘 잘 수 없습니다. 밤에 잠을 못 자서 새벽에 잠이 들어 도시락이 올 때까지 잠이 와요. 뒷골이 계속 당깁니다.	단기 : 정신건강복지센터 연계 상담받기 장기 : 병원통원치료로 우울, 자살 생각 감소	당사자 : 의료서비스 정기적 참여 사례관리자 : 관련 자원 정보 안내 및 참여 독려	1~12월 (주 1회)	ㅇㅇ정신건강복지센터 당사자평가 및 자살위기상담/ 정신건강의학과 병원 지원
양식 안내					
① 우선순위 : 영역별 사정도구틀 총점을 기록함. 단, 우선순위가 높은 순서에 따라 기재한다. ② 제시된 욕구 : 당사자의 표현을 욕구영역에 맞춰서 기록한다. ③ 합의된 목표 : 제시된 욕구를 해결하기 위하여 단기/ 장기목표를 기록한다. 단, 목표를 당사자 관점으로 기록한다. ④ 실천계획 : 합의된 목표를 달성하기 위하여 당사자와 사례관리자의 역할을 구분하여 기록한다. ⑤ 개입기간 : 목표달성을 위한 일정에 대해 기록한다. ⑥ 외부자원 연계 및 자원확보 방안 : 목표달성을 위한 자원과 확보방안에 대해 기재한다.					

사례관리 계획서

작성일	20○○. ○. ○○.	거주지역	창○동
당사자명	박재성	사례관리자	○○○사회복지사
작성일자	20○○. ○. ○○.	유 형	☐ 신규 ☑ 재사정

우선 순위	제시된 욕구	합의된 목표	실천계획	개입기간	외부자원 연계 및 자원확보 방안
11	건강 – 신체적, 정신적 요실금으로 밖에 나가면 불안해요. 혹시 오줌이 나오면 다들 날 미친 사람 취급하지 않겠어요? 아들 때문에 더 우울하고 죽고 싶은 생각도 가지게 됩니다. 다른 사람처럼 잠을 잘 잘 수 없습니다. 밤에 잠을 못 자서 새벽에 잠이 들어 도시락이 올 때까지 잠이 와요. 뒷골이 계속 당깁니다.	단기 : 정신건강복지센터 연계 상담받기 장기 : 병원통원치료로 우울, 자살 생각 감소	당사자 : 의료서비스 정기적 참여 사례관리자 : 관련 자원 정보 안내 및 참여 독려	1~12월 (주 1회)	○○정신건강복지센터 당사자평가 및 자살위기상담 / 정신건강의학과 병원 지원
8	안전 – 가족 내 아들이 있지만 본인이 필요할 때만 말을 합니다. 예전에 경찰서에 아들을 신고한 후 잠잠해졌어요.	단기 : 아들과의 관계 상황 이야기 나누기 장기 : 아들과의 관계를 객관적으로 바라볼 수 있는 지속적인 상담	당사자 : 아들과의 상황을 사례관리자와 공유 사례관리자 : 상황에 따른 다른 시선 전달/ 위기상황 발생 시 당사자 지지자원 확보	1~2월 (매월)	창동종합사회복지관 사례관리자 상담 / 노인학대보호기관 (위기상황 발생 시)

7	사회적 관계 – 친인척 및 이웃 간, 소속된 집단 및 사회생활 밖에서 보기에는 괜찮지만 내 상황은 너무 힘들어요. 밖에 나가라고 말하지만 사실 쉽지 않아요. 대인기피가 있어 밖에서 누굴 만날까 봐 두려워 외부활동을 원치 않아요.	단기 : 외부활동에 기회를 마련 후 당사자 참여 장기 : 외부활동에 참여생각 변화	당사자 : 사례관리자가 제안한 외부활동에 대한 긍정적 인식 및 시도 사례관리자 : 외부활동에 대한 정보제공 및 참여 독려	3~7월 / 9~12월 (수시)	창동종합사회복지관 자살고위험군 대상프로그램 / 외부활동 연계할 프로그램 (미정)
6	일상생활 유지 – 의식주, 여가생활 도시락으로 아침, 점심 해결하고 저녁은 라면을 먹습니다. 음식을 할 줄 모르니까 이렇게 사는 겁니다. 집에서 컴퓨터로 유튜브 보고 영어공부하는 게 시간이 빨리 지나갑니다.	단기 : 노인식사배달 서비스 내 당사자 역할 담당 장기 : 가정 내 조리 가용능력 키우기	당사자 : 노인식사배달 설거지 잘 해놓기 함께 만들 반찬 고민해 보기 사례관리자 : 가정 내 가능한 반찬 숙지하도록 지원	6~12월	창동종합사회복지관 사례관리자 개입 / 준사례관리자 연계를 통한 반찬제작
5	경제 – 기초생활해결 아들이 2,000만원 퇴직금이 있는데 매달 월세로 깎아 먹고 있으니, 걱정이 많고 나도 겨울철에는 관리비가 점점 미납되지만 아들에게 말할 수는 없어요. 차상위가 되어 의료만 지원되더라도 병원에 갈 텐데 현재는 돈도 없고 힘들어요. 일상생활 하는 데 돈이 많이 들죠.	단기 : 외부연계 자원 정보 찾아보고 과정 이행 (국가지원 – 차상위 선정) 물품지원 정보연계 장기 : 기초생활보장 유지	당사자 : 동주민센터와의 자격요건 부합과정 확인 사례관리자 : 미선정시 관련정보 파악하여 보완사항 혹은 다른 방법 모색 통합사례회의를 통하여 당사자 가정 내 개입방법을 모색한다.	2~12월	외부후원업체 / 동주민센터 / 타 후원기관 확보 유관기관과의 통합사례관리 진행 (ㅇㅇ정신건강증진센터, 창ㅇ동주민센터)

실습해 보기 2 [서비스계획] 제공된 자료를 보고 서비스계획서 작성(소요시간 2시간)

1. 목적 : 사례관리자는 사정과정을 거쳐 서비스계획을 수립하여 사례관리를 진행할 수 있도록 기틀을 마련한다.
2. 진행방법
 ① 3~5명의 학생들이 한 조를 이룬다.
 ② 제공된 인테이크, 사정기록지를 보고 서비스계획서를 작성한다.
 ③ 서비스계획서를 작성할 때 우선순위를 둔 부분이 무엇인지 토의과정을 거친다.
 ④ 서비스계획서, 토의과정 내용을 정리한다.
 ⑤ 부록에 있는 [서비스계획서] 양식에 작성하여 제출한다.

사례관리계약 동의서

① 1. 사례관리 서비스 종류

연 번	서비스명	내 용	비 고	연 번	서비스명	내 용	비 고
1				3			
2				4			

2. 조정 및 중단

서비스 조정	– 서비스 이용자에게 적절하지 않거나 서비스 제공 목적에 어긋난 경우 – 서비스 이용자의 부적절한 요구가 있을 경우
서비스 중단	– 서비스 이용자가 서비스 중단 의사가 있을 경우 – 다른 지역으로 이주를 하였을 경우 – 3개월 이상 연락이 끊겼을 경우 – 타 기관과 서비스가 중복되었을 경우

3. 당사자의 의무 및 권리

<table>
<tr><td colspan="2">■ 의무 : 어려움이나 경제적인 변동이 있을 경우 복지관에 알리고 같이 노력하여야 한다.
당사자는 필요 시 사례관리에 필요한 정보, 증빙서류를 제출해야 한다.
■ 권리 : 사례관리 서비스에 관련하여 조정사항이 있을 경우 상호 협의를 통하여 조정한다.</td></tr>
<tr><td colspan="2">서비스 제공일 : 20 년 월 일 ~ 년 월 일
본 동의서는 창동종합사회복지관에서 제공되는 사례관리서비스에 대하여 본 기관과 ___________님이 상호 협의한 내용이며, 매년 1월 재작성을 원칙으로 한다. (단, 생활에 큰 변화가 없을 시 재작성하지 않을 수 있다)</td></tr>
<tr><td>② 당사자의 목표</td><td></td></tr>
</table>

※ 당사자는 나의 삶이므로 사례관리 과정에 성실히 임하고 사례관리자와 협력하겠습니다.

20 년 월 일

당사자 : (인) ③ 14세 미만 보호자 (관계 :) : (인) 위임 보호자 (관계 :) : (인)	사례관리자 : (인)

양식 안내
① 사례관리 서비스 종류 : 사례관리 계획에 맞는 관련 서비스를 기록한다. ② 당사자의 목표 : 사례관리에 임하는 당사자의 의지를 당사자 직접 작성한다. (상황에 따라 대필 가능) ③ 14세미만, 위임보호자가 있을 경우 서명한다. ※ 각 동의서는 2부를 작성하여 당사자와 사례관리자가 1부씩 서명 후 나누어 가진다.

4. 실 행

1) 개요

계획단계에서 수립된 내용을 실행에 옮기는 것으로 합의한 변화 목표에 도달하기 위한 욕구와 문제의 직접해결, 자원발굴 및 연계 등 구체적인 노력의 과정이다. 사례관리자는 당사자와 그 환경 안에서 목표달성을 위한 경험을 발견하고 확대시키는 직접적인 서비스 제공자임과 동시에 실행에 대한 모니터링을 실시하여 성공적인 실행을 위한 조정자로 일하게 되므로 2가지 역할을 적절하게 통합할 수 있어야 한다.

2) 실천과업

(1) 실행 · 실천과정 지원

① 서비스 자원 발굴과 연계하기

사회적 지원망으로 지속성을 담보할 수 있는 자원은 대체로 '가족, 이웃 등과 같은 자연적 자원 → 지역사회 내에 존재하는 비공식 자원 → 그 다음이 공식적 자원'의 순이다. 따라서 사례관리자는 가능한 한 위에서 제시한 이 순서로, 자원을 탐색하고 클라이언트를 중심으로 하는 지원망으로 구축될 수 있도록 돕는다.

② 직접 서비스 제공자로 일하기

사례관리자가 전문가가 되어 클라이언트의 욕구 해결을 주도해 가는 것보다는 사례관리자 자신도 클라이언트의 입장에서는 하나의 자원이 될 수 있다는 측면에서 이해해야 한다.

예컨대 사례관리자 또는 복지관에서 직접 운영하는 프로그램이나 서비스를 제공할 수 있다 하더라도 클라이언트에게 최선의 방법인지 먼저 판단해야 한다.

단, 클라이언트가 사례관리자가 도와야 할 수 있는 일이라면 직접 서비스를 제공해야 한다. 특정 서비스나 프로그램 제공이 아니더라도 사례관리자는 클라이언트와 서비스 제공자원과 지속적으로 상호작용하면서 필요한 지원을 한다.

③ 통합적 실천기술 익히고 적용하기

통합적 사회복지실천을 대표하는 것이 사례관리이다. 때문에 사례관리자는 개인을 포함한 미시적 체계에서 지역사회, 정책 등을 포함한 거시적 체계에 걸쳐 일한다.

클라이언트, 지역사회 내 협력기관, 다양한 자원들과 일하기 위한 면접/ 상담

기술, 교육과 훈련기술, 정보와 기록관리 기술, 대외적인 홍보와 옹호, 타 전문직과 협력기술 등에 대해 끊임없이 학습하고 적용하며, 적용의 결과에 슈퍼비전을 받고 다시 적용하는 환류의 과정을 지속한다.

(2) 점검, 조정

① 성공경험 확대하기

사례관리자는 클라이언트가 변화를 위해 일하는 과정에서 작은 성공의 경험을 많이 할 수 있도록 도울 필요가 있다.

성공의 경험은 현재 달성하고자 하는 변화목표는 물론 종결 이후에도 클라이언트가 변화를 지속할 수 있는 동력으로 작용하게 된다는 점에서 중요하다고 할 수 있다. 성공경험을 확대하기 위해 사례관리자는 클라이언트에게 '지난 번보다 무엇이 좀 더 나아졌는가?, 어떻게 그렇게 하였나?'라고 질문할 수 있다.

또한 그런 노력과 변화가 클라이언트 자신과 가족, 또 관련된 삶의 다양한 영역에서 어떻게 영향을 미쳤는지 변화의 영향력을 확인하고, 클라이언트의 노력과 능력을 인정해 주는 일을 반복하면서 클라이언트의 능력을 더욱 강화시켜 나간다.

② 다양한 측면에서 점검, 조정하기

실행과정을 점검하고 조정하는 데 있어 중점적으로 살펴보아야 할 것은 다음과 같다. 첫째, 서비스 측면이다. 클라이언트는 서비스(내용, 시간, 방법 등)를 잘 이용하고 있는지, 만족하고 있는지 등에 대해 점검한다.

둘째, 클라이언트 상황변화 측면이다. 클라이언트의 상황과 환경은 언제든 변화할 수 있다. 새로운 욕구나 문제가 발생할 수도 있고, 우선순위가 바뀔 수도 있다. 이러한 변화가 사례관리 과정에 반영되지 않는다면 실행의 결과 또한 기대하기 어려워질 수 있게 된다.

셋째, 실행과정 측면이다. 현재 실행과정을 통해 기대하는 변화가 나타나고 있고, 목표를 향해 가고 있는지, 계획 수정이 필요한지, 종결을 준비할 필요가 있는지 등에 대해 점검하게 된다. 이상의 점검결과에 따라 사례관리자는 개방적이고 유연한 태도로 재사정, 재계획, 재조정을 한다.

3) 진행과정

(1) 상담 및 자원연계(과정기록서)

상담 ➡ 과정기록
전산입력
과정기록서 기록 ➡ 자원발굴 및
연계자료 기록 ➡ 사례관리파일
정리

(2) 사례관리 점검기록지

점검계획논의 ➡ 실행내용 점검 ➡ 보완 및 조정할
사항 확인 ➡ 재사정 준비

4) 기록관리 : 사례관리과정(상담) 기록지, 실행점검 기록지

(1) 사례관리 과정(상담) 기록지

특정한 서비스제공 활동과 내용에 포함될 수 없는 사례관리 활동과 과정에 대해 기록한다.

<table>
<tr><th rowspan="2">① 일시</th><th colspan="3">② 전달 방식</th><th rowspan="2">③ 접촉 대상</th><th rowspan="2">④ 내용</th></tr>
<tr><th>상담</th><th>서비스
제공</th><th>자원
연계</th></tr>
<tr><td>1/3</td><td>○</td><td></td><td></td><td>당사자</td><td>당사자 전수조사</td></tr>
<tr><td colspan="6">양식 안내</td></tr>
<tr><td colspan="6">① 일시 : 실제 사례관리 활동한 일자를 기재한다.
② 전달 방식 : 사례관리 활동에 대한 분류하여 해당되는 부분에 ㅇ표시한다. (상담, 서비스제공, 자원연계)
③ 접촉 대상 : 사례관리활동을 진행하는 데 만나는 대상 및 기관에 대해 기재한다.
④ 내용 : 상담에 관련된 내용은 사회복지 시설정보시스템에 기재하므로 내용에는 주요 내용만 기재 · 기록한다.</td></tr>
</table>

사례관리 과정기록지

당사자	박재성	사례관리자	ㅇㅇㅇ 사회복지사

일 시	전달 방식			접촉 대상	내 용
	상 담	서비스 제공	자원 연계		
	ㅇ			당사자	당사자 전수조사
	ㅇ			당사자	개인정보 동의 및 사정 진행
			ㅇ	창ㅇ동주민센터	창ㅇ동 동 단위 사례회의 사례의뢰
			ㅇ	ㅇㅇ정신건강복지센터	응급입원 의사/ 정신건강의학과 진료 문의
	ㅇ			당사자	사례계획 논의 및 사례동의서 작성
			ㅇ	ㅇㅇ정신건강복지센터	정신건강의학과 추천병원 확인/ 의료비 지원결정 전달
			ㅇ	창ㅇ동 주민센터	창ㅇ동 동 단위 사례회의 추가 사례의뢰
			ㅇ	당사자	결연후원금 지급
	ㅇ		ㅇ	당사자	안부차 확인 ㅇㅇ자조모임 내 반찬 전달 고지
			ㅇ	ㅇㅇ정신건강복지센터	ㅇㅇㅇ팀장 사례 논의 (창ㅇ동단위사례회의 논의사항)
			ㅇ	ㅇㅇ정신건강복지센터	ㅇㅇㅇ 팀장 병원 측 사례의견
	ㅇ			당사자	병원 지원 감사 인사
	ㅇ			당사자	당사자 상반기 점검
……					

당사자	박재성	사례관리자	○○○ 사회복지사

일 시	전달 방식			접촉 대상	내 용
	상 담	서비스 제공	자원 연계		
	○			당사자	당사자 재사정 진행
	○			당사자	안부차 연락 (관리비 체납)
	○			창○동 주민센터	○○○주무관 연락 관리비 체납 지원 문의하셔서 의뢰경로 확인
	○			당사자	통원치료 후 긍정적 결과 회신
	○			창○동 주민센터	○○○주무관과 상황 공유 안부차 확인 결과 별다른 말씀 없음 지원을 위한 아들과의 연락 시도 접근방법 논의
	○			당사자	병원진료에 대해 당분간 중단 의사
	○			정신건강의학과 주치의	당사자 의학적 소견 및 사례개입의 대한 의견 요청
	○			당사자	병원진료에 대해 당분간 중단 의사
	○			당사자	안부차 연락 (여름철 체력저하에 따른 일상생활 지원 어려움)
			○	당사자	추석 맞이 특식나눔
			○	당사자	잡곡(쌀) 지원
	○			당사자	후라이팬 요청
	○			당사자	안부차 연락 (일상생활 확인)
......					
	○			당사자	집중사례관리 점검 및 평가
	○			당사자	동주민센터 회신 결과 안내
	○			당사자	집중사례관리 당사자 만족도조사 진행

(2) 사례관리 점검기록지

■ 점검

각 실행계획의 종료일 또는 정기 점검시기에 목표달성 수준을 중심으로 점검한 결과를 기록한 수행계획의 종료에 따른 점검의 경우 해당 계획에 대한 점검만 실시하여 기록할 수 있다.

<table>
<tr><th>① 우선순위</th><th>② 제시된 욕구</th><th>③ 합의된 목표</th><th>④ 실천계획</th><th>점검내용</th><th colspan="2">⑦ 점검평가</th></tr>
<tr><td rowspan="4">11</td><td rowspan="4">건강 - 신체적, 정신적
요실금으로 밖에 나가면 불안해요. 혹시 오줌이 나오면 다들 날 미친 사람 취급하지 않겠어요?

아들 때문에 더 우울하고 죽고 싶은 생각도 가지게 됩니다.

다른 사람처럼 잠을 잘 잘 수 없습니다. 밤에 잠을 못 자서 새벽에 잠이 들어 도시락이 올 때까지 잠이 와요. 뒷골이 계속 당깁니다.</td><td rowspan="4">단기 : 정신건강복지센터 연계 상담받기

장기 : 병원통원치료로 우울, 자살생각 감소</td><td rowspan="4">당사자 : 의료서비스 정기적 참여

사례관리자 : 관련 자원 정보 안내 및 참여 독려</td><td>⑤ 사례관리자
우울, 자살생각이 매우 높아 ㅇㅇ정신건강복지센터 연계로 자살위기상담 진행, 평가과정으로 정신건강의학과 진료에 대해 권고를 받았으나 실질적 병원비용에 대한 부담으로 사례회의를 통하여 복지관에서 병원비를 지원하게 되었고 그로 인하여 당사자 목표처럼 꾸준히 잘 다녔음. 여름철에 너무 더워 일시적 중단도 있었음.</td><td colspan="2">☑ 달성
☐ 연장
☐ 재사정</td></tr>
<tr><td rowspan="3">⑥ 당사자의 표현

내가 여러 병원을 다녀도 정확하게 나에게 설명해 주지 못했는데 내가 우울증 때문에 이렇게 아팠다는 걸 이제야 알았어요. 다 복지관 덕분입니다.</td><td colspan="2">욕구점수</td></tr>
<tr><td>⑧ 사전</td><td>⑨ 사후</td></tr>
<tr><td>11</td><td>5</td></tr>
<tr><td colspan="7">양식 안내</td></tr>
<tr><td colspan="7">① 우선순위 : 영역별 사정도구틀 총점을 기록함. 단, 우선순위가 높은 순서에 따라 기재한다.
② 제시된 욕구 : 당사자의 표현을 욕구영역에 맞춰서 기록한다.
③ 합의된 목표 : 제시된 욕구를 해결하기 위하여 단기/ 장기목표를 기록한다.
단, 목표를 당사자 관점으로 기록한다.
④ 실천계획 : 합의된 목표를 달성하기 위하여 당사자와 사례관리자의 역할을 구분하여 기록한다.
①~④은 사례관리 서비스계획서에 기재된 내용을 그대로 작성한다.
⑤ 사례관리자 : 목표에 대한 점검을 사례관리자가 전체적으로 평가하여 기재한다.
⑥ 당사자의 표현 : 목표에 대한 당사자의 생각을 당사자의 언어로 기술한다.
⑦ 점검평가 : 현 목표에 대해 달성/ 연장/ 재사정 중 해당되는 부분에 ☑ 표시한다.
⑧ 사전 : 당사자 사정 시, 위기도조사지 사전 검사 기록
⑨ 사후 : 사례개입 이후, 위기도조사지 사후 검사 기록</td></tr>
</table>

사례관리 점검기록지

작성일	20○○. ○. ○○.	거주 지역	창○동
당사자명	박재성	사례관리자	○○○ 사회복지사
작성일자	20○○. ○. ○○.	유 형	☐ 신규 ☑ 재사정

<table>
<tr><th>우선
순위</th><th>제시된 욕구</th><th>합의된 목표</th><th>실천계획</th><th>점검내용</th><th colspan="2">점검평가</th></tr>
<tr><td rowspan="4">11</td><td rowspan="4">건강 – 신체적, 정신적
요실금으로 밖에 나가면 불안해요. 혹시 오줌이 나오면 다들 날 미친 사람 취급하지 않겠어요?

아들 때문에 더 우울하고 죽고 싶은 생각도 가지게 됩니다.

다른 사람처럼 잠을 잘 잘 수 없습니다. 밤에 잠을 못 자서 새벽에 잠이 들어 도시락이 올 때까지 잠이 와요. 뒷골이 계속 당깁니다.</td><td rowspan="4">단기 : 정신건강복지센터 연계 상담받기

장기 : 병원통원치료로 우울, 자살 생각 감소</td><td rowspan="4">당사자 : 의료서비스 정기적 참여

사례관리자 : 관련 자원 정보 안내 및 참여 독려</td><td>사례관리자
우울, 자살생각이 매우 높아 ○○정신건강복지센터 연계로 자살위기상담 진행, 평가과정으로 정신건강의학과 진료에 대해 권고를 받았으나 실질적 병원비용에 대한 부담으로 사례회의를 통하여 복지관에서 병원비를 지원하게 되었고 그로 인하여 당사자 목표처럼 꾸준히 잘 다녔음. 여름철에 너무 더워 일시적 중단도 있었음.</td><td colspan="2">☑ 달성
☐ 연장
☐ 재사정</td></tr>
<tr><td rowspan="3">당사자의 표현
내가 여러 병원을 다녀도 정확하게 나에게 설명해 주지 못했는데 내가 우울증 때문에 이렇게 아팠다는 걸 이제야 알았어요. 다 복지관 덕분입니다.</td><td colspan="2">욕구조사</td></tr>
<tr><td>사전</td><td>사후</td></tr>
<tr><td>11</td><td>5</td></tr>
</table>

<table>
<tr><td rowspan="3">8</td><td rowspan="3">안전 – 가족 내
아들이 있지만 본인이 필요할 때만 말을 합니다.
예전에 경찰서에 아들을 신고한 후 잠잠해졌어요.</td><td rowspan="3">단기 : 아들과의 관계 상황 이야기 나누기

장기 : 아들과의 관계를 객관적으로 바라볼 수 있는 지속적인 상담</td><td rowspan="3">당사자 : 아들과의 상황을 사례관리자와 공유

사례관리자 : 상황에 따른 다른 시선 전달/ 위기상황 발생 시 당사자 지지자원 확보</td><td>사례관리자
아들과의 관계의 큰 개선은 없음. 통합사례회의를 통하여 연계하여 아들에 대한 개입에 대한 방안제시가 있었으나, 당사자 의지가 커서 개입하지는 못하였으며 우선 당사자가 갈등을 완화하기 위하여 정기적 상담을 통하여 이전보다는 사안에 대해 객관적으로 바라볼 수 있는 다양한 관점전환이 있었다고 생각됨.</td><td colspan="2">□ 달성
□ 연장
☑ 재사정</td></tr>
<tr><td rowspan="2">당사자의 표현
이전보다 나아지기는 했죠. 아들도 나에게 뭐라고 하지 않고 종종 복지사 말 들으면서 그럴 수도 있을 것 같기도 하지만 답답한 건 사실입니다.</td><td colspan="2">욕구조사</td></tr>
<tr><td>사전
8</td><td>사후
5</td></tr>
<tr><td rowspan="3">7</td><td rowspan="3">사회적 관계
친인척 및 이웃 간, 소속된 집단 및 사회생활

밖에서 보기에는 괜찮지만 내 상황은 너무 힘들어요. 밖에 나가라고 말하지만 사실 쉽지 않아요.

대인기피가 있어 밖에서 누굴 만날까 봐 두려워 외부활동을 원치 않아요.</td><td rowspan="3">단기 : 외부활동에 기회를 마련 후 당사자 참여

장기 : 외부활동에 참여생각 변화</td><td rowspan="3">당사자 : 사례관리자가 제안한 외부활동에 대한 긍정적 인식 및 시도

사례관리자 : 외부활동에 대한 정보제공 및 참여 독려</td><td>사례관리자
외부활동에 대해 매우 거부적이였음. 단, 사례관리자와의 만남에 대해서는 허용적이였음. 아직까지 건강상의 어려움 호소로 동년배와의 만남 등에 대해서는 거부적임.</td><td colspan="2">□ 달성
☑ 연장
□ 재사정</td></tr>
<tr><td rowspan="2">당사자의 표현
내가 겉보기에 괜찮아 보여도 사실 여러 곳이 아파서 밖에 있는 것보다 집에 있는게 훨씬 낫습니다. 또 동네 사람 중에 ○○○를 만났지만 서로 기분만 안 좋아져서 누구를 다시 만나기는 싫습니다.</td><td colspan="2">욕구점수</td></tr>
<tr><td>사전
7</td><td>사후
5</td></tr>
</table>

<table>
<tr>
<td rowspan="4">6</td>
<td rowspan="4">일상생활 유지-의식주, 여가생활
도시락으로 아침, 점심 해결하고 저녁은 라면을 먹습니다. 음식을 할 줄 모르니까 이렇게 사는 겁니다.

집에서 컴퓨터로 유튜브 보고 영어공부하는 게 시간이 빨리 지나갑니다.</td>
<td rowspan="4">단기 : 노인식사배달 서비스 내 당사자 역할 담당

장기 : 가정 내 조리 가용능력 키우기</td>
<td rowspan="4">당사자 : 노인식사배달 설거지 잘 해 놓기
함께 만들 반찬 고민해 보기

사례관리자 : 가정 내 가능한 반찬 숙지하도록 지원</td>
<td rowspan="2">사례관리자
노인식사배달로 2끼를 해결할 수 있었음. 당사자도 만족스러워 하였으나 장기적 관점에서 직접 조리능력을 키워야 하므로 사례관리자와 사전준비를 함. 만들고 싶은 음식, 실제 조리 등 과정을 거쳐 이전보다 향상된 과정을 이행할 수 있었음.</td>
<td colspan="2">☑ 달성
☐ 연장
☐ 재사정</td>
</tr>
<tr><td colspan="2">욕구점수</td></tr>
<tr>
<td rowspan="2">당사자의 표현
복지관이 없었다면 내가 지금까지 어떻게 살고 있었을까요? 매일 감사하게 생각합니다. 혼자 만들어 볼 생각도 못했는데 복지사가 옆에 있어 내가 한결 나아요.</td>
<td>사전</td><td>사후</td>
</tr>
<tr><td>6</td><td>2</td></tr>
<tr>
<td rowspan="4">5</td>
<td rowspan="4">경제 – 기초생활해결
아들이 2,000만원 퇴직금이 있는데 매달 월세로 깎아 먹고 있으니, 걱정이 많고 나도 겨울철에는 관리비가 점점 미납되지만 아들에게 말할 수는 없어요.

차상위가 되어 의료만 지원되더라도 병원에 갈 텐데 현재는 돈도 없고 힘들어요.
일상생활 하는 데 돈이 많이 들죠.</td>
<td rowspan="4">단기 : 외부연계 자원 정보 찾아보고 과정 이행 (국가지원 – 차상위 선정) 물품지원 정보 연계

장기 : 기초생활보장 유지</td>
<td rowspan="4">당사자 : 동주민센터와의 자격요건 부합과정 확인

사례관리자 : 미선정 시 관련정보 파악하여 보완사항 혹은 다른 방법 모색

통합사례회의를 통하여 당사자 가정 내 개입방법을 모색한다.</td>
<td rowspan="2">사례관리자
계획한 병원비 지원은 당사자가 일시중단 외에 1년간 꾸준히 지원을 하였고 결연후원금, 물품나누기 시 우선순위로 염두하여 다양한 자원을 연계하였음. 복지관 지원은 적절하였으나 당사자의 체감도는 아들실직에 따른 심리적 위축감이 크며, 국가지원의 경우 아들의 비협조로 과정만 보고 이행되지는 못한 상황임.</td>
<td colspan="2">☐ 달성
☐ 연장
☑ 재사정</td>
</tr>
<tr><td colspan="2">욕구점수</td></tr>
<tr>
<td rowspan="2">당사자의 표현
복지관 도움이 많았지만 내가 살기에는 많은 돈이 듭니다. 아들도 여전히 상황은 같고 내가 불안한 마음이 가라앉지 않아요.</td>
<td>사전</td><td>사후</td>
</tr>
<tr><td>5</td><td>4</td></tr>
</table>

(3) 재사정

<table>
<tr><td>① 재사정 유형</td><td>☐ 새로운 욕구 발생
☐ 긴급한 상황 발생
☑ 정기 점검
☐ 기타 (   )</td><td>② 재사정 요인</td><td>☐ 당사자에 의한 요인
☑ 기관과 사회복지사에 의한 요인
☐ 자원과 환경에 의한 요인</td></tr>
<tr><td>③ 당사자 욕구</td><td colspan="3">– 개인력/ 가족력 : 당사자는 열심히 직장생활을 하여 단란하게 지냈으나 IMF의 여파로 퇴직하고 자영업으로 망하고 사기 등의 사건으로 경제적 상황이 급격하게 나빠진 상태임. 당사자 아들의 실직으로 인하여 불안감으로 자살생각에 대한 부분은 많아 정신건강복지센터 연계, 복지관 의료비 지원 등으로 자살생각에 대해 완화되었음. 여전히 당사자 아들은 여전히 실직상태이며, 노무사 준비하였는데 1차 시험을 통과하였다고 함. 그러나 당사자는 아들이 나이가 있어 자격증을 따더라도 구직활동이 가능할지 염려가 된다고 함.
– 경제상황 : 작년 12월경 당사자 아들이 소유한 차량을 처분하면서 차상위 신청이 가능함을 안내받아 동주민센터에 방문하여 의뢰를 한 상황이며, 약 2~3달정도 소요된다고 함. 노령연금 22만원, 국민연금 40만원 총 62만원으로 생활하고 있으며, 아파트 관리비를 당사자가 납부하고 있으나 겨울철에는 계속 미납상황이라고 함. 고혈압 약도 약값, 병원비가 많아 예전에 아들이 제약회사에 다녔을 때 주었던 고혈압 약을 복용하고 있으며, 병원비에 대한 부담으로 타 진료를 거부하였음.</td></tr>
<tr><td>④ 서비스 문제점</td><td colspan="3">당사자의 경우 경제적 어려움으로 자살생각, 우울감이 높아 대체로 병원지원 및 경제적 어려움을 완화하고자 개입하였으나 사례회의 시 당사자의 의지보다는 복지관에 도움을 요청하는 의존적 모습이 많이 보여 이에 대한 개입이 필요하다는 의견이 나왔음.
당사자의 문제보다 의료분쟁위원회에 당사자가 정보를 찾아 문제를 해결하려는 모습처럼 당사자의 의지를 이끌 수 있는 영역을 확인하여 접근한다면 당사자의 의존성을 변경할 수 있으리라 생각됨.</td></tr>
<tr><td>⑤ 향후계획 사회복지사 의견</td><td colspan="3">당사자의 경우 집중사례관리 당사자로서 사례개입으로 점차 완화되고 있으나 외부활동을 거부하는 자살, 우울 고위험군이라 사례종결이 쉽지 않은 당사자임. 매번 강점에 대한 접근보다 문제해결에 집중되어 사례관리를 진행하였는데 올해는 집중사례개입의 경우 당사자 문제보다 강점을 활용하여 당사자의 일상생활 유지에 대한 영역을 키워 접근하고자 함.</td></tr>
<tr><td>⑥ 결과</td><td colspan="3">☐ 유지   ☐ 사례회의   ☑ 서비스 재계획   ☐ 타 기관 의뢰   ☐ 종결</td></tr>
<tr><td colspan="4">양식 안내</td></tr>
<tr><td colspan="4">① 재사정 유형 : 해당되는 항목에 ☑ 표시로 기록한다.
② 재사정 요인 : 해당되는 항목에 ☑ 표시로 기록한다.
③ 당사자 욕구 : 재사정을 통하여 당사자 상황을 점검하여 항목별 기재한다.
④ 서비스 문제점 : 목표점검에 따라 각 서비스에 대한 문제점에 대해 기록한다.
⑤ 향후계획, 사회복지사 의견 : 재사정을 통하여 전반적인 평가에 대해 사례관리자가 평가를 기록한다.
⑥ 결과 : 점검결과에 따라 '유지, 사례회의, 서비스재계획, 타기관 의뢰, 종결' 중 해당하는 것에 ☑ 표시한다.</td></tr>
</table>

재사정 기록지

<table>
<tr><td>작성일</td><td colspan="4">20○○. ○. ○○.</td><td>거주 지역</td><td colspan="2">창○동</td></tr>
<tr><td>상담일</td><td colspan="4">20○○. ○. ○○. (접수일 : 20○○. ○. ○○)</td><td>상담자</td><td colspan="2">○○○사회복지사</td></tr>
<tr><td>성 명</td><td colspan="4">박재성</td><td>생년월일</td><td colspan="2">000000-1</td></tr>
<tr><td rowspan="2">주 소</td><td colspan="4" rowspan="2">서울시 도봉구 ○○로 ○○길 ○○</td><td rowspan="2">연락처</td><td colspan="2">00-000-0000</td></tr>
<tr><td colspan="2">보호자 : 010-0000-0000</td></tr>
<tr><td rowspan="3">가족 및 동거인</td><td>관계</td><td>성명(가명)</td><td>연령</td><td>성별</td><td>학력</td><td>직업</td><td>비고</td></tr>
<tr><td>본인</td><td>박재성</td><td>70</td><td>남자</td><td>초졸</td><td>–</td><td></td></tr>
<tr><td>아들</td><td>박진철</td><td>38</td><td>남자</td><td>대졸</td><td>–</td><td>실직</td></tr>
<tr><td>가구유형</td><td colspan="7">☐ 독거노인가구 ☐ 청장년1인가구 ☐ 한부모가구 ☐ 조손가구
☐ 노인부부가구 ☐ 부부중심가구 ☐ 장애인가구 ☐ 다문화가구
☑ 기타 (아들과 거주)</td></tr>
<tr><td rowspan="4">생활실태</td><td>주 거</td><td colspan="6">☐ 자가 ☐ 전세(만원) ☑ 월세(1천만원/ 월 45만원) ☐ 임대주택 ☐ 기타</td></tr>
<tr><td>보호구분</td><td colspan="6">☐ 수급권(생계/ 주거/ 교육/ 의료) ☐ 차상위( ) ☑ 저소득( ) ☐ 기타( )</td></tr>
<tr><td>주요소득</td><td colspan="6">☑ 공적부조(노령연금) ☐ 근로소득( ) ☐ 가족부조( ) ☑ 기타(국민연금)</td></tr>
<tr><td>경제상황</td><td colspan="3">수입 (62만원) 지출 (62만원)
*주 지출내역</td><td colspan="3">부채 : ☐ 유 (만원)
☑ 무
※ 출처 :</td></tr>
<tr><td rowspan="2">건강상태</td><td>보유질병</td><td colspan="6">고혈압, 신장질환, 전립선</td></tr>
<tr><td>장애명</td><td colspan="2"></td><td>장애등급</td><td colspan="3"></td></tr>
<tr><td colspan="2">자원현황</td><td colspan="6">■ 공식적 체계 :
■ 비공식적 체계 :</td></tr>
<tr><td>재사정 유형</td><td colspan="3">☐ 새로운 욕구 발생
☐ 긴급한 상황 발생
☑ 정기 점검
☐ 기타 ( )</td><td>재사정 요인</td><td colspan="3">☐ 당사자에 의한 요인
☑ 기관과 사회복지사에 의한 요인
☐ 자원과 환경에 의한 요인</td></tr>
<tr><td>당사자 욕구</td><td colspan="7">– 개인력/ 가족력 : 당사자는 열심히 직장생활을 하여 단란하게 지냈으나 IMF의 여파로 퇴직하고 자영업으로 망하고 사기 등의 사건으로 경제적 상황이 급격하게 나빠진 상태임. 당사자 아들의 실직으로 인하여 불안감으로 자살생각에 대한 부분은 많아 정신건강복지센터 연계, 복지관 의료비 지원 등으로 자살생각에 대해 완화되었음. 여전히 당사자 아들은 여전히 실직상태이며, 노무사 준비하였는데 1차 시험을 통과하였다고 함. 그러나 당사자는 아들이 나이가 있어 자격증을 따더라도 구직활동이 가능할지 염려가 된다고 함.</td></tr>
</table>

	- **경제상황** : 작년 12월경 당사자 아들이 소유한 차량을 처분하면서 차상위 신청이 가능함을 안내받아 동주민센터에 방문하여 의뢰를 한 상황이며, 약 2~3달 정도 소요된다고 함. 노령연금 22만원, 국민연금 40만원 총 62만원으로 생활하고 있으며, 아파트 관리비를 당사자가 납부하고 있으나 겨울철에는 계속 미납상황이라고 함. 고혈압 약도 약값, 병원비가 많아 예전에 아들이 제약회사에 다녔을 때 주었던 고혈압 약을 복용하고 있으며, 병원비에 대한 부담으로 타 진료를 거부하였음. - **건강상황** : 당사자는 복지관 도움으로 정신건강의학과 진료를 통하여 이전 뒷목이 뻐근하였던 증상이 호전되어 복지관에 고마움을 표현하였음. 3년 전 전립선 수술로 인하여 일상생활에 어려움을 호소하고 있고 당사자는 수술이 잘못되어 본인이 어려움을 겪는 것으로 인지하여 의료사고분쟁위원회에 제소한 상황으로 병원에 가서 본인상황을 이야기할 예정이라고 함. - **사회심리적상황** : 대부분의 시간을 본인의 집에서 생활하고 있음. 컴퓨터 활용으로 유튜브, 영어공부로 시간을 떼운다고 함. 외부활동의 경우 사회복지사와 라포형성이 되어 자주 당사자를 외부활동을 유도하기 위하여 복지관 방문까지는 허용한 상황임. 타인과의 교류에 대해 대인기피가 있어 어려움을 호소하고 담당자의 교류에 대해서 우호적인 상황임. 수면상황은 새벽 2~4시에 잠이 들고 8~9시에 일어나서 복지관 도시락을 먹고 다시 잠을 자서 오후 3시에 일어나게 되는데 이때 본인의 컨디션이 좋다고 함. 당사자 아들의 경우 본인이 필요한 말만 하는 편임. 당사자도 말을 붙이고 싶으나 아들이 여전히 당사자에 대해 부정적인 마음이 커서 문제가 발생할 듯 싶어 본인이 말을 거의 하지 않는다고 함. - **원하는 욕구** : 종종 깜빡해서 라면 냄비를 태우는 경우도 있어 가스타이머가 필요함. 또한 안경이 필요하나, 경제적 어려움으로 맞추지 못하고 있음. 양쪽 시력이 달라 가능하다면 지원을 요청한 상황임
서비스 문제점	당사자의 경우 경제적 어려움으로 자살생각, 우울감이 높아 대체로 병원지원 및 경제적 어려움을 완화하고자 개입하였으나 사례회의 시 당사자의 의지보다는 복지관에 도움을 요청하는 의존적 모습이 많이 보여 이에 대한 개입이 필요하다는 의견이 나왔음. 당사자의 문제보다 의료분쟁위원회에 당사자가 정보를 찾아 문제를 해결하려는 모습처럼 당사자의 의지를 이끌 수 있는 영역을 확인하여 접근한다면 당사자의 의존성을 변경할 수 있으리라 생각됨.
향후계획 사회복지사 의견	당사자의 경우 집중사례관리 당사자로서 사례개입으로 점차 완화되고 있으나 외부활동을 거부하는 자살, 우울 고위험군이라 사례종결이 쉽지 않은 당사자임. 매번 강점에 대한 접근보다 문제해결에 집중되어 사례관리를 진행하였는데 올해는 집중사례개입의 경우 당사자 문제보다 강점을 활용하여 당사자의 일상생활 유지에 대한 영역을 키워 접근하고자 함.
결 과	☐ 유지 ☐ 사례회의 ☑ 서비스 재계획 ☐ 타 기관 의뢰 ☐ 종결

실습해 보기 3 [사례회의 안건상정] 제공된 자료를 보고 사례보고서를 작성(소요시간 2시간)

1. 목적 : 집중사례당사자의 경우 사례회의 시 담당사례를 사례보고서를 작성하여 당사자에 대해 전반적 파악을 해볼 수 있는 기회를 제공할 수 있다.

2. 진행방법

① 3~5명의 학생들이 한 조를 이룬다.
② 제공된 인테이크, 사정기록지, 서비스제공계획서를 보고 사례보고서를 작성한다.
③ 사례보고서 내 주요욕구 및 진행과정을 조원들과 토의과정을 거쳐 하나의 방향으로 설정해 본다.
④ 사례보고서를 작성한 후 제출한다.
⑤ 부록에 있는 [사례보고서] 양식에 활용한다.

5. 평 가

1) 개요

당사자와 합의한 목표 변화가 어느 정도 달성되었는지 파악하고 그 결과에 따라 종결 여부를 결정하는 과정이다.

2) 실천과업

(1) 평가근거 확보

■ **실천과정 중 다양한 자료 축적하기**

글이나 통계수치로 클라이언트 변화를 모두 평가하는 데에는 한계가 있기 마련이다. 때로는 클라이언트의 편지나 그림, 수리 전후 달라진 집의 모습을 담은 사진 한 장, 이웃의 반응, 아이들이 갖게 된 꿈 등이 평가의 자료로 더욱 효과적일 수도 있다.

평가 시 다양한 자료를 활용하는 것은 사례관리자는 물론 클라이언트 자신도 변화모습을 더욱 생생하게 확인하고 스스로의 노력에 대해 의미를 가질 수 있다는 점에서 중요하다. 최근에는 짧은 동영상도 좋은 평가자료로 활용된다.

(2) 평가

① 클라이언트 평가에 초점 맞추기

간혹 실천결과에 대한 사례관리자와 클라이언트의 평가가 일치하지 않는 경우가 발생하기도 한다. 변화목표 달성 수준, 충분성, 내용, 결과 등에 대한 사례관리자와 클라이언트의 이해가 다를 경우 서로의 평가에 차이가 있을 수 있다. 이때 사례관리자는 클라이언트가 기대했던 변화목표에 대해 다시 한 번 명확히 확인하고, 현재의 상황이 변화목표에 얼마나 가까이 있는지 검토한다.

클라이언트 평가가 부정적일 경우, 이후 좀 더 노력해야 할 것에 대해 다시 계획할 수 있다. 또는 함께 합의했던 변화목표에 도달했다 하더라도 새로운 어려움에 직면하게 되면 부정적인 평가를 할 수도 있으므로, 클라이언트의 상황 변화를 탐색하고 필요하다면 재사정을 통해 새로운 목표를 합의한다.

② 평가영역

사례관리에서 평가영역은 대체로 실천체계(활용한 서비스와 자원 특성, 사례관리자 역량 등) 중심의 '구조적 영역', 사례관리 실천방법 중심의 '과정영역', 클라이언트의 심리사회적 기능과 삶의 질, 비용효과 등을 중심으로 하는 '결과영역'으로 구분할 수 있다.

③ 평가방법 유연하게 적용하기

사례관리는 결과보다는 과정, 클라이언트의 문제해결 그 자체보다는 문제해결 역량강화를 강조한다. 때문에 평가의 초점이 변화결과 또는 제공된 서비스와 자원의 양을 기준으로 하는 단편적인 평가는 과정을 통하여 문제해결 역량이 강화되었는지를 확인하는 데에 한계를 갖는다. 이러한 한계로 인해 많은 사례관리자들이 질적 자료를 사용한 평가를 더 선호한다.

중요한 것은 평가하려는 변화목표의 특성과 내용이 무엇인지 확인하고, 이를 더욱 잘 평가할 수 있는 방법, 도구를 선택적으로 활용하는 사례관리자의 유연한 태도이다.

3) 진행과정

평가계획 논의 ➡ 평가자료 준비 ➡ 사례관리 평가진행 ➡ 당사자 만족도조사

4) 기록 관리 : 사례관리평가서

사례관리 평가서

	① 합의된 목표	② 서비스 종류	③ 제공횟수	④ 평가
제공된 서비스	단기 : 정신건강복지센터 연계 상담받기 장기 : 병원통원 치료로 우울, 자살 생각 감소	타 기관 연계 (ㅇㅇ정신건강복지센터)	5회	자살생각이 높아 바로 정신건강복지센터 위기상담을 개입하여 정신건강의학과 의사의 평가에 따라 정신의학과 치료 권고/ 관련하여 주기적 상황 논의
		정신건강의학과 치료	10회	자원연계 시급성이 있어 기관 내 사례회의를 통하여 지원을 결정하여 정신건강복지센터에서 연계한 병원에 1년간 병원비를 지원하였음. 당사자의 경우 본인이 그동안 많이 힘들었던 부분에 정신의학과 부분은 고려하지 않았는데 연계하여 원인도 알게 되고 약 복용 후 신체증상도 완화되었다고 판단함. 정신건강의학과 의사와 상담을 통해 파악한 부분은 당사자의 경우 약 복용량이 높지 않음에도 상황에 대한 호전을 인식하는 부분은 당사자의 심리적 요인 큰 것으로 나타났음.
		방문간호서비스	2회	주민센터를 통하여 방문간호서비스를 받게 되었고 고혈압에 대한 위험성을 인식하여 병원에서 약 처방 지원
양식 안내				
① 합의된 목표 : 서비스계획서 작성한 영역별 단기, 장기목표를 기재한다. ② 서비스 종류 : 서비스제공자를 통하여 제공된 서비스 현황을 간략하게 기록한다. (외부기관명도 기재함) ③ 제공횟수 : 관련서비스를 제공한 횟수를 기록한다. ④ 평가 : 합의된 목표를 달성하는 데 적절한 서비스였으며, 양적으로도 충분하였는지 등에 대한 평가한 내용을 기록한다.				

⑤ 생태도 개입 전후 비교	개입 전	개입 후
	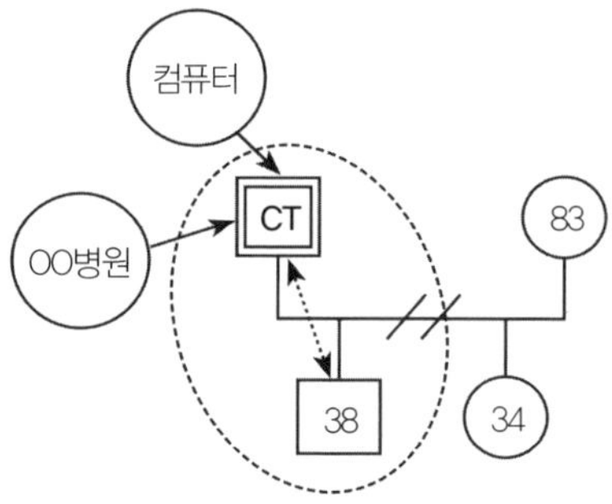	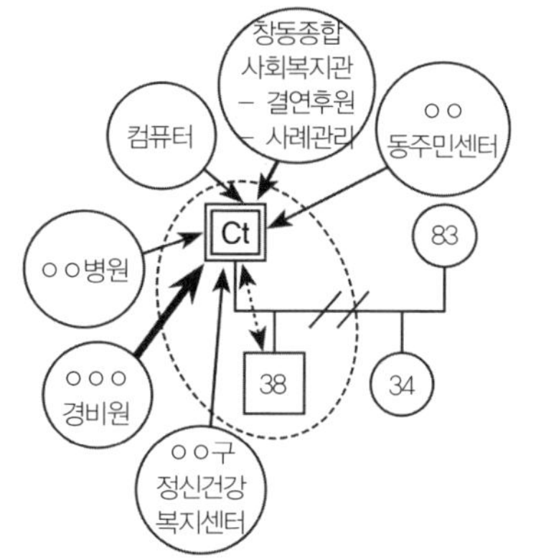

구분	종합의견	⑨ 결과
⑥ 당사자의 변화	건강의 어려움, 아들의 실직 등 우울, 자살생각이 매우 높아 위기상황이였으나 사례개입 중 의료적 개입으로 일상생활 호전에 기여했다고 생각됨.	종결 ☐ 사례회의 ☐ 서비스 재계획 ☑ 타기관 의뢰 ☐ 유지 ☐
⑦ 환경변화	공동사례관리 차원의 개입으로 인하여 다양한 모니터링이 가능하였음. 지원체계를 이웃들과 함께 할 수 있는 계기를 마련할 필요가 높음	
⑧ 사례관리자 의견	사례관리자와의 라포에 따른 다양한 시도(정신건강복지센터 연계, 외부활동 추진)으로 일정목표를 달성하였으나 외부인에 대한 거부적 태도를 개선하기 위해서 지역사회 자원연계활동에 참여하도록 목표 설정 후 당분간 사례관리를 진행할 필요가 높다고 생각됨.	

양식 안내

⑤ 생태도 개입 전후 비교 : 사례관리 전후의 변화를 그림으로 제시함으로써 사례관리 과정에서 얻게 된 성과를 확인한다. 가족구성원 간의 관계변화, 사회적 지원망의 변화 등에 대해 구체적으로 확인할 수 있으므로 사례관리자는 물론 클라이언트에게도 스스로 평가할 수 있는 기회를 제공한다.

⑥ 당사자의 변화 : 사례관리를 통하여 당사자 위주의 변화사항을 기록한다.

⑦ 환경변화 : 사례관리 과정을 통하여 당사자 환경체계 변화사항을 기재한다.

⑧ 사례관리자 의견 : 전체적인 평가결과를 당사자와 공유하고 이후 사례관리 과정에 대해 합의하여 기록하고, 그 이유에 대해 기록한다.

⑨ 결과 : 사례관리 평가를 통하여 본 사례의 향후 개입방향을 기록한다.

※ 사례관리 당사자 만족도조사

항 목	전혀 아니다	아니다	보통 이다	그렇다	매우 그렇다
1) 사례관리 진행과정 중 사례관리자와의 만났던 시간, 횟수 등에 대해 만족한다.	①	②	③	④	⑤
2) 사례관리를 진행하는 모든 과정에 대해 사례관리자는 자세히 안내하였다.	①	②	③	④	⑤
3) 사례관리에 참여하는 데 나의 의견이 반영되었고 주체적으로 참여할 수 있었다.	①	②	③	④	⑤
4) 사례관리자의 전문성은 나의 어려운 상황 해결에 도움을 주고 있어 신뢰할 수 있다.	①	②	③	④	⑤
5) 연계된 자원이나 제공된 서비스에 대해 만족한다.	①	②	③	④	⑤
6) 사례관리를 통해서 내가 원하는 바람대로 결과를 얻을 수 있었다.	①	②	③	④	⑤
7) 사례관리가 종결되더라도 변화된 상황을 잘 유지할 수 있는 자신감이 생겼다.	①	②	③	④	⑤
양식 안내					
본 당사자 만족도조사는 사례관리자 이외의 대상이 당사자와 만족도조사를 진행한다. 사례관리 전반에 대한 당사자의의 만족 정도를 척도질문을 사용하여 당사자에게 질문할 수도 있다.					

사례관리 평가서

작성일	20○○. ○. ○○.	거주 지역	창○동
당사자명	박재성	사례관리자	○○○사회복지사
작성일자	20○○. ○. ○○.	유 형	☐ 신규 ☑ 재사정

	합의된 목표	서비스 종류	제공횟수	평 가
제공된 서비스	단기 : 정신건강복지센터 연계 상담받기 장기 : 병원통원치료로 우울, 자살 생각 감소	타 기관 연계 (○○정신건강복지센터)	5회	자살생각이 높아 바로 정신건강복지센터 위기상담을 개입하여 정신건강의학과 의사의 평가에 따라 정신의학과 치료 권고/관련하여 주기적 상황 논의

		정신건강의학과 치료	10회	자원연계 시급성이 있어 기관 내 사례회의를 통하여 지원을 결정하여 정신건강복지센터에서 연계한 병원에 1년간 병원비를 지원하였음. 당사자의 경우 본인이 그동안 많이 힘들었던 부분에 정신의학과 부분은 고려하지 않았는데 연계하여 원인도 알게 되고 약 복용 후 신체증상도 완화되었다고 판단함. 정신건강의학과 의사와 상담을 통해 파악한 부분은 당사자의 경우 약 복용량이 높지 않음에도 상황에 대한 호전을 인식하는 부분은 당사자의 심리적 요인 큰 것으로 나타났음.
		방문간호 서비스	2회	주민센터를 통하여 방문간호서비스를 받게 되었고 고혈압에 대한 위험성을 인식하여 병원에서 약 처방 지원
	단기 : 아들과의 관계 상황 이야기 나누기 장기 : 아들과의 관계를 객관적으로 바라볼 수 있는 지속적인 상담	정기적 상담	45회	아들에 대해 지속적인 모니터링으로 문제해결보다는 당사자 역시 현 상황에 적응하여 이전보다 마음이 가라앉은 듯 보였음.
	단기 : 외부활동에 기회를 마련 후 당사자 참여 장기 : 외부활동에 참여 생각 변화			방문 및 전화를 통하여 모니터링을 실시하였고 어려움에 대해 들어드리면서 정서적인 체계를 마련하였음. 또한 자살예방사업 관련하여 소개하고 또한 외부만남을 통하여 어르신께 외부활동을 유도하도록 노력하였음. 거의 대부분의 시간을 혼자 지내다 보니, 대화할 상대가 필요하고 사례관리자의 상담에 대해 매우 호의적이고 상황에 따라 당사자에서 연락이 오기도 하였음.
		외부활동	4회	동년배와의 만남은 꺼리고 담당 사례관리자와의 만남만 응하였음. 상담 시 외부에서 만나기를 유도하거나 당사자와 공원산책 등 외부활동에 대한 긍정적 인식을 가질 수 있도록 진행하였음.
	단기 : 노인식사배달 서비스 내 당사자 역할 담당	노인식사배달	365회	건강 및 식사준비의 어려움을 호소하여 중식도시락을 매일 지원하여 안정적인 식사에 도움을 주었음. 조리능력이 없어 중식도시락을 2번에 나누어 드시고, 저녁은 라면으로 끼니를 여전히 유지하고 있음.

<table>
<tr><td rowspan="4"></td><td>장기 : 가정 내 조리 가용능력 키우기</td><td>음식조리</td><td>6회</td><td>당사자도 조리능력이 필요하다고 인식하나 실제 도움을 받을 곳이 없는 상황이였음. 평소에 먹고 싶었던 음식을 찾아보고 가용이 가능한 음식을 함께 제작해 보면서 가정 내 가능한 음식 위주로 연습의 과정을 거쳤음. 더불어 조리한 음식을 집에서 활용할 수 있어 만족도가 높았음.</td></tr>
<tr><td rowspan="3">단기 : 외부연계 자원 정보 찾아보고 과정 이행(국가지원 - 차상위 선정)
물품지원 정보연계
장기 : 기초생활보장 유지</td><td>타 기관연계
(동주민센터)</td><td>5회</td><td>통합사례회의에 안건으로 올려 3개 기관이 개입한 상황을 공유하고 각 기관마다 지원되는 상황에 공유하여 다각적 개입이 이뤄졌음</td></tr>
<tr><td>결연후원금
지원</td><td>11회</td><td>소액의 금액이나 당사자에게 필요한 부분이고, 경제적 어려움에 도움이 되었다고 당사자도 평가하고 있음. 당사자의 삶에 큰 변화보다는 도움을 주는 선으로 생각됨.</td></tr>
<tr><td>물품후원</td><td>5회</td><td>다양한 물품 지원 시 우선순위로 지원을 많아 하였으며, 그에 따라 시기적절하게 도움을 드렸음. 그러나 아들 실직에 따른 어려움으로 문제해결 기여보다 보완적 차원의 개입이였음.</td></tr>
<tr><td rowspan="2">생태도
개입
전후
비교</td><td colspan="2">개입 전</td><td colspan="2">개입 후</td></tr>
<tr><td colspan="2">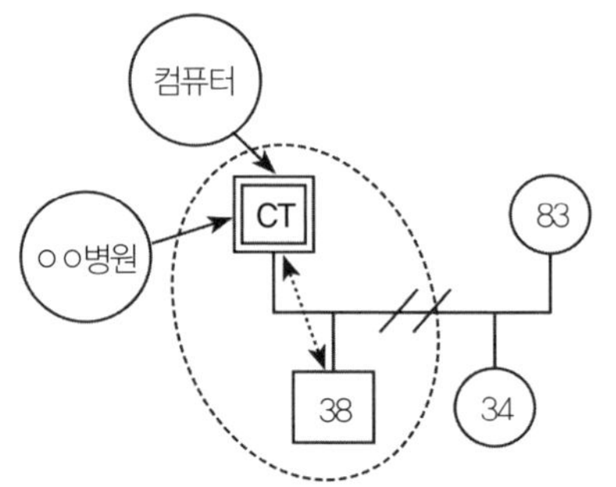
</td><td colspan="2">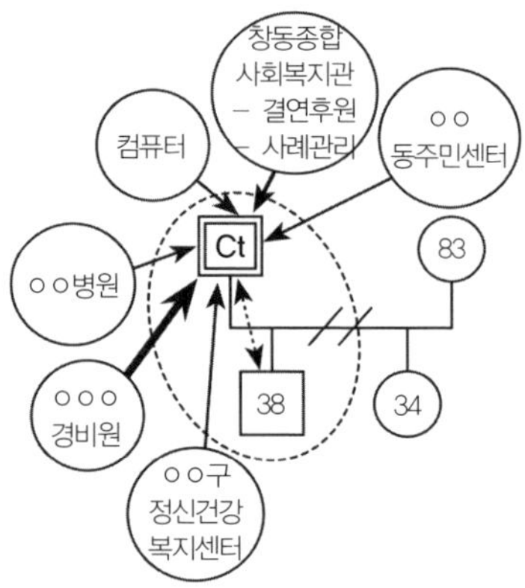
</td></tr>
</table>

<table>
<tr><th>구 분</th><th>종합의견</th><th>결 과</th></tr>
<tr><td>당사자의 변화</td><td>건강의 어려움, 아들의 실직 등 우울, 자살생각이 매우 높아 위기상황이였으나 사례개입 중 의료적 개입으로 일상생활 호전에 기여했다고 생각됨.</td><td rowspan="3">종결 □
사례회의 □
서비스 재계획 ☑
타기관 의뢰 □
유지 □</td></tr>
<tr><td>환경변화</td><td>공동사례관리 차원의 개입으로 인하여 다양한 모니터링이 가능하였음. 지원체계를 이웃들과 함께 할 수 있는 계기를 마련할 필요가 높음</td></tr>
<tr><td>사례관리자 의견</td><td>사례관리자와의 라포에 따른 다양한 시도(정신건강복지센터 연계, 외부활동 추진)으로 일정목표를 달성하였으나 외부인에 대한 거부적 태도를 개선하기 위해서 지역사회 자원연계활동에 참여하도록 목표설정 후 당분간 사례관리를 진행할 필요가 높다고 생각됨.</td></tr>
</table>

※ 사례관리 당사자 만족도조사

항 목	전혀 아니다	아니다	보통 이다	그렇다	매우 그렇다
1) 사례관리 진행과정 중 사례관리자와의 만났던 시간, 횟수 등에 대해 만족한다.	①	②	③	④	⑤
2) 사례관리를 진행하는 모든 과정에 대해 사례관리자는 자세히 안내하였다.	①	②	③	④	⑤
3) 사례관리에 참여하는 데 나의 의견이 반영되었고 주체적으로 참여할 수 있었다.	①	②	③	④	⑤
4) 사례관리자의 전문성은 나의 어려운 상황 해결에 도움을 주고 있어 신뢰할 수 있다.	①	②	③	④	⑤
5) 연계된 자원이나 제공된 서비스에 대해 만족한다.	①	②	③	④	⑤
6) 사례관리를 통해서 내가 원하는 바람대로 결과를 얻을 수 있었다.	①	②	③	④	⑤
7) 사례관리가 종결되더라도 변화된 상황을 잘 유지할 수 있는 자신감이 생겼다.	①	②	③	④	⑤

6. 종 결

1) 개요

당사자의 변화목표를 달성하기 위한 사례관리자와 당사자 간 협력활동을 종료하는 과정이다. 종결은 변화 목표가 달성되었을 때만 이루어지는 것이 아니며, 목표를 향해 나아가는 과정 중에서 당사자의 상황, 복지관 상황 등 다양한 이유로 종결할 수 있으며, 종결은 당사자와의 합의를 통해 이루어진다.

2) 실천과업

(1) 종결 합의

■ 종결하는 경우

우선 목표를 달성하지 못하고 아직 서비스를 더 이용할 수 있지만 클라이언트가 스스로 해결해 보겠다는 의지를 갖고 종결을 요청할 수 있다. 이런 경우는 목표 달성으로 종결하는 경우보다 더 많은 의미를 갖는 종결이라고 할 수 있다.

또한 이사, 퇴소 등과 같이 클라이언트가 통제할 수 없는 상황으로 종결할 수 있는데, 이때 사례관리자는 클라이언트가 가질 수 있는 종결에 대한 정서적 어려움을 충분히 공감해 주고 클라이언트가 이용 가능한 기관으로 사례를 이관한다.

때로는 클라이언트가 일방적으로 종결을 통보할 때가 있는데, 이 또한 클라이언트가 사례관리자에게 전하고 싶은 메시지가 있음을 의미하므로, 사례관리자는 클라이언트가 종결하고자 하는 이유를 질문한다. 만약 사례관리자나 복지관에 대한 불만이 이유라면 어떻게 다르게 일하는 것이 좋을지 물으면서 도움을 요청한다.

(2) 성과 확인

① 실천과정 되돌아보기

종결단계를 시작하게 되면 사례관리자는 클라이언트와 함께 가장 먼저 지금까지 달성한 성과를 확인하고 그러한 변화과정 전반을 되짚어 본다. 이러한 과정은 클라이언트가 자신이 수행한 문제해결 방법을 다시금 기억하고 정리함으로써 미래에 닥칠 수 있는 새로운 문제에 대한 대처전략을 수립할 수 있도록 돕기 때문이다.

② 변화성과의 공을 클라이언트에게 돌리기

실천과정을 살펴보면서 사례관리자는 '그때 어떻게 그렇게 할 수 있었는가?', '어떤 방법이 도움이 되었는가?', '그 결과 어떤 변화가 뒤따랐는가?' 등의 질문함으로써 클라이언트 변화노력의 결과를 확인하고 의미를 부여한다. 변화성과가 결국은 클라이언트 자신의 노력의 결과임을 인정하고 이를 통해 역량감을 다시금 강화하는 계기를 제공한다는 점에서 중요한 과정이다.

3) 진행과정

종결 고지	→	감정 다루기	→	종결 합의	→	종결보고서 작성

4) 기록 관리 : 사례관리 종결보고서

사례관리 종결보고서

작성일	20○○. ○. ○○.	거주지역	창○동
당사자	박재성	생년월일	20○○. ○. ○○.
주 소	서울시 도봉구 ○길 ○○	전화번호	02-000-0000
등록일	20○○. ○. ○○.	종결일	20○○. ○. ○○.
① 서비스 제공현황	1) 사례관리		
② 종결유형	□ 목표달성(당사자-사례관리자 합의) ☑ 목표달성 중(당사자-사례관리자 합의) □ 다른 지역 이주 □ 서비스 거절이나 포기 □ 내담자 사망 □ 연락두절 □ 불성실한 참여 □ 제공자 사업종료 □ 서비스 자격변동(타 기관 의뢰 : / 의뢰일 :) □ 기타( )		

<table>
<tr><td rowspan="2">당사자 변화사항</td><td>③ 초기사항</td><td colspan="2">④ 종결상황</td></tr>
<tr><td>우울감, 자살생각이 높아 자살고위험군 당사자였음. 부양의무자가 있으나 실질적 도움이 주지 못하여 홀몸어르신임. 국가지원의 부재로 경제적 어려움 호소</td><td colspan="2">지역사회 병원연계로 지속적인 의료적 개입으로 자살생각 감소 및 모니터링 가능. 아들실직에 대한 상황 반영하여 차상위로 선정되어 의료적 개입 원활함.</td></tr>
<tr><td>⑤ 사회복지사 의견</td><td colspan="3">초기 당사자의 자살생각이 높아 긴급한 의료적 개입이 필요한 사례였으나 지역사회 내 유관기관과의 공동사례관리를 통하여 상황을 완화시킬 수 있어 긍정적이였으며 당사자도 사례관리 과정 내 당사자의 의지를 발현하여 노력하여 사례목표를 일정부분 완화되어 당사자와의 합의를 거쳐 종결하고자 함.</td></tr>
<tr><td colspan="4">양식 안내</td></tr>
<tr><td colspan="4">① 서비스 제공현황 : 종결시 제공된 관련 서비스를 기재한다.
② 종결유형 : 종결하게 된 사유에 해당되는 항목에 ☑ 표시를 한다.
③ 당사자의 변화사항 초기사항 : 사례관리 개입 전 당사자의 상황을 기재한다.
④ 당사자의 변화사항 종결사항 : 사례관리 개입 후 당사자의 상황을 기재한다.
⑤ 사회복지사 의견 : 사례관리를 진행하는 동안 확인한 클라이언트와 가족의 변화와 사례관리 진행과정 전반에 대한 사례관리자의 의견을 각각 기록한다.</td></tr>
<tr><td>⑥ 사후관리 계획</td><td colspan="3">사례관리목표에 대해 일정부분 달성되어 사례관리당사자에서 서비스제공 당사자로 변경하여 개입하려 함. 분기별 1회 모니터링으로 당사자 사례 개입하고자 함.</td></tr>
<tr><td colspan="3">상기 사유로 인하여 사례관리를 종결합니다.</td><td>사례관리자 : ○○○ ⑦ (인)</td></tr>
<tr><td colspan="3">위 사유로 인하여 사례관리를 종결하고 이에 동의합니다.</td><td>당사자 : ○○○ (인)</td></tr>
<tr><td colspan="4">양식 안내</td></tr>
<tr><td colspan="4">⑥ 사후관리 계획 : 종결 후 당사자를 어떻게 사후관리할 것인지 계획하고 당사자의 동의를 얻은 후 기록한다. 타 기관/ 부서 의뢰할 경우 의뢰이유, 내용, 방법, 해당 기관/ 부서명, 담당자명 등을 상세하게 기록한다.
⑦ (인) : 종결보고서 작성 후 당사자와 종결 및 사후관리에 대해 고지하고 관련하여 서명을 받는다.</td></tr>
</table>

사례관리 종결보고서

<table>
<tr><td>작성일</td><td>20○○. ○. ○○.</td><td>거주지역</td><td>창○동</td></tr>
<tr><td>당사자</td><td>박재성</td><td>생년월일</td><td>20○○. ○. ○○.</td></tr>
<tr><td>주 소</td><td>서울시 도봉구 ○○길 ○○</td><td>전화번호</td><td>02-000-0000</td></tr>
<tr><td>등록일</td><td>20○○. ○. ○○.</td><td>종결일</td><td>20○○. ○. ○○.</td></tr>
<tr><td>서비스
제공현황</td><td colspan="3">1) 사례관리</td></tr>
<tr><td>종결유형</td><td colspan="3">☐ 목표달성(당사자-사례관리자 합의)
☑ 목표달성 중(당사자-사례관리자 합의)
☐ 다른 지역 이주 ☐ 서비스 거절이나 포기
☐ 내담자 사망 ☐ 연락두절
☐ 불성실한 참여 ☐ 제공자 사업종료
☐ 서비스 자격변동(타 기관 의뢰 : / 의뢰일 :)
☐ 기타( )</td></tr>
<tr><td rowspan="2">당사자
변화사항</td><td>초기사항</td><td colspan="2">종결상황</td></tr>
<tr><td>우울감, 자살생각이 높아 자살고위험군 당사자였음. 부양의무자가 있으나 실질적 도움이 주지 못하여 홀몸어르신임.
국가지원의 부재로 경제적 어려움 호소</td><td colspan="2">지역사회 병원연계로 지속적인 의료적 개입으로 자살생각 감소 및 모니터링 가능
아들실직에 대한 상황 반영하여 차상위로 선정되어 의료적 개입 원활함.</td></tr>
<tr><td>사회복지사
의견</td><td colspan="3">초기 당사자의 자살생각이 높아 긴급한 의료적 개입이 필요한 사례였으나 지역사회 내 유관기관과의 공동사례관리를 통하여 상황을 완화시킬 수 있어 긍정적이었으며 당사자도 사례관리 과정 내 당사자의 의지를 발현하여 노력하여 사례목표를 일정부분 완화되어 당사자와의 합의를 거쳐 종결하고자 함.</td></tr>
<tr><td>사후관리
계획</td><td colspan="3">사례관리목표에 대해 일정부분 달성되어 사례관리당사자에서 서비스제공 당사자로 변경하여 개입하려 함. 분기별 1회 모니터링으로 당사자 사례 개입하고자 함.</td></tr>
<tr><td colspan="3">상기 사유로 인하여 사례관리를 종결합니다.</td><td>사례관리자 : ○○○ ⑦ (인)</td></tr>
<tr><td colspan="3">위 사유로 인하여 사례관리를 종결하고 이에 동의합니다.</td><td>당사자 : ○○○ (인)</td></tr>
</table>

제2절 사례관리 예시 - 어르신 사례의 실제

사례관리 초기접수대장

<table>
<tr><td>연 번</td><td>접수일</td><td>접수자</td><td colspan="2">주소 및 연락처</td><td>의뢰사유</td></tr>
<tr><td rowspan="4"></td><td rowspan="2">20○○. ○. ○.</td><td rowspan="2">박재성</td><td colspan="2">주소 서울시 도봉구 ○○길 ○○</td><td rowspan="2"></td></tr>
<tr><td colspan="2">연락처 00-000-000</td></tr>
<tr><td>소득구분</td><td colspan="2">☐ 수급권 ☑ 차상위
☐ 저소득 ☐ 일반</td><td>주거형태</td><td>☐ 자가 ☐ 전세 ☑ 월세 ☐ 기타</td></tr>
<tr><td>가족유형</td><td colspan="2">☑ 1인 ☐ 2인 이상(　　　)</td><td>의뢰경로</td><td>☐ 본인 ☐ 이웃의뢰 ☑ 기관의뢰
(담당/ 연락처 ○○주민센터 00-000-0000)</td></tr>
<tr><td>팀장
(인)</td><td>상담자</td><td colspan="2"></td><td>선정결과</td><td>☑ 상담
☐ 미상담 (사유 :　　　　　　　)</td></tr>
</table>

사례관리 실태조사표

<table>
<tr><td>작성일</td><td colspan="4">20○○. ○. ○○.</td><td>거주지역</td><td colspan="2">창○동</td></tr>
<tr><td>상담일</td><td colspan="4">20○○. ○. ○○. (접수일 : 20○○. ○. ○○)</td><td>상담자</td><td colspan="2">○○○사회복지사</td></tr>
<tr><td>접수경위</td><td colspan="4">유관기관 의뢰</td><td>사례유형</td><td colspan="2">홀몸어르신</td></tr>
<tr><td>성 명</td><td colspan="4">박재성(가명)</td><td>생년월일</td><td colspan="2">000000-1</td></tr>
<tr><td rowspan="2">주 소</td><td colspan="4" rowspan="2">서울시 도봉구 ○○길 ○○</td><td rowspan="2">연락처</td><td colspan="2">00-000-0000</td></tr>
<tr><td colspan="2">보호자 : 당사자 원하지 않음</td></tr>
<tr><td rowspan="3">가족 및
동거인</td><td>관계</td><td>성명(가명)</td><td>연령</td><td>성별</td><td>학력</td><td>직업</td><td>비고</td></tr>
<tr><td>본인</td><td>박재성</td><td>70</td><td>남자</td><td>초졸</td><td>-</td><td></td></tr>
<tr><td>아들</td><td>박진철</td><td>38</td><td>남자</td><td>대졸</td><td>-</td><td>실직</td></tr>
</table>

<table>
<tr><td rowspan="4">생활실태</td><td>주 거</td><td colspan="3">□ 자가 □ 전세(만원) ☑ 월세(1,000만원/ 30만원) □ 임대주택 □ 기타</td></tr>
<tr><td>보호구분</td><td colspan="3">☑ 수급권(생계/ 주거/ 교육/ 의료) ☑ 차상위( ) □ 저소득( ) □ 기타( )</td></tr>
<tr><td>주요소득</td><td colspan="3">☑ 공적부조( ) □ 근로소득( ) □ 가족부조( ) □ 기타( )</td></tr>
<tr><td>경제상황</td><td colspan="2">수입 (60만원) 지출 (60만원)
*주 지출내역</td><td>부채 : □ 유 (만원)
☑ 무</td></tr>
<tr><td rowspan="2">건강상태</td><td>보유질병</td><td colspan="3">만성위장장애, 허리디스크</td></tr>
<tr><td>장애명</td><td>해당없음</td><td>장애등급</td><td>해당없음</td></tr>
<tr><td>주요욕구</td><td>서비스
및 자원</td><td colspan="3">식사지원, 정서적 지원</td></tr>
<tr><td colspan="2">연계 자원현황</td><td colspan="3">□ 공식적 체계 : ㅇㅇ동 주민센터
□ 비공식적 체계 : ㅇㅇ교회</td></tr>
<tr><td colspan="2">상담내용</td><td colspan="3">ㅇㅇ동주민센터 담당자를 통하여 당사자 추천받음
당사자는 30년 전 당사자의 처가 위암으로 사망, 당사자에게 1명 아들이 있으나 사업실패로 신용불량자로 이혼하게 되어 한부모 수급권 생활을 하고 있어 당사자의 지원이 어려운 상황임.
당사자는 수급비 60만원으로 생활하고 있으며, 월세, 공과금, 생활비 등 수입의 대부분을 지출하고 있음. 3개월 전 수술로 인하여 100여 만원 병원비 체납으로 현재 월세가 2달 정도 체납되고, 난방비도 약 20만원 미납.
만성위장장애등으로 식사에 어려움을 호소하고 있음. 고령의 나이임에도 근래 수술 영향으로 무릎관절염 및 허리통증으로 일상생활 어려움이 있다고 표현함.
당사자 거주지는 1층에 거주하나 음지에 위치하여 습기가 많고 임시적 단열처리로 겨울철 난방의 효율성이 떨어짐. 혼자 거주한 기간이 길어 살림하나 수술이후 거동이 많이 불편하고 밖에 나가는 것도 어려움.
술과 담배를 좋아하지 않아 인근경로당에 나가는 것을 꺼려하고 혼자 집에서 성경이나 시간을 보내는 것을 좋아함. 이웃와의 왕래가 없는 편으로 말아 실질적 도움을 주는 대상은 없음.</td></tr>
<tr><td colspan="2">상담자 의견</td><td colspan="3">당사자의 경우 홀몸어르신으로 실질적 부양의무자도 없고 근래 수술에 따른 일상생활의 어려움이 야기되어 기관 당사자로 선정할 필요가 있음. 특히 식사지원을 통하여 일상생활이 가장 큰 어려움을 해소하되, 조리능력은 있는 상황이므로 요양기간 동안 지원하고 추후 이후 지원에 대한 논의가 필요함. 서비스당사자로 지원하고자 함.</td></tr>
</table>

인테이크 기록지

<table>
<tr><td>작성일</td><td colspan="3">20○○. ○. ○○.</td><td>거주지역</td><td colspan="3">창○동</td></tr>
<tr><td>상담일</td><td colspan="3">20○○. ○. ○○. (접수일 : 20○○. ○. ○○)</td><td>상담자</td><td colspan="3">○○○사회복지사</td></tr>
<tr><td>성 명</td><td colspan="3">박재성</td><td>생년월일</td><td colspan="3">000000-1 (만 70세)</td></tr>
<tr><td rowspan="2">주 소</td><td colspan="3" rowspan="2">서울시 도봉구 ○○로 ○○</td><td rowspan="2">연락처</td><td colspan="3">00-000-0000</td></tr>
<tr><td colspan="3">보호자 :</td></tr>
<tr><td rowspan="3">가족 및 동거인</td><td>관계</td><td>성명</td><td>연령</td><td>성별</td><td>학력</td><td>직업</td><td>비고</td></tr>
<tr><td>본인</td><td>박재성</td><td>70</td><td>남자</td><td>초졸</td><td>–</td><td></td></tr>
<tr><td>아들</td><td>박진철</td><td>38</td><td>남자</td><td>대졸</td><td>–</td><td>실직</td></tr>
<tr><td>가구유형</td><td colspan="7">☐ 독거노인가구 ☐ 청장년1인가구 ☐ 한부모가구 ☐ 조손가구
☐ 노인부부가구 ☐ 부부중심가구 ☐ 장애인가구 ☐ 다문화가구
☑ 기타</td></tr>
<tr><td rowspan="4">생활실태</td><td>주 거</td><td colspan="6">☐ 자가 ☐ 전세(만원) ☑ 월세(1,000만원/ 45만원) ☐ 임대주택 ☐ 기타</td></tr>
<tr><td>보호구분</td><td colspan="6">☐ 수급권 (생계/ 주거/ 교육/ 의료) ☐ 차상위( ) ☑ 저소득( ) ☐ 기타( )</td></tr>
<tr><td>주요소득</td><td colspan="6">☑ 공적부조(노령연금) ☐ 근로소득( ) ☐ 가족부조( ) ☑ 기타(국민연금)</td></tr>
<tr><td>경제상황</td><td colspan="3">수입 (60만원) 지출 (60만원)
* 주 지출내역</td><td colspan="3">부채 : ☐유 (만원)
☑무 (2014년 파산)</td></tr>
<tr><td rowspan="2">건강상태</td><td>보유질병</td><td colspan="6">고혈압, 신장질환, 전립선질환</td></tr>
<tr><td>장애명</td><td colspan="2">해당 없음</td><td>장애등급</td><td colspan="3"></td></tr>
<tr><td colspan="2">자원현황</td><td colspan="6">☐ 공식적 체계 : 없음
☐ 비공식적 체계 : 없음</td></tr>
</table>

■ 가계도

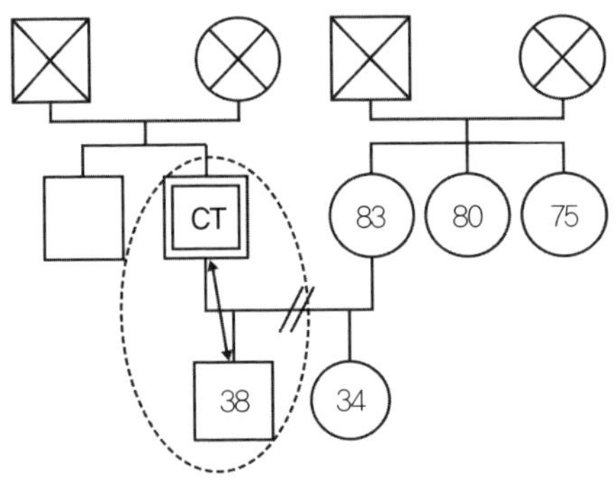

■ 생태도

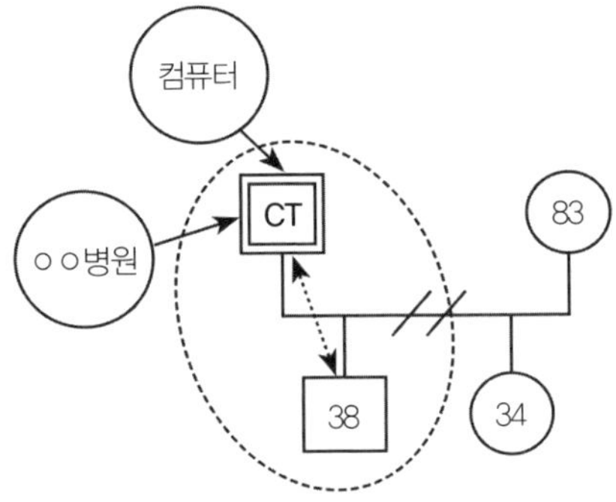

■ 개인력/ 가족력

IMF 이후 퇴직하고 퇴직금으로 아내와 자영업을 하다가 망하고 사기 등으로 당사자 아내와 딸은 친정식구들의 도움으로 외국으로 이주함. 당사자는 아들과 현재 거주중임. 아들과는 전세사기 등으로 현 거주지에 4년 전 이주하였음. 2번의 파혼의 이유가 당사자로 생각하여 갈등이 심하였고 당사자 아들은 제약회사에 다녔는데 작년 11월에 퇴사하였음. 퇴직금으로 노무사 준비를 하다가 떨어지면 본인도 호주로 가겠다고 하여 당사자가 불안하고 부담감이 큼. 4년 전부터 아들과의 관계는 소원함. 아들의 실직 이후 더 예민해져서 당사자가 말 붙이기도 쉽지 않다고 함.

■ 경제상황(수입/ 생활비/ 저축/ 부채 등)

당사자 아들은 월세를 부담하고 당사자는 공과금을 부담하고 있음. 60만원 중 공과금으로 20만원을 지출하고 그 외 병원비, 생활비로 생활하고 있으나 그 외 비용을 사용하는 데 제한적이라 경제적 부담이 있다고 말함. 특히 겨울철에는 매번 미납되어 봄까지 남은 금액을 해결하기 때문에 계속 경제적 부담이 있음. 그나마 나아진 것은 2014년 파산 신청되어 부채는 없다고 함. 특히 국가지원을 받지 못하기 때문에 병원비에 대한 부담이 커서 병원 가기가 매우 겁이 난다고 함.

■ 건강상황(장애/ 병력/ 진단 및 치료 등)

만성질환인 고혈압이 있고 3년 전 신장 및 전립선 쪽 문제가 있어 수술을 받아 현재 신장은 40% 밖에 기능을 하지 않는다고 함. 평소 밤에는 못 자고 낮에 자서 야행성 생활을 하고 있음. 추가로 병원진료가 필요하지만 비용에 대한 부담 때문에 이후 치료는 감당하지 못하고 있음. 또한 통풍질환으로 발이나 손이 퉁퉁 부어 어느 때는 슬리퍼 신는 것 또한 힘들 정도의 통증이 있다고 함. 특히 잠을 자지 못하다 보니 뒷골이 많이 당기고 외부 활동보다는 집안에 머물러 있는 편이라고 함.

■ 사회심리적상황[가족관계 및 생활상태 · 심리정서상태 · 사회적 관계(공식적 · 비공식적 자원체계) 등]

당사자 사기, 아들은 전세 사기를 겪은 후 부자관계는 매우 악화되었고 아들이 당사자와 거의 말하지 않음. 또한 당사자가 의료비라고 지원을 받고 싶어 국가지원을 알아보기 위해 아들의 정보가 필요하여 물어보면, 당사자 아들은 창피하게 국가지원을 왜 받느냐고 비난한다고 함. 당사자 아들과의 사례관리자의 만남에 대해서는 거부하였음. 한 예를 들면서 근래에 컴퓨터가 고장이 나서 아들에게 10만원만 빌려줄 수 있냐고 물어보니 폐지 주워서 돈을 모으라고 했다고 함. 아들과의 갈등, 아들의 실직 등으로 사실 죽고 싶은 마음도 있고 우울하다고 말함. (7년 전 실제 자살시도를 한 적이 있다고 함. 목맴)
당사자는 대부분의 시간을 방 안에 있는 컴퓨터를 가지고 시간을 보내고 있음. 이웃과의 교류에 대해 당사자 상황이 급격하게 나빠지면서 아는 사람을 만날까 봐 매우 걱정스럽고 대인기피도 있다고 함. 타인과 만나는 것보다 혼자 집에 있는 게 그나마 낫다고 함.
당사자방의 경우 컴퓨터와 소파만 있음. 소파를 침대로 생활하고 있음. 주변정리가 안되어 먼지가 수북히 쌓여있음.

■ 강점사정

젊은 시절 직장생활을 하여 학력 수준이 높고, 타 어르신보다 컴퓨터를 활용하여 정보습득을 할 수 있음. 특히 파산신청도 컴퓨터로 정보습득 후 신청한 만큼 컴퓨터 활용능력이 높은 편임. 만약 본인에게 필요한 정보의 경우 본인 스스로 찾을 수 있는 적극적인 모습도 있었음.

<table>
<tr><td colspan="2">

■ **문제 및 욕구(주 호소내용)**

당사자 아내와 이혼 후 조리능력을 습득하지 않아 인스턴트 음식으로 끼니를 떼우고 있었으며 건강 상황 및 경제적 어려움으로 식사조리 역시 원활하지 못하였음.
당사자의 경우 국가지원이 없고 아들도 실직하여 경제적 어려움이 크다고 호소하였음. 또한 아들과의 갈등이 있음에도 문제해결 시 본인이 아들과의 갈등이 더 악화될 것이라 생각하여 두려워 보였음. 그로 인하여 우울한 마음, 자살생각이 있었음.
(검사시, 우울 13(GDS)/ 자살생각 24(Beck-SSI)

당사자욕구우선순위	1순위 : 식사지원 2순위 : 경제적 어려움 3순위 : 우울감 및 자살생각

■ **당사자의 태도와 반응**

당사자의 경우 복지관에 대한 정보도 컴퓨터를 통하여 확인하여 본인이 의뢰한 상황이라 사례관리자의 상담 시 우호적인 태도로 상담에 임하였음. 상담 중 본인의 생각에 대해 확고한 부분에 대해서 강조하는 모습이 컸음. 당사자 아들과의 만남에 대한 거부, 타인과의 교류에 대한 거부감 표시하였음.

■ **사회복지사 의견**

당사자의 경우 실질적 홀몸 어르신임. 당사자 아들과 거주하나 생활 중 월세비 이외에 거의 도움을 받지 못하고 있으며, 특히 당사자를 정서적으로 더 고립하고 있는 것으로 판단됨. 당사자는 식사 및 경제적 어려움을 크게 호소하였으나 사례관리자는 우울감, 자살생각에 대한 개입이 신속하게 이루어져야 한다고 생각됨. 당사자의 경우 집중사례관리 당사자로 논의할 필요가 있음.

</td></tr>
<tr><td>판정의견</td><td>☑ 사례관리 당사자 □ 서비스 연계 당사자 □ 위기(긴급) 당사자</td></tr>
</table>

개인정보 수집·활용 및 제3자 제공

[사례관리 동의]

- 본인은 창동종합사회복지관의 기관 소개와 사례관리 서비스의 과정 및 내용에 대한 설명을 충분히 듣고 이해했습니다. (√)
- 당사자의 인권 및 학대예방에 대해 안내받았으며, 나의 의견을 잘 표현하겠습니다. (√)
- 귀 복지관에서 제공하는 사례관리 서비스를 제공받는 것에 동의합니다. (√)
- 사례관리의 서비스를 위해 필요한 정보를 제공하는 제반활동에 함께 참여하겠습니다. (√)

개인정보의 수집 및 이용목적	창동종합사회복지관 사례관리 사업 진행과 관련하여 아래와 같이 개인 정보를 수집하고 있으며, 필요 시 관련기관(구청, 주민센터 및 유관기관)에 개인정보가 공유될 수 있습니다.

개인정보 항목	기본 개인정보 수집 - 성명, 생년월일, 연락처, 주소
위의 개인정보 수집 및 이용에 대한 동의를 거부할 권리가 있습니다. 그러나 동의를 거부할 경우 원활한 사례관리사업과 관련하여 서비스 이용이 제한될 수 있습니다.	
기본 개인정보 수집 및 이용에 동의하십니까?	☑ 동의함 ☐ 동의하지 않음
선택정보 및 민감정보 항목	선택정보 및 민감정보 : 보호구분, 주거상황, 가족상황, 경제상황, 건강사항, 사회심리적상황 등
위의 선택정보 및 민감정보에 대한 동의를 거부할 권리가 있습니다. 그러나 동의를 거부할 경우 원활한 사례관리사업과 관련하여 서비스 이용이 제한될 수 있습니다.	
선택정보 및 민감정보 수집 및 이용에 동의하십니까?	☑ 동의함 ☐ 동의하지 않음
개인정보의 보유 및 이용기간	이용기간 : 해당 지원과 서비스가 제공되는 기간 보유기간 : 해당 지원과 서비스가 제공되는 기간으로부터 5년 보관 보유기간 종료 시 재생이 불가능한 방법으로 즉시 파기합니다.

[개인정보 제3자 제공]

제공받는 곳	이용목적	제공정보 항목
정부 공공기관	당사자의 사례관리 진행 욕구에 따른 서비스 연계, 제공	[기본 개인정보 수집 및 이용]
사회복지증진목적으로 설립된 민간기관		
기관과 연계된 결연후원자 및 단체		
위의 개인정보 제3자 대한 동의를 거부할 권리가 있습니다. 그러나 동의를 거부할 경우 원활한 사례관리사업과 관련하여 서비스 이용이 제한될 수 있습니다.		
개인정보 제3자 제공에 동의하십니까?	☑ 동의함	☐ 동의하지 않음

※ 관련근거 : 개인정보보호법 제15조, 제16조, 제17조, 제18조, 제19조/ 사회복지사업법 제33조의 3항

당사자 : 박재성 (인)

14세 미만/ 위임 (관계 :) : (인)

사정도구틀(위기도조사)

작 성 일　20○○. ○. ○○.　　　　　　　　　　　　　　　성 명　박재성

1. 안전 : 가족구성원 또는 외부인과의 관계에서 야기되는 기초적 신변보호상의 위기 정도(12점)

1. 안전	위기도 문항	0	1	2	3
가정 내 안전 유지	1. 함께 거주하고 있는 가족구성원이 본인이나 가족을 위협하고 있거나 위협할 것 같다. ① 폭력 ② 정서적 폭력 ③ 성적 폭력 ④ 방임과 방치 ⑤ 경제적 폭력 0점) 해당사항 없음. 3점) 어느 하나라도 해당 시 3점.				√
	2. 본인이 가족(비동거 가족 포함)을 위협하고 있거나 위협할 것 같다. ① 신체적 폭력 ② 정서적 폭력 ③ 성적 폭력 ④ 방임과 방치 ⑤ 경제적 폭력 0점) 해당사항 없음. 점3) 어느 하나라도 해당 시 3점.				√
가족 외부로부터의 안전 유지	3. 비동거 가족, 친척, 친구, 이웃, 사회(학교, 직장 등) 등이 본인이나 가족을 위협하고 있거나 위협할 것 같다. ① 신체적 폭력 ② 정서적 폭력 ③ 성적 폭력 ④ 방임과 방치 ⑤ 경제적 폭력 0점) 해당사항 없음. 3점) 어느 하나라도 해당 시 3점.	√			
	4. 응급상황이 발생할 경우 도움을 받는 데 어려움이 있다. 0점) 어려움이 없다./ 해당사항 없음. 1점) 도움을 요청할 지원체계는 있으나 충분하지 않다. 2점) 응급 시 도움을 요청할 지원 체계는 있으나 원만한 관계가 아니다. 3점) 도움을 요청할 지원 체계가 전혀 없다./ 응급상황을 인지하지 못한다.			√	

2. 건강 : 대상자 및 가족구성원의 신체적 · 정신적 건강문제로 인한 생활상의 위기 정도(18점)

2. 건강	위기도 문항	0	1	2	3
신체적 건강 유지	1. 동거가족이 신체적 건강 문제로 어려움을 겪고 있다. 0점) 어려움이 없다./ 해당사항 없음. 1점) 신체적 건강 문제가 있으나 일상생활 및 사회생활이 가능하다. 2점) 신체적 건강 문제로 일부 일상생활이나 사회생활에 어려움이 있다. 3점) 신체적 건강 문제로 일상생활이나 사회생활이 전혀 안 된다.	√			
	2. 본인이나 동거가족이 신체적 건강 문제를 관리하는 데 어려움이 있다. 0점) 어려움이 없다./ 해당사항 없음. 1점) 관리하는 데 어려움이 있으나, 관리하기를 원하고 있다. 2점) 관리하는 데 어려움이 있고, 건강관리를 위한 지원체계가 충분하지 않다. 3점) 관리하는 데 어려움이 있고, 건강관리를 위한 지원체계가 전혀 없다.			√	
정신적 건강 유지	3. 본인이나 동거가족이 중독, 우울, 조현증(정신분열) 등의 정신질환으로 어려움이 있다. 0점) 어려움이 없다./ 해당사항 없음. 1점) 어려움은 있으나 일상생활 및 사회생활이 가능하다. 2점) 일상생활이나 사회생활에 일부 어려움이 있다. 3점) 일상생활이나 사회생활이 전혀 안 된다.			√	
	4. 본인이나 동거가족이 중독, 우울, 조현증(정신분열) 등의 정신질환에 대한 증상관리가 어렵다. ① 질병인식(병식)이 없다. ② 증상관리를 도와줄 자원이 없다. ③ 증상관리가 안 되고 있다. ④ 자해나 타해의 시도나 위험이 있다. 0점) 해당사항 없음. 3점) 어느 하나라도 해당 시 3점.				√
	5. 본인이나 동거가족이 약물을 복용하는 데 어려움이 있다. 0점) 가족의 도움을 받거나 스스로 약물을 처방대로 복용하고 있다./ 해당사항 없음. 1점) 약물 복용을 도와주는 지원 체계가 있지만, 규칙적인 약물 복용이 어렵다. 2점) 약물 복용을 도와줄 지원 체계가 충분하지 않아서 규칙적인 약물 복용이 어렵다. 3점) 약물 복용이 전혀 이루어지지 않는다./ 약물 치료를 거부한다.			√	
	6. 본인이나 동거가족이 지난 6개월 동안 자살을 시도하거나 구체적인 방법을 생각한 적이 있다. 0점) 해당사항 없음. 1점) 자살을 생각한 적이 있다. 2점) 자살을 위한 구체적인 방법을 생각한 적이 있다. 3점) 자살을 시도한 적이 있다.			√	

3. 일상생활 유지 : 기능적 및 수단적 일상생활 유지상의 위기 정도(9점)

3. 생활유지	위기도 문항	0	1	2	3
의식주 관련 일상 생활 유지	1. 건강을 해치거나 타인에게 피해를 줄 정도로 본인이나 동거가족이 일상생활을 유지하는 데 어려움이 있다. ① 식사 ② 대소변 등 용변처리 ③ 옷 입기(세탁포함) ④ 세수, 목욕 등 몸씻기 ⑤ 청소 ⑥ 정리정돈 ⑦ 수면 ⑧ 그 외 가사활동 0점) 해당사항이 0개인 경우/ 누군가의 도움을 받으며 원활하게 수행하고 있는 경우/ 해당사항 없음. 1점) 해당사항이 1개인 경우(도움을 받아도 충분하지 않을 경우 포함). 2점) 해당사항이 2개인 경우(도움을 받아도 충분하지 않을 경우 포함). 3점) 해당사항이 3개 이상인 경우(도움을 받아도 충분하지 않을 경우 포함) 영유아인 경우 1, 2, 7중 하나라도 해당하면 3점				√
	2. 본인이나 동거가족이 외출하는 데 어려움이 있다. 0점) 어려움이 없다./ 해당사항 없음. 1점) 불편하지만 외출이 가능하다. 2점) 외부(자원)의 도움이 있으면 외출이 가능하다. 3점) 교통수단이 없어서 외출할 수 없다./ 도움이 있어도 외출이 어렵다.		√		
여가 생활 활용	3. 본인이나 동거가족이 여가생활에 어려움이 있다. 0점) 어려움이 없다./ 해당사항 없음. 1점) 자원은 있으나, 정보부족으로 여가를 즐기지 못하고 있다. 2점) 자원이나 정보의 부족으로 여가를 즐기지 못하고 있다. 3점) 즐겨하는 일이 전혀 없다.			√	

4. 가족관계 : 가족구성원의 갈등 및 보육, 간병 등의 돌봄 · 보호 상의 위기 정도(9점)

4. 가족관계	위기도 문항	0	1	2	3
관계형성	1. 가족(동거 및 비동거 가족 포함)으로부터 도움을 받는 데 어려움이 있다. 0점) 필요할 때 도움을 충분히 받을 수 있다./ 해당사항 없음. 1점) 필요할 때 도움을 받고 있으나 충분하지 않다. 2점) 필요할 때 도움을 요청할 가족은 있으나 원만한 관계는 아니다. 3점) 필요할 때 도움을 요청할 가족이 전혀 없다. (연락하고 사는 가족이 전혀 없는 경우도 포함)			√	
	2. 가족(동거 및 비동거 가족 포함)갈등으로 어려움이 있다. 0점) 어려움이 없다./ 해당사항 없음. 1점) 가족갈등이 있으나 가구원들의 일상생활 및 사회생활이 가능하다. 2점) 가족갈등으로 인해 가구원들의 일상생활이나 사회생활에 일부 어려움이 있다. 3점) 가족갈등으로 인해 가구원들의 일상생활이나 사회생활이 전혀 안 된다.			√	

4. 가족관계	위기도 문항	0	1	2	3
가족 돌봄	3. 보호가 필요한 영유아, 아동, 노인, 장애인 등을 돌보는 데 어려움이 있다. 0점) 돌볼 가구원이 없다./ 돌보는 데 어려움이 없다./ 해당사항 없음. 1점) 돌볼 능력이 부족하나 의지가 있다. 2점) 돌볼 능력이 부족하며, 지원체계가 충분하지 않다. 3점) 돌볼 능력이 부족하며, 지원체계가 전혀 없다./ 돌볼 의지가 없다.	√			

5. 사회적 관계 : 사회관계친지, 이웃 및 소속집단 내에서의 관계형성 및 유지상 위기 정도(12점)

5. 사회관계	위기도 문항	0	1	2	3
친인척 및 이웃 간 관계형성	1. 친구, 이웃, 지인이나 친인척으로부터 도움을 받는 데 어려움이 있다. 0점) 필요할 때 도움을 충분히 받을 수 있다./ 해당사항 없음. 1점) 필요할 때 도움을 받고 있으나 충분하지 않다. 2점) 필요할 때 도움을 요청할 친구, 이웃, 지인이나 친인척은 있으나 원만한 관계는 아니다. 3점) 필요할 때 도움을 요청할 친구, 이웃, 지인이나 친인척이 전혀 없다(연락하고 사는 친구, 이웃, 지인이나 친인척이 전혀 없는 경우도 포함)		√		
소속된 집단 및 사회생활	2. 직장동료, 소속된 단체나 기관으로부터 도움을 받는 데 어려움이 있다. 0점) 필요할 때 도움을 충분히 받을 수 있다./ 해당사항 없음. 1점) 필요할 때 도움을 받고 있으나 충분하지 않다. 2점) 필요할 때 도움을 요청할 직장동료, 소속된 단체나 기관은 있으나 원만한 관계는 아니다. 3점) 필요할 때 도움을 요청할 직장동료, 소속된 단체나 기관이 전혀 없다.				√
	3. 본인이나 동거가족이 자기 방이나 집에서 나오지 않는다. 0점) 일상생활 및 사회생활 유지에 어려움이 없다./ 해당사항 없음. 1점) 방이나 집에서 거의 나오지 않으나, 기본적인 생활이 가능하고 소수의 타인 (가족 포함)과 관계를 유지하고 있다. 2점) 방이나 집에서 거의 나오지 않은 채 기본적인 생활은 하지만, 다른 사람(가족 포함)과 접촉이 없다. 3점) 방이나 집에서 거의 나오지 않은 채 기본적인 생활이 어렵거나 다른 사람(가족 포함)과 접촉이 없다.			√	
	4. 타인에게 피해를 주는 언행으로 이웃과 갈등을 유발하고 있다. 0점) 유발하고 있지 않다./ 해당사항 없음. 1점) 유발하고 있으나 조정이 가능하다. 3점) 유발하고 있다.		√		

6. 경제 : 기본적인 생활에 필요한 경제적 문제 및 자산관리상의 위기 정도(9점)

6. 경제	위기도 문항	0	1	2	3
기초 생활 해결	1. 없어서 어려움을 겪고 있다. ① 돈이 없어 식사를 못하고 있거나 식료품 구입이 어렵다. ② 공교육비를 기한 내 납부하지 못하고 있다. ③ 계절에 맞는 의복과 신발을 구입하지 못하고 있다. ④ 치료비가 없어서 본인이나 가족이 병원을 못 가고 있다. ⑤ 집세가 3개월 이상 밀려 있다. ⑥ 안정적으로 살 수 있는 집이 없다(퇴거위험, 노숙, 비닐하우스, 쪽방, 고시원, 여관/ 여인숙, 찜질방, 쉼터 등). ⑦ 난방장치가 없거나, 난방비 때문에 추운 겨울에 난방을 사용하지 못하고 있다. ⑧ 공과금(사회보험료, 전화요금, 가스요금, 수도요금, 전기요금, 관리비 중 하나 이상)이 밀려있다. ⑨ 공과금 연체로 사회보험급여 자격정지, 전화중단, 가스차단, 단수, 단전 중 하나 이상의 상태에 있다. 0점) 해당사항이 0개인 경우 1점) 해당사항이 1개인 경우 2점) 해당사항이 2~3개인 경우 3점) 해당사항이 4개 이상인 경우/ 1, 4, 5, 6, 9번에 하나라도 해당하는 경우				√
자산관리	2. 금전관리에 어려움이 있다. 0점) 어려움이 없다./ 해당사항 없음. 1점) 도움이 있을 경우 금전관리가 가능하다. 2점) 수입보다 지출이 더 많다. 3점) 금전관리 자체가 어렵다(개인역량 부족, 건강, 장애, 기타 사유).			√	
	3. 빚과 관련된 문제를 해결하는 데 어려움이 있다. 0점) 어려움이 없다./ 해당사항 없음. 1점) 빚은 있으나 갚아 나가고 있다. 2점) 빚을 갚을 능력이 없거나, 빚 갚을 능력이 없으면서 계속해서 빚을 내고 있다. 3점) 빚 갚을 능력이 없으며 지속적으로 채무 독촉을 받고 있다.	√			

7. 교육 : 일상생활 유지에 필요한 기초교육 습득상의 위기 정도(6점)

7. 교육	위기도 문항	0	1	2	3
기초학습 습득 및 향상	1. 자녀가 일상생활 및 사회생활유지를 위해 필요한 기본능력이 부족하다. ① 듣기 ② 읽기 ③ 쓰기 ④ 말하기 ⑤ 다른 사람의 말 이해하기 ⑥ 신문, 글 등을 이해하기 ⑦ 간단한 계산하기 0점) 해당사항이 0개인 경우/ 현재 도움을 받아서 원활하게 수행하고 있는 경우/ 해당사항 없음. 1점) 해당사항이 1개인 경우(도움이 필요한 경우) 2점) 해당사항이 2개인 경우(도움이 필요한 경우) 3점) 해당사항이 3개 이상인 경우(도움이 필요한 경우)	√			
교육 환경 개선	2. 본인(고등학생 이하)이나 자녀(고등학생 이하)가 학교생활에 어려움이 있다. 0점) 어려움이 없다./ 해당사항 없음. 1점) 등교는 하지만 학교생활에 어려움을 표현하고 있다. 2점) 등교는 하지만 학교규칙 및 생활규정 위반(무단이탈, 무단지각, 무단조퇴) 하거나 징계(정학, 사회봉사 등)를 받고 있다. 3점) 등교는 하지만 다른 학생으로부터 따돌림을 받고 있거나, 다른 학생에게 해를 입히고 있다./ 무단으로 결석하고 있다.	√			
	3. 본인(고등학생 이하)이나 자녀(고등학생 이하)의 학업유지에 어려움이 있다. 0점) 어려움이 없다./ 해당사항 없음 1점) 장애 등으로 특수교육을 받아야 하지만 그러지 못하고 있다(거리, 비용 등의 이유). 2점) 상급학교에 진학하거나(검정고시 포함) 특기를 개발하거나 학업을 유지하려는 데 자원이 부족하다. 3점) 학업을 유지하려는 의지나 대안이 없다./ 현재 의무교육을 받고 있지 않다.	√			

8. 고용 : 취업 · 창업상 문제 및 직업기능 수행상의 위기 정도(6점)

8. 고용	위기도 문항	0	1	2	3
취(창)업	1. 본인이나 동거가족이 구직에 어려움이 있다. 0점) 어려움이 없다./ 해당사항 없음. 1점) 근로능력은 부족하나 일할 의지가 있다. 2점) 근로능력은 있으나 가족돌봄, 자녀양육, 일자리 발굴 등으로 일하기 어렵다. 3점) 근로능력도 부족하고 가족 돌봄, 자녀양육, 일자리 발굴 등으로 일하기 어렵다./ 일할 의지가 없다.				√

고용 유지	2. 본인이나 동거가족이 직장생활을 유지하는 데 어려움이 있다. 0점) 어려움이 없다./ 해당사항 없음. 1점) 근무조건이 맞지 않아 직장생활을 유지하는 데 어려움이 있다. 2점) 개인적인 방해요소로 직장생활을 유지하는 데 어려움이 있다. 3점) 언제든지 정리 해고될 수 있다.			√	

9. 생활환경 : 거주지의 내외부적 환경 및 권익보장상의 위기 정도(12점)

9. 생활환경	위기도 문항	0	1	2	3
주거내부 환경개선과 안전	1. 본인이나 가족의 안전과 건강에 해를 끼칠 정도로 거주하는 집의 생활환경이 열악하다. ① 화장실 ② 주방시설 ③ 도배장판 ④ 전기시설 ⑤ 가스시설 ⑥ 상하수도시설 ⑦ 냉난방시설 ⑧ 위생상태(곰팡이, 찌든 때, 방역불량, 배설물처리 불량, 쓰레기 등) ⑨ 창호/ 문짝 ⑩ 주변 환경 ⑪ 채광 0점) 어려움이 없다./ 해당사항 없음. 1점) 해당사항이 1개인 경우 2점) 해당사항이 2개인 경우 3점) 해당사항이 3개 이상인 경우			√	
주거내부 환경개선과 안전	2. 거주하는 집에 안전상의 문제로 어려움을 겪고 있다. ① 히터나 전기장판 과열 ② 전기선 누출 ③ 누수 ④ 가스누출 ⑤ 베란다 안전장치 미비 ⑥ 방범장치 미비 ⑦ 침수 ⑧ 붕괴위험 ⑨ 그 외 기타 0점) 어려움이 없다./ 해당사항 없음. 1점) 어려움이 있으나 임시방편을 마련하였다. 2점) 어려움이 있으나 대책을 마련 중에 있다. 3점) 어려움이 있으나 대책 마련을 못하고 있다.	√			
	3. 거주하는 집에서 신체활동상에 어려움이 있다. ① 공간부족(휠체어 이동공간 부족) ② 문턱 ③ 안전바 미설치 ④ 싱크, 찬장, 가구 등 높낮이 미조절 ⑤ 욕실 미개조 ⑥ 램프 미설치 0점) 어려움이 없다./ 해당사항 없음. 1점) 해당사항이 1개인 경우 2점) 해당사항이 2개인 경우 3점) 해당사항이 3개 이상인 경우		√		
	4. 주거 내 외부 환경 때문에 이웃과 갈등을 유발하고 있다. 0점) 유발하고 있지 않다./ 해당사항 없음. 1점) 유발하고 있으나 조정이 가능하다. 3점) 유발하고 있다.	√			

10. 법률 및 권익보장 : 가족구성원의 권익보장상의 위기 정도(6점)

10. 법률 및 권익보장	위기도 문항	0	1	2	3
권익보장	1. 불이익을 받고 있다. 0점) 차별대우나 불이익을 받고 있지 않다./ 해당사항 없음. 1점) 차별대우나 불이익을 받고 있지만, 옹호을 위한 지원 체계가 있다. 2점) 차별대우나 불이익을 받고 있으며, 옹호을 위한 지원 체계가 충분하지 않다. 3점) 차별대우나 불이익을 받고 있으며, 옹호를 위한 지원 체계가 전혀 없다.			√	
법률적 지원	2. 본인이나 동거가족이 법적문제로 어려움을 겪고 있다. 0점) 어려움이 없다./ 해당사항 없음. 1점) 어려움이 있으나 일상생활 및 사회생활이 가능하다. 2점) 법적문제로 일상생활이나 사회생활에 일부 어려움이 있다. 3점) 법적문제로 일상생활이나 사회생활이 전혀 안 된다.	√			

▣ 사례관리대상자 선정 기준표(참고)

호	욕구영역	총점	사례관리 여부 기준표	해당 여부
1	안전	8	어느 한 문항이라도 3점인 경우	☑ 해당 ☐ 비해당
2	건강	11	어느 한 문항이라도 3점인 경우	☑ 해당 ☐ 비해당
3	일상생활 유지	6	어느 한 문항이라도 3점인 경우	☑ 해당 ☐ 비해당
4	가족관계	4	어느 한 문항이라도 3점인 경우	☑ 해당 ☐ 비해당
5	사회적 관계	7	어느 한 문항이라도 3점인 경우	☑ 해당 ☐ 비해당
6	경제	5	어느 한 문항이라도 3점인 경우	☑ 해당 ☐ 비해당
7	교육	0	어느 한 문항이라도 3점인 경우	☐ 해당 ☑ 비해당
8	고용	5	어느 한 문항이라도 3점인 경우	☐ 해당 ☑ 비해당

9	생활환경	3	어느 한 문항이라도 3점인 경우	□ 해당 ☑ 비해당
10	법률 및 권익보장	2	어느 한 문항이라도 3점인 경우	□ 해당 ☑ 비해당
11	당사자 참여의지 여부	해당		☑ 해당 □ 비해당
(잠재적) 통합사례관리대상자 선정 여부		51	1. 1. 안전, 2. 건강, 6. 경제 영역에 해당 2. 그 외 영역이 1개 이상 해당 3. 11. 당사자의 참여의지 여부가 해당될 사례	☑ 선정 □ 미선정

사정기록지

작성일	20○○. ○. ○○.	거주 지역	창○동
당사자명	박재성	사례관리자	○○○ 사회복지사
사정일지	20○○. ○. ○○.	유형	□ 신규 ☑ 재사정

욕구영역	제시된 욕구	우선순위	현 상황	강점	장애물사정
안전	아들이 있지만 본인이 필요할 때만 말을 합니다. 예전에 경찰서에 아들을 신고한 후 잠잠해졌어요.	8	이전에 아들이 언어, 신체 폭력을 시도할 때 경찰서에 연락한 이후 잠잠해졌음	표면적 아들과의 갈등이 잠잠해짐	아들에 대한 개입에 대해 당사자 부정적 의사표현
건강	요실금으로 밖에 나가면 불안해요. 혹시 오줌이 나오면 다들 날 미친 사람 취급하지 않겠어요?	11	전립선 관련 수술 이후 일상생활에 어려움 호소하여 외부 활동에 대해 제약을 호소함	이를 해결하고자 정보를 찾고 있음	담당자 이외에 타인과의 외부교류에 대해 매우 부정적인 상황
	아들 때문에 더 우울하고 죽고 싶은 생각도 가지게 됩니다. 다른 사람처럼 잠을 잘 잘 수 없습니다.		우울감, 자살생각까지 하고 있어 이에 대한 의료적 긴급한 개입 필요	담당자의 제안에 대해 우호적 병원치료에 대해 수용	경제적 어려움으로 이에 대한 장기적 치료의 어려움

	밤에 잠을 못 자서 새벽에 잠이 들어 도시락이 올 때까지 잠이 와요. 뒷골이 계속 당깁니다.		수면관리가 안 되어 일상생활 유지의 어려움 호소		
일상생활 유지	도시락으로 아침, 점심 해결하고 저녁은 라면을 먹습니다. 음식을 할 줄 모르니까 이렇게 사는 겁니다.	6	도시락, 라면으로 '식'을 해결하고 있음. 음식제작에 대해 관심은 있으나 실제 가용능력 없음	담당자의 음식제작에 대해 수용	음식제작 능력 없음
	집에서 컴퓨터로 유튜브 보고 영어공부 하는게 시간이 빨리 지나갑니다.		대부분의 시간을 가정 내에서 지내고 있음	타 당사자보다 컴퓨터 활용능력이 좋음	신체적 활동은 거의 이루어지지 않음
가족관계	차상위 신청 시 아들의 근로의지에 대한 서류도 필요한데 내가 만약 요청해 봐요. 아들이 나에게 언어폭력을 할 거예요. 잘 지내고 싶지만 내 원망이 많으니… 실직한 아들이 2년 동안 노무사가 안되면 해외로 나가겠다고 해서 불안해요.	4	아들과의 갈등에 대한 개입에 대해 해결의지는 없고 현 상황 유지하기를 기대함 당사자는 아들이 구직을 하기 원하나 실제 아들의 구직의사가 없음.	당사자는 당사자 아들과의 관계를 개선하고 싶어함. 아들 나름의 계획에 따라 수행하고 있기에 의지가 있다고 생각함.	부양의무자의 도움이 있어야 하나 비협조적임. 아들문제에 대해 노파심으로 불안하게 될 상황에 대해 스트레스를 받고 있음.
	아들이 예전에는 조금씩 돈도 줬지만 실직하고 난 이후 일절 끊어졌습니다. 고스란히 허덕이게 될 수 밖에 없죠.		아들의 실직으로 경제적 고립이 더 유발됨	이전에는 당사자 아들이 당사자를 도와줄 의사가 있었음	현재 실직으로 당사자 아들도 불안함
사회적 관계	예전에 교회친구들이 나에게 큰 도움이 되었습니다. 복지관에서 도움을 많이 받았지만 그들도 잊지 못합니다.	7	건강상의 어려움으로 더 밖으로 나가려 하지 않아 집 대부분의 시간을 보내고 있음. 외부와의 교류에 대	본인의 의사가 확고함. 다행히 사례관리자와 대화하는 것을 싫어하지는 않아 추후 개입한다면 조정이 가능하지 않	현재 연결된 사회적 가족은 없는 상황임

			해 부정적이나 젊은 사람들(복지사, 자원봉사자)에 대해 우호적인 태도를 보임.	을까 긍정적으로 검토됨.	
	밖에서 보기에는 괜찮지만 내 상황은 너무 힘들어요. 밖에 나가라고 말하지만 사실 쉽지 않아요. 대인기피가 있어 밖에서 누굴 만날까 봐 두려워 외부활동을 원치 않아요.		외부와의 교류가 없음	유일하게 복지관에만 오는 편임	그 외 교류 없음
경제	아들이 2,000만원 퇴직금이 있는데 매달 월세로 깎아 먹고 있으니, 걱정이 많고 나도 겨울철에는 관리비가 점점 미납되지만 아들에게 말할 수는 없어요. 차상위가 되어 의료만 지원되더라도 병원에 갈텐데 현재는 돈도 없고 힘들어요. 일상생활 하는 데 돈이 많이 들죠.	5	매년 같은 상황이 반복됨. 체납금액이 20만원 정도 미납된 상황임. 수입 대비 지출금액이 더 큰 상황이라 의료비에 대한 과중으로 아픔에도 참고 있고 병원에 가지 못하는 상황임.	국가-차상위 지원 결과 기다리는 중 관리비가 매년 체납되었다고 하는데 본인이 조금씩 갚아 해결하려는 의지가 크다고 생각함. 여유자금을 모아서 본인이 스스로 치료할 수 있도록 생각을 가지고 있어 자립적 요소가 보였음.	차상위 탈락 시 현 생활 어려움 유지 근로가 가능한 부양의무자가 있다보니 국가지원의 어려움이 있으며 그 결과 경제적 압박이 큰 상황
	파산으로 더 큰 어려움은 해결되었죠.		파산으로 경제적 어려움 그나마 감소됨	파산신청으로 정리	
교육	해당없음	0			
고용	욕구표현 안 함	5			
생활환경	방역은 하지만 주거지가 오래되서인지 시멘트 벌레가 계속 나와서 내 피부도 안 좋아지는 거 같아요.	3	당사자는 집안정리에 대해 할 의사가 없음. 시멘트 벌레로 인하여 불편함을 호소함	-	시멘트 벌레로 어려움 호소 하고자 하는 의지, 환경정리에 대해 본인은 어지러워 하기가 어렵다고 표현함.

	주거지가 북쪽 방향이라 겨울철에 너무 추워서 옷가지로 커튼을 만들어서 버텼어요		좁은 방에 쇼파에서 잠을 자서 수면의 질이 높지 않음	아파트라 그 외 시설은 무난함	거주지가 안정적이라 그 외 주거환경 개선에 대한 개입이 타 어르신보다 낮음
법률 및 권익 보장		2			

사례관리자 종합의견	☑ 집중 □ 일반 부양의무자의 실직에 따른 실질적 홀몸어르신으로 이에 따른 국가개입의 틈새계층 당사자임. 자살, 우울 고위험군 당사자 사례관리 개입 필요. 긴급한 개입은 지역사회 내 자원연계 및 당사자 의지에 의거한 문제해결 완화 방식으로 접근이 필요한 사례임.

사례관리 계획서

작성일	20○○. ○. ○○.	거주지역	창○동
당사자명	박재성	사례관리자	○○○사회복지사
작성일자	20○○. ○. ○○.	유형	□ 신규 ☑ 재사정

우선순위	제시된 욕구	합의된 목표	실천계획	개입기간	외부자원 연계 및 자원확보 방안
11	건강 – 신체적, 정신적 요실금으로 밖에 나가면 불안해요. 혹시 오줌이 나오면 다들 날 미친 사람 취급하지 않겠어요? 아들 때문에 더 우울하고 죽고 싶은 생각도 가지게 됩니다. 다른 사람처럼 잠을 잘 잘 수 없습니다. 밤에 잠을 못 자서 새벽에 잠이 들어 도시락이 올 때까지 잠이 와요. 뒷골이 계속 당깁니다.	단기 : 정신건강복지센터 연계 상담받기 장기 : 병원통원치료로 우울, 자살 생각 감소	당사자 : 의료서비스 정기적 참여 사례관리자 : 관련 자원 정보 안내 및 참여 독려	1~12월 (주 1회)	○○정신건강복지센터 당사자평가 및 자살위기상담/정신건강의학과 병원 지원

8	안전 – 가족 내 아들이 있지만 본인이 필요할 때만 말을 합니다. 예전에 경찰서에 아들을 신고한 후 잠잠해졌어요.	단기 : 아들과의 관계 상황 이야기 나누기 장기 : 아들과의 관계를 객관적으로 바라볼 수 있는 지속적인 상담	당사자 : 아들과의 상황을 사례관리자와 공유 사례관리자 : 상황에 따른 다른 시선 전달/ 위기상황 발생 시 당사자 지지 자원 확보	1~2월 (매월)	창동종합사회복지관 사례관리자 상담 / 노인학대보호기관 (위기상황 발생 시)
7	사회적 관계 친인척 및 이웃 간, 소속된 집단 및 사회생활 밖에서 보기에는 괜찮지만 내 상황은 너무 힘들어요. 밖에 나가라고 말하지만 사실 쉽지 않아요. 대인기피가 있어 밖에서 누굴 만날까 봐 두려워 외부활동을 원치 않아요.	단기 : 외부활동에 기회를 마련 후 당사자 참여 장기 : 외부활동에 참여생각 변화	당사자 : 사례관리자가 제안한 외부활동에 대한 긍정적 인식 및 시도 사례관리자 : 외부활동에 대한 정보 제공 및 참여 독려	3~7월 / 9~12월 (수시)	창동종합사회복지관 자살고위험군 대상프로그램 / 외부활동 연계할 프로그램 (미정)
6	일상생활 유지–의식주, 여가생활 도시락으로 아침, 점심 해결하고 저녁은 라면을 먹습니다. 음식을 할 줄 모르니까 이렇게 사는 겁니다. 집에서 컴퓨터로 유튜브 보고 영어공부하는 게 시간이 빨리 지나갑니다.	단기 : 노인식사배달 서비스 내 당사자 역할 담당 장기 : 가정 내 조리가용능력 키우기	당사자 : 노인식사배달 설거지 잘 해놓기 함께 만들 반찬 고민해보기 사례관리자 : 가정 내 가능한 반찬 숙지하도록 지원	6~12월	창동종합사회복지관 사례관리자 개입 / 준사례관리자 연계를 통한 반찬제작
5	경제–기초생활해결 아들이 2,000만원 퇴직금이 있는데 매달 월세로 깎아 먹고 있으니, 걱정이 많고 나도 겨울철에는 관리비가 점점 미납되지만 아들에	단기 : 외부연계 자원 정보 찾아보고 과정 이행 (국가지원 – 차상위 선정) 물품지원 정보연계	당사자 : 동주민센터와의 자격요건 부합과정 확인 사례관리자 : 미선정시 관련정보 파악하여 보완사항	2~12월	외부후원업체 / 동주민센터 / 타 후원기관 확보

	게 말할 수는 없어요. 차상위가 되어 의료만 지원되더라도 병원에 갈 텐데 현재는 돈도 없고 힘들어요. 일상생활 하는 데 돈이 많이 들죠.	장기 : 기초생활보장 유지	혹은 다른 방법 모색 통합사례회의를 통하여 당사자 가정 내 개입방법을 모색한다.		유관기관과의 통합사례관리 진행 (○○정신건강증진센터, 창○동주민센터)

사례관리 과정기록지

당사자	박재성	사례관리자	○○○ 사회복지사

일시	전달 방식			접촉 대상	내용
	상담	서비스 제공	자원 연계		
	○			당사자	당사자 전수조사
	○			당사자	개인정보 동의 및 사정 진행
			○	창○동 주민센터	창○동 동 단위 사례회의 사례의뢰
			○	○○정신건강복지센터	응급입원 의사/ 정신건강의학과 진료 문의
	○			당사자	사례계획 논의 및 사례동의서 작성
			○	○○정신건강복지센터	정신건강의학과 추천병원 확인/ 의료비 지원결정 전달
			○	창○동 주민센터	창o동 동 단위 사례회의 추가 사례의뢰
			○	당사자	결연후원금 지급
	○		○	당사자	안부차 확인 ○○자조모임 내 반찬 전달 고지
			○	○○정신건강복지센터	○○○ 팀장 사례 논의 (창○동단위사례회의 논의사항)
			○	○○정신건강복지센터	○○○ 팀장 병원 측 사례의견
	○			당사자	병원 지원 감사 인사
	○			당사자	당사자 상반기 점검
……					

당사자	박재성	사례관리자	○○○

일시	전달 방식			접촉 대상	내용
	상담	서비스 제공	자원 연계		
	○			당사자	당사자 재사정 진행
	○			당사자	안부차 연락(관리비 체납)
	○			창○동 주민센터	○○주무관 연락 관리비 체납 지원 문의하셔서 의뢰경로 확인
	○			당사자	통원치료 후 긍정적 결과 회신
	○			창○동 주민센터	○○○주무관과 상황 공유 안부차 확인 결과 별다른 말씀 없음 지원을 위한 아들과의 연락 시도 접근방법 논의
	○			당사자	병원진료에 대해 당분간 중단 의사
	○			정신건강의학과 주치의	당사자 의학적 소견 및 사례개입의 대한 의견 요청
	○			당사자	병원진료에 대해 당분간 중단 의사
	○			당사자	안부차 연락 (여름철 체력저하에 따른 일상생활 지원 어려움)
			○	당사자	추석 맞이 특식나눔
			○	당사자	잡곡(쌀) 지원
	○			당사자	후라이팬 요청
	○			당사자	안부차 연락(일상생활 확인)
……					
	○			당사자	집중사례관리 점검 및 평가
	○			당사자	동주민센터 회신 결과 안내
	○			당사자	집중사례관리 당사자 만족도조사 진행

재사정 기록지

<table>
<tr><td>작성일</td><td colspan="3">20ㅇㅇ. ㅇ. ㅇㅇ.</td><td colspan="2">거주 지역</td><td colspan="2">창ㅇ동</td></tr>
<tr><td>상담일</td><td colspan="3">20ㅇㅇ. ㅇ. ㅇㅇ. (접수일 : 20ㅇㅇ. ㅇ. ㅇㅇ)</td><td colspan="2">상담자</td><td colspan="2">ㅇㅇㅇ사회복지사</td></tr>
<tr><td>성 명</td><td colspan="3">박재성</td><td colspan="2">생년월일</td><td colspan="2">000000-1</td></tr>
<tr><td rowspan="2">주 소</td><td colspan="3" rowspan="2">서울시 도봉구 ㅇㅇ로 ㅇㅇ</td><td colspan="2" rowspan="2">연락처</td><td colspan="2">00-000-0000</td></tr>
<tr><td colspan="2">보호자 :</td></tr>
<tr><td rowspan="3">가족 및 동거인</td><td>관계</td><td>성명</td><td>연령</td><td>성별</td><td>학력</td><td>직업</td><td>비고</td></tr>
<tr><td>본인</td><td>박재성</td><td>70</td><td>남자</td><td>초졸</td><td>–</td><td></td></tr>
<tr><td>아들</td><td>박진철</td><td>38</td><td>남자</td><td>대졸</td><td>–</td><td>실직</td></tr>
<tr><td>가구유형</td><td colspan="7">☐ 독거노인가구 ☐ 청장년1인가구 ☐ 한부모가구 ☐ 조손가구
☐ 노인부부가구 ☐ 부부중심가구 ☐ 장애인가구 ☐ 다문화가구
☑ 기타 (아들과 거주)</td></tr>
<tr><td rowspan="4">생활실태</td><td>주 거</td><td colspan="6">☐ 자가 ☐ 전세(만원) ☑ 월세(1천만원/ 월 45만원) ☐ 임대주택 ☐ 기타</td></tr>
<tr><td>보호구분</td><td colspan="6">☐ 수급권(생계/ 주거/ 교육/ 의료) ☐ 차상위( ) ☑ 저소득( ) ☐ 기타( )</td></tr>
<tr><td>주요소득</td><td colspan="6">☑ 공적부조(노령연금) ☐ 근로소득( ) ☐ 가족부조( ) ☑기타(국민연금)</td></tr>
<tr><td>경제상황</td><td colspan="3">수입 (62만원) 지출 (62만원)
*주 지출내역</td><td colspan="3">부채 : ☐ 유 (만원)
☑ 무</td></tr>
<tr><td rowspan="2">건강상태</td><td>보유질병</td><td colspan="6">고혈압, 신장질환, 전립선</td></tr>
<tr><td>장애명</td><td colspan="2"></td><td>장애등급</td><td colspan="3"></td></tr>
<tr><td colspan="2">자원현황</td><td colspan="6">■ 공식적 체계 :
■ 비공식적 체계 :</td></tr>
<tr><td>재사정 유형</td><td colspan="3">☐ 새로운 욕구 발생
☐ 긴급한 상황 발생
☑ 정기 점검
☐ 기타 ( )</td><td>재사정 요인</td><td colspan="3">☐ 당사자에 의한 요인
☑ 기관과 사회복지사에 의한 요인
☐ 자원과 환경에 의한 요인</td></tr>
<tr><td>당사자 욕구</td><td colspan="7">– 개인력/ 가족력 : 당사자는 열심히 직장생활을 하여 단란하게 지냈으나 IMF의 여파로 퇴직하고 자영업으로 망하고 사기 등의 사건으로 경제적 상황이 급격하게 나빠진 상태임. 당사자 아들의 실직으로 인하여 불안감으로 자살생각에 대한 부분은 많아 정신건강복지센터 연계, 복지관 의료비 지원 등으로 자살생각에 대해 완화되었음. 여전히 당사자 아들은 여전히 실직상태이며, 노무사 준비하였는데 1차 시험을 통과하였다고 함. 그러나 당사자는 아들이 나이가 있어 자격증을 따더라도 구직활동이 가능할지 염려가 된다고 함.
– 경제상황 : 작년 12월경 당사자 아들이 소유한 차량을 처분하면서 차상위 신청이 가능함을 안내받아 동주민센터에 방문하여 의뢰를 한 상황이며, 약 2~3달 정도 소요된다고 함. 노령연금</td></tr>
</table>

	22만원, 국민연금 40만원 총 62만원으로 생활하고 있으며, 아파트 관리비를 당사자가 납부하고 있으나 겨울철에는 계속 미납상황이라고 함. 고혈압 약도 약값, 병원비가 많아 예전에 아들이 제약회사에 다녔을 때 주었던 고혈압 약을 복용하고 있으며, 병원비에 대한 부담으로 타 진료를 거부하였음. – 건강상황 : 당사자는 복지관 도움으로 정신건강의학과 진료를 통하여 이전 뒷목이 뻐근하였던 증상이 호전되어 복지관에 고마움을 표현하였음. 3년 전 전립선 수술로 인하여 일상생활에 어려움을 호소하고 있고 당사자는 수술이 잘못되어 본인이 어려움을 겪는 것으로 인지하여 의료사고분쟁위원회에 제소한 상황으로 병원에 가서 본인상황을 이야기할 예정이라고 함. – 사회심리적상황 : 대부분의 시간을 본인의 집에서 생활하고 있음. 컴퓨터 활용으로 유튜브, 영어공부로 시간을 떼운다고 함. 외부활동의 경우 사회복지사와 라포형성이 되어 자주 당사자를 외부활동을 유도하기 위하여 복지관 방문까지는 허용한 상황임. 타인과의 교류에 대해 대인기피가 있어 어려움을 호소하고 담당자의 교류에 대해서 우호적인 상황임. 수면상황은 새벽 2~4시에 잠이 들고 8시~9시에 일어나서 복지관 도시락을 먹고 다시 잠을 자서 오후 3시에 일어나게 되는데 이때 본인의 컨디션이 좋다고 함. 당사자 아들의 경우 본인이 필요한 말만 하는 편임. 당사자도 말을 붙이고 싶으나 아들이 여전히 당사자에 대해 부정적인 마음이 커서 문제가 발생할 듯 싶어 본인이 말을 거의 하지 않는다고 함. – 원하는 욕구 : 종종 깜빡해서 라면 냄비를 태우는 경우도 있어 가스타이머가 필요함. 또한 안경이 필요하나, 경제적 어려움으로 맞추지 못하고 있음. 양쪽 시력이 달라 가능하다면 지원을 요청한 상황임
서비스 문제점	당사자의 경우 경제적 어려움으로 자살생각, 우울감이 높아 대체로 병원지원 및 경제적 어려움을 완화하고자 개입하였으나 사례회의 시 당사자의 의지보다는 복지관에 도움을 요청하는 의존적 모습이 많이 보여 이에 대한 개입이 필요하다는 의견이 나왔음. 당사자의 문제보다 의료분쟁위원회에 당사자가 정보를 찾아 문제를 해결하려는 모습처럼 당사자의 의지를 이끌 수 있는 영역을 확인하여 접근한다면 당사자의 의존성을 변경할 수 있으리라 생각됨.
향후계획 사회복지사 의견	당사자의 경우 집중사례관리 당사자로서 사례개입으로 점차 완화되고 있으나 외부활동을 거부하는 자살, 우울 고위험군이라 사례종결이 쉽지 않은 당사자임. 매번 강점에 대한 접근보다 문제해결에 집중되어 사례관리를 진행하였는데 올해는 집중사례개입의 경우 당사자 문제보다 강점을 활용하여 당사자의 일상생활 유지에 대한 영역을 키워 접근하고자 함.
결과	□ 유지 □ 사례회의 ☑ 서비스 재계획 □ 타 기관 의뢰 □ 종결

사례관리 점검기록지

작성일	20○○. ○, ○○.	거주 지역	창○동
당사자명	박재성	사례관리자	○○○ 사회복지사
작성일자	20○○. ○. ○○.	유형	☐ 신규 ☑ 재사정

<table>
<tr><th>우선
순위</th><th>제시된 욕구</th><th>합의된 목표</th><th>실천계획</th><th>점검내용</th><th colspan="2">점검평가</th></tr>
<tr><td rowspan="4">11</td><td rowspan="4">건강 – 신체적, 정신적
요실금으로 밖에 나가면 불안해요. 혹시 오줌이 나오면 다들 날 미친 사람 취급하지 않겠어요?

아들 때문에 더 우울하고 죽고 싶은 생각도 가지게 됩니다.

다른 사람처럼 잠을 잘 잘 수 없습니다. 밤에 잠을 못 자서 새벽에 잠이 들어 도시락이 올 때까지 잠이 와요. 뒷골이 계속 당깁니다.</td><td rowspan="4">단기 : 정신건강복지센터 연계 상담받기

장기 : 병원통원 치료로 우울, 자살 생각 감소</td><td rowspan="4">당사자 : 의료 서비스 정기적 참여

사례관리자 : 관련 자원 정보 안내 및 참여 독려</td><td>사례관리자
우울, 자살생각이 매우 높아 ○○정신건강복지센터 연계로 자살위기상담 진행, 평가과정으로 정신건강의학과 진료에 대해 권고를 받았으나 실질적 병원비용에 대한 부담으로 사례회의를 통하여 복지관에서 병원비를 지원하게 되었고 그로 인하여 당사자 목표처럼 꾸준히 잘 다녔음. 여름철에 너무 더워 일시적 중단도 있었음.</td><td colspan="2">☑ 달성
☐ 연장
☐ 재사정</td></tr>
<tr><td rowspan="3">당사자의 표현
내가 여러 병원을 다녀도 정확하게 나에게 설명해 주지 못했는데 내가 우울증 때문에 이렇게 아팠다는 걸 이제야 알았어요. 다 복지관 덕분입니다.</td><td colspan="2">욕구조사</td></tr>
<tr><td>사전</td><td>사후</td></tr>
<tr><td>11</td><td>5</td></tr>
<tr><td>8</td><td>안전 – 가족 내
아들이 있지만 본인이 필요할 때만 말을 합니다. 예전에 경찰서에 아들을 신고한 후 잠잠해졌어요.</td><td>단기 : 아들과의 관계 상황 이야기 나누기

장기 : 아들과의 관계를 객관적으로 바라볼 수 있는 지속적인 상담</td><td>당사자 : 아들과의 상황을 사례관리자와 공유

사례관리자 : 상황에 따른 다른 시선 전달/ 위기상황 발생 시 당사자 지지 자원 확보</td><td>사례관리자
아들과의 관계의 큰 개선은 없음. 통합사례회의를 통하여 연계하여 아들에 대한 개입에 대한 방안제시가 있었으나, 당사자 의지가 커서 개입하지는 못하였으며 우선 당사자가 갈등을 완화하기 위하여 정기적 상담을 통하여 이전보다는 사안에 대해 객관적으로 바라볼 수 있는 다양한 관점전환이 있었다고 생각됨.</td><td colspan="2">☐ 달성
☐ 연장
☑ 재사정</td></tr>
</table>

<table>
<tr><td rowspan="3"></td><td rowspan="3"></td><td rowspan="3"></td><td rowspan="3"></td><td rowspan="3">당사자의 표현
이전보다 나아지기는 했죠. 아들도 나에게 뭐라고 하지 않고 종종 복지사 말 들으면서 그럴 수도 있을 것 같기도 하지만 답답한 건 사실입니다.</td><td colspan="2">욕구조사</td></tr>
<tr><td>사전</td><td>사후</td></tr>
<tr><td>8</td><td>5</td></tr>
<tr><td rowspan="4">7</td><td rowspan="4">사회적 관계
친인척 및 이웃 간, 소속된 집단 및 사회생활

밖에서 보기에는 괜찮지만 내 상황은 너무 힘들어요. 밖에 나가라고 말하지만 사실 쉽지 않아요.

대인기피가 있어 밖에서 누굴 만날까 봐 두려워 외부활동을 원치 않아요.</td><td rowspan="4">단기 : 외부활동에 기회를 마련 후 당사자 참여

장기 : 외부활동에 참여생각 변화</td><td rowspan="4">당사자 : 사례관리자가 제안한 외부활동에 대한 긍정적 인식 및 시도

사례관리자 : 외부활동에 대한 정보제공 및 참여 독려</td><td>사례관리자
외부활동에 대해 매우 거부적이였음. 단, 사례관리자와의 만남에 대해서는 허용적이였음. 아직까지 건강상의 어려움 호소로 동년배와의 만남 등에 대해서는 거부적임.</td><td colspan="2">☐ 달성
☑ 연장
☐ 재사정</td></tr>
<tr><td rowspan="3">당사자의 표현
내가 겉보기에 괜찮아 보여도 사실 여러 곳이 아파서 밖에 있는 것보다 집에 있는 게 훨씬 낫습니다. 또 동네 사람 중에 ○○○를 만났지만 서로 기분만 안 좋아져서 누구를 다시 만나기는 싫습니다.</td><td colspan="2">욕구점수</td></tr>
<tr><td>사전</td><td>사후</td></tr>
<tr><td>7</td><td>5</td></tr>
<tr><td rowspan="4">6</td><td rowspan="4">일상생활 유지-의식주, 여가생활
도시락으로 아침, 점심 해결하고 저녁은 라면을 먹습니다. 음식을 할 줄 모르니까 이렇게 사는 겁니다.

집에서 컴퓨터로 유튜브 보고 영어공부하는 게 시간이 빨리 지나갑니다.</td><td rowspan="4">단기 : 노인식사배달 서비스 내 당사자 역할 담당

장기 : 가정 내 조리 가용능력 키우기</td><td rowspan="4">당사자 : 노인식사배달 설거지 잘 해놓기 함께 만들 반찬 고민해 보기

사례관리자 : 가정 내 가능한 반찬 숙지하도록 지원</td><td>사례관리자
노인식사배달로 2끼를 해결할 수 있었음. 당사자도 만족스러워 하였으나 장기적 관점에서 직접 조리능력을 키워야 하므로 사례관리자와 사전준비를 함. 만들고 싶은 음식, 실제 조리 등 과정을 거쳐 이전보다 향상된 과정을 이행할 수 있었음.</td><td colspan="2">☑ 달성
☐ 연장
☐ 재사정</td></tr>
<tr><td rowspan="3">당사자의 표현
복지관이 없었다면 내가 지금까지 어떻게 살고 있었을까요? 매일 감사하게 생각합니다. 혼자 만들어 볼 생각도 못했는데 복지사가 옆에 있어 내가 한결 나아요.</td><td colspan="2">욕구점수</td></tr>
<tr><td>사전</td><td>사후</td></tr>
<tr><td>6</td><td>2</td></tr>
</table>

<table>
<tr><td rowspan="4">5</td><td rowspan="4">경제-기초생활해결
아들이 2,000만원 퇴직금이 있는데 매달 월세로 깎아 먹고 있으니, 걱정이 많고 나도 겨울철에는 관리비가 점점 미납되지만 아들에게 말할 수는 없어요.

차상위가 되어 의료만 지원되더라도 병원에 갈텐데 현재는 돈도 없고 힘들어요.
일상생활 하는 데 돈이 많이 들죠.</td><td rowspan="4">단기 : 외부연계 자원 정보 찾아보고 과정 이행 (국가지원 - 차상위 선정)
물품지원 정보 연계

장기 : 기초생활보장 유지</td><td rowspan="4">당사자 : 동주민센터와의 자격요건 부합과정 확인

사례관리자 : 미선정 시 관련정보 파악하여 보완사항 혹은 다른 방법 모색

통합사례회의를 통하여 당사자 가정 내 개입방법을 모색한다.</td><td rowspan="2">사례관리자
계획한 병원비 지원은 당사자가 일시중단 외에 1년간 꾸준히 지원을 하였고 결연후원금, 물품나누기 시 우선순위로 염두하여 다양한 자원을 연계하였음. 복지관 지원은 적절하였으나 당사자의 체감도는 아들실직에 따른 심리적 위축감이 크며, 국가지원의 경우 아들의 비협조로 과정만 보고 이행되지는 못한 상황임.</td><td colspan="2">□ 달성
□ 연장
☑ 재사정</td></tr>
<tr><td colspan="2">욕구점수</td></tr>
<tr><td rowspan="2">당사자의 표현
복지관 도움이 많았지만 내가 살기에는 많은 돈이 듭니다. 아들도 여전히 상황은 같고 내가 불안한 마음이 가라앉지 않아요.</td><td>사전</td><td>사후</td></tr>
<tr><td>5</td><td>4</td></tr>
</table>

사례관리 평가서

당사자명	박재성	사례관리자	○○○ 사회복지사
작성일자	20○○. ○. ○○.	유형	□ 신규 ☑ 재사정

<table>
<tr><td rowspan="3">제공된 서비스</td><td>합의된 목표</td><td>서비스 종류</td><td>제공횟수</td><td>평가</td></tr>
<tr><td rowspan="2">단기 : 정신건강복지센터 연계 상담받기

장기 : 병원통원치료로 우울, 자살 생각 감소</td><td>타 기관 연계 (○○정신건강복지센터)</td><td>5회</td><td>자살생각이 높아 바로 정신건강복지센터 위기상담을 개입하여 정신건강의학과 의사의 평가에 따라 정신의학과 치료 권고/ 관련하여 주기적 상황 논의</td></tr>
<tr><td>정신건강의학과 치료</td><td>10회</td><td>자원연계 시급성이 있어 기관 내 사례회의를 통하여 지원을 결정하여 정신건강복지센터에서 연계한 병원에 1년간 병원비를 지원하였음. 당사자의 경우 본인이 그동안 많이 힘들었던 부분에 정신의학과 부분은 고려하지 않았는데 연계하여 원인도 알게 되고 약 복용 후 신체증상도 완화되었</td></tr>
</table>

				다고 판단함. 정신건강의학과 의사와 상담을 통해 파악한 부분은 당사자의 경우 약 복용량이 높지 않음에도 상황에 대한 호전을 인식하는 부분은 당사자의 심리적 요인 큰 것으로 나타났음.
		방문간호서비스	2회	주민센터를 통하여 방문간호서비스를 받게 되었고 고혈압에 대한 위험성을 인식하여 병원에서 약 처방 지원
	단기 : 아들과의 관계 상황 이야기 나누기 장기 : 아들과의 관계를 객관적으로 바라볼 수 있는 지속적인 상담	정기적 상담	45회	아들에 대해 지속적인 모니터링으로 문제해결보다는 당사자 역시 현 상황에 적응하여 이전보다 마음이 가라앉은 듯 보였음.
	단기 : 외부활동에 기회를 마련 후 당사자 참여 장기 : 외부활동에 참여생각 변화			방문 및 전화를 통하여 모니터링을 실시하였고 어려움에 대해 들어드리면서 정서적인 체계를 마련하였음. 또한 자살예방사업 관련하여 소개하고 또한 외부만남을 통하여 어르신께 외부활동을 유도하도록 노력하였음. 거의 대부분의 시간을 혼자 지내다 보니, 대화할 상대가 필요하고 사례관리자의 상담에 대해 매우 호의적이고 상황에 따라 당사자에서 연락이 오기도 하였음.
		외부활동	4회	동년배와의 만남은 꺼리고 담당 사례관리자와의 만남만 응하였음. 상담 시 외부에서 만나기를 유도하거나 당사자와 공원산책 등 외부활동에 대한 긍정적 인식을 가질 수 있도록 진행하였음.
	단기 : 노인식사배달 서비스 내 당사자 역할 담당 장기 : 가정 내 조리 가용능력 키우기	노인식사배달	365회	건강 및 식사준비의 어려움을 호소하여 중식도시락을 매일 지원하여 안정적인 식사에 도움을 주었음. 조리능력이 없어 중식도시락을 2번에 나누어 드시고, 저녁은 라면으로 끼니를 여전히 유지하고 있음.
		음식조리	6회	당사자도 조리능력이 필요하다고 인식하나 실제 도움을 받을 곳이 없는 상황이었음. 평소에 먹고 싶었던 음식을 찾아보고 가용이 가능한 음식을 함께 제작해 보면서 가정 내 가능한 음식 위주로 연습의 과정을 거쳤음. 더불어 조리한 음식을 집에서 활용할 수 있어 만족도가 높았음.

	단기 : 외부연계 자원 정보 찾아보고 과정 이행(국가지원 – 차상위 선정) 물품지원 정보연계 장기 : 기초생활보장 유지	타 기관연계 (동주민센터)	5회	통합사례회의에 안건으로 올려 3개 기관이 개입한 상황을 공유하고 각 기관마다 지원되는 상황에 공유하여 다각적 개입이 이뤄졌음
		결연후원금 지원	11회	소액의 금액이나 당사자에게 필요한 부분이고, 경제적 어려움에 도움이 되었다고 당사자도 평가하고 있음. 당사자의 삶에 큰 변화보다는 도움을 주는 선으로 생각됨.
		물품후원	5회	다양한 물품 지원 시 우선순위로 지원을 많아 하였으며, 그에 따라 시기적절하게 도움을 드렸음. 그러나 아들 실직에 따른 어려움으로 문제해결 기여보다 보완적 차원의 개입이였음.
생태도 개입 전후 비교	개입 전		개입 후	
	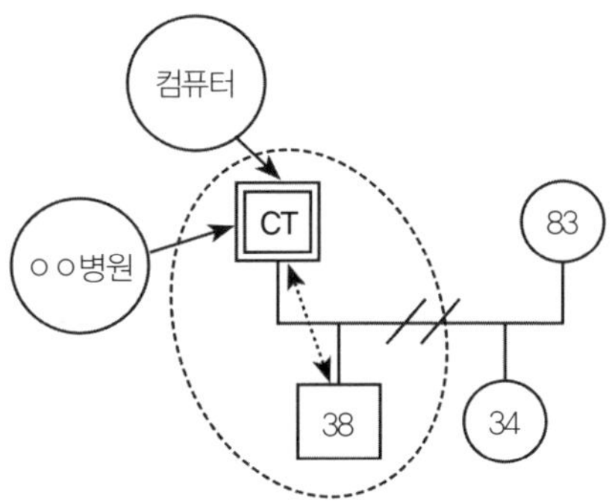		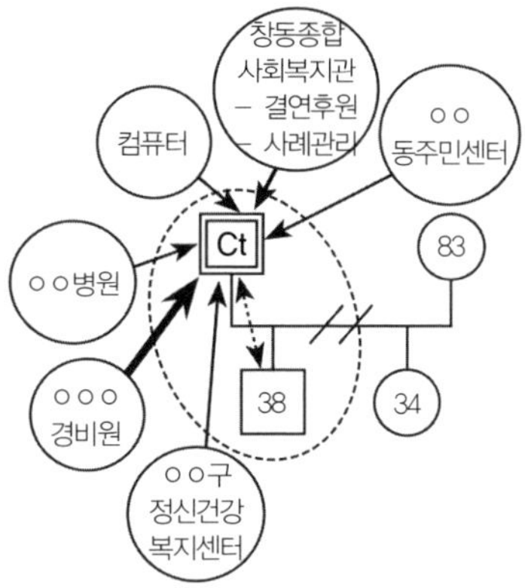	

구분	종합의견	결과
당사자의 변화	건강의 어려움, 아들의 실직 등 우울, 자살생각이 매우 높아 위기상황이였으나 사례개입 중 의료적 개입으로 일상생활 호전에 기여했다고 생각됨.	종결 ☐ 사례회의 ☐ 서비스 재계획 ☑ 타기관 의뢰 ☐ 유지 ☐
환경변화	공동사례관리 차원의 개입으로 인하여 다양한 모니터링이 가능하였음. 지원체계를 이웃들과 함께 할 수 있는 계기를 마련할 필요가 높음	
사례관리자 의견	사례관리자와의 라포에 따른 다양한 시도 (정신건강복지센터 연계, 외부활동 추진)으로 일정목표를 달성하였으나 외부인에 대한 거부적 태도를 개선하기 위해서 지역사회 자원연계활동에 참여하도록 목표설정 후 당분간 사례관리를 진행할 필요가 높다고 생각됨.	

※ 사례관리 당사자 만족도조사

항목	전혀 아니다	아니다	보통이다	그렇다	매우 그렇다
1) 사례관리 진행과정 중 사례관리자와의 만났던 시간, 횟수 등에 대해 만족한다.	①	②	③	④	⑤
2) 사례관리를 진행하는 모든 과정에 대해 사례관리자는 자세히 안내하였다.	①	②	③	④	⑤
3) 사례관리에 참여하는 데 나의 의견이 반영되었고 주체적으로 참여할 수 있었다.	①	②	③	④	⑤
4) 사례관리자의 전문성은 나의 어려운 상황 해결에 도움을 주고 있어 신뢰할 수 있다.	①	②	③	④	⑤
5) 연계된 자원이나 제공된 서비스에 대해 만족한다.	①	②	③	④	⑤
6) 사례관리를 통해서 내가 원하는 바람대로 결과를 얻을 수 있었다.	①	②	③	④	⑤
7) 사례관리가 종결되더라도 변화된 상황을 잘 유지할 수 있는 자신감이 생겼다.	①	②	③	④	⑤

사례관리 종결보고서

<table>
<tr><td>당사자</td><td>박재성</td><td>생년월일</td><td colspan="2">20○○. ○. ○○.</td></tr>
<tr><td>주 소</td><td>서울시 도봉구 ○○길 ○○</td><td>전화번호</td><td colspan="2">02-000-0000</td></tr>
<tr><td>등록일</td><td>20○○. ○. ○○.</td><td>종 결 일</td><td colspan="2">20○○. ○. ○○.</td></tr>
<tr><td>서비스
제공현황</td><td colspan="4">1) 사례관리</td></tr>
<tr><td>종결유형</td><td colspan="4">☐ 목표달성(당사자–사례관리자 합의)
☑ 목표달성 중(당사자–사례관리자 합의)
☐ 다른 지역 이주 ☐ 서비스 거절이나 포기
☐ 내담자 사망 ☐ 연락두절
☐ 불성실한 참여 ☐ 제공자 사업종료
☐ 서비스 자격변동(타 기관 의뢰 : / 의뢰일 :)
☐ 기타( )</td></tr>
<tr><td rowspan="2">당사자
변화사항</td><td colspan="2">초기사항</td><td colspan="2">종결상황</td></tr>
<tr><td colspan="2">우울감, 자살생각이 높아 자살고위험군 당사자였음. 부양의무자가 있으나 실질적 도움이 주지 못하여 홀몸어르신임. 국가지원의 부재로 경제적 어려움 호소</td><td colspan="2">지역사회 병원연계로 지속적인 의료적 개입으로 자살생각 감소 및 모니터링 가능
아들실직에 대한 상황 반영하여 차상위로 선정되어 의료적 개입 원활함.</td></tr>
<tr><td>사회복지사
의견</td><td colspan="4">초기 당사자의 자살생각이 높아 긴급한 의료적 개입이 필요한 사례였으나 지역사회 내 유관기관과의 공동사례관리를 통하여 상황을 완화시킬 수 있어 긍정적이었으며 당사자도 사례관리 과정 내 당사자의 의지를 발현하여 노력하여 사례목표를 일정부분 완화되어 당사자와의 합의를 거쳐 종결하고자 함.</td></tr>
<tr><td>사후관리
계획</td><td colspan="4">사례관리목표에 대해 일정부분 달성되어 사례관리당사자에서 서비스제공 당사자로 변경하여 개입하려 함. 분기별 1회 모니터링으로 당사자 사례 개입하고자 함.</td></tr>
<tr><td colspan="4">상기 사유로 인하여 사례관리를 종결합니다.</td><td>사례관리자 : ○○○ (인)</td></tr>
<tr><td colspan="4">위 사유로 인하여 사례관리를 종결하고 이에 동의합니다.</td><td>당사자 : ○○○ (인)</td></tr>
</table>

제3절 사례관리 예시 - 다문화 사례의 실제

사례관리 초기접수대장

<table>
<tr><td>연 번</td><td>접수일</td><td>접수자</td><td colspan="2">주소 및 연락처</td><td>의뢰사유</td></tr>
<tr><td rowspan="4"></td><td rowspan="2">20○○. ○. ○.</td><td rowspan="2">빙빙</td><td colspan="2">주소 서울시 도봉구 ○○길 ○○</td><td rowspan="2">경제적 어려움으로 인한 한국어 교사의 상담 추천으로 의뢰됨</td></tr>
<tr><td colspan="2">연락처 02-000-000</td></tr>
<tr><td>소득구분</td><td colspan="2">☑ 수급권 ☐ 차상위
☐ 저소득 ☐ 일반</td><td>주거형태</td><td>☐ 자가 ☐ 전세 ☑ 월세 ☐ 기타</td></tr>
<tr><td>가족유형</td><td colspan="2">☐ 1인 ☑ 2인 이상(5명)</td><td>의뢰경로</td><td>☐ 본인 ☐ 이웃의뢰 ☑ 기관의뢰
(담당/ 연락처 교사 ○○○</td></tr>
<tr><td>팀장
(인)</td><td>상담자</td><td colspan="2">○○○사회복지사</td><td>선정결과</td><td>☑ 상담
☐ 미상담 (사유 :)</td></tr>
</table>

사례관리 실태조사표

<table>
<tr><td>작성일</td><td colspan="3">20○○. ○. ○○.</td><td>거주지역</td><td colspan="3">창○동</td></tr>
<tr><td>상담일</td><td colspan="3">20○○. ○. ○○. (접수일 : 20○○. ○. ○○)</td><td>상담자</td><td colspan="3">○○○ 사회복지사</td></tr>
<tr><td>접수경위</td><td colspan="3">유관기관 의뢰</td><td>사례유형</td><td colspan="3">다문화 가구</td></tr>
<tr><td>성 명</td><td colspan="3">빙빙(가명)</td><td>생년월일</td><td colspan="3">19○○. ○. ○. (외국인)</td></tr>
<tr><td rowspan="2">주 소</td><td colspan="3" rowspan="2">서울시 도봉구 ○○길 ○○</td><td rowspan="2">연락처</td><td colspan="3">00-000-0000</td></tr>
<tr><td colspan="3">보호자 : 010-000-0000</td></tr>
<tr><td rowspan="4">가족 및
동거인</td><td>관계</td><td>성명(가명)</td><td>성별</td><td>연령</td><td>학력</td><td>직업</td><td>비고</td></tr>
<tr><td>남편</td><td>홍길동</td><td>남</td><td>54</td><td>대졸</td><td>일용직</td><td>동거</td></tr>
<tr><td>본인</td><td>빙빙</td><td>여</td><td>41</td><td>초졸</td><td>가정주부</td><td>동거</td></tr>
<tr><td>자</td><td>홍영미</td><td>여</td><td>12</td><td>초재</td><td>초5학년</td><td>동거</td></tr>
</table>

<table>
<tr><td rowspan="3"></td><td>자</td><td>홍원영</td><td>남</td><td>11</td><td>초재</td><td>초4학년</td><td>동거</td></tr>
<tr><td>자</td><td>홍지영</td><td>여</td><td>9</td><td>초재</td><td>초2학년</td><td>동거</td></tr>
<tr><td>자</td><td>홍미영</td><td>여</td><td>3</td><td>–</td><td>유아</td><td>동거</td></tr>
<tr><td rowspan="4">생활
실태</td><td>주 거</td><td colspan="6">☐ 자가 ☐ 전세(만원) ☑ 월세(500만원/ 20만원) ☐ 임대주택 ☐ 기타</td></tr>
<tr><td>보호구분</td><td colspan="6">☑ 수급권(생계/ 주거/ 교육/ 의료) ☐ 차상위( ) ☐ 저소득( ) ☐ 기타( )</td></tr>
<tr><td>주요소득</td><td colspan="6">☑ 공적부조(수급비) ☐ 근로소득( ) ☐ 가족부조( ) ☑ 기타(국민연금)</td></tr>
<tr><td>경제상황</td><td colspan="4">수입 (140만원) 지출 (140만원)
* 주 지출내역 생활비</td><td colspan="2">부채 : ☑ 유 (3000만원)
☐ 무 ( )</td></tr>
<tr><td rowspan="2">건강상태</td><td>보유질병</td><td colspan="6">우울감, 심각한 허리통증</td></tr>
<tr><td>장애명</td><td colspan="2">해당없음</td><td>장애등급</td><td colspan="3">해당없음</td></tr>
<tr><td>주요욕구</td><td>서비스 및 자원</td><td colspan="6">경제적 지원, 주거환경 개선</td></tr>
<tr><td colspan="2">연계 자원현황</td><td colspan="6">☑ 공식적 체계 : 보건소(방문간호)
☑ 비공식적 체계 : 인근교회, 친척(시부모님)</td></tr>
<tr><td colspan="8">양식 안내</td></tr>
<tr><td colspan="2">상담내용</td><td colspan="6">다문화 한국어교사를 통해 당사자 추천받음.
당사자는 중국 출신의 이주여성임. 당사자의 아버지가 주폭이 심하여 당사자는 남자를 무서워했고 결혼을 할 생각이 없었음. 친정도 가정형편이 좋지 못하여 자신은 초등학교만 졸업하고 13세부터 공장에서 일을 시작했다고 함. 공장에서 일을 하면서 남편을 만나 결혼해 한국으로 이주했음. 당사자는 남편의 일용근로비와 수급비로 생활하고 있으나 남편이 모든 수급비를 관리하고 있으며 개인 용돈으로도 생활비를 사용하는 것에 불만이 많음. 또한 남편은 자신의 직업소개소 운영비로 수급비의 일부를 사용하고 있음. 당사자가 돈이 필요하다고 하면 20만원, 30만원 정도 조금씩 돈을 주었고, 어쩌다 돈이 생기면 남편이 전부 가져간다고 함.
3월에 마트에서 상한 고기를 먹게 되어 보상비 70만원을 받았는데 남편이 모두 가져갔다고 함. 남편의 부채는 3천 만원이라 하였고 정확한 부채는 당사자도 알지 못하나 전부 생활비와 부가 결혼 전 가진 빚이라고 함. 남편은 현재 신용불량자임. 월세 미납한지는 몇 년(추정) 가까이 되어 보증금이 남아있지 않음. 집주인 요청이 있으면 언제든 집을 비워 주어야 할 상황임.
당사자는 산후조리를 잘 못해 여름에도 추위를 타며 폭염의 날씨에도 긴팔 긴바지를 입고 복지관을 방문하였음. 아이를 낳으면서 점점 몸이 힘들어 지고 있다고 함. 첫째는 건강에 큰 이상이 없으나, 둘째는 아기 때 기침을 심하게 해 천식이 있음. 그때 시부모님이 괜찮다고 해 병원에 데려가지 않았는데 폐에 무리가 되어 현재 천식 매우 심한 편임. 넷째는 소아빈혈이 심해 동일 연령 아동보다 체구가 마른 편임.
여섯 명이 살기에 집이 좁은 편이며 화장실은 바닥 타일이 다 깨져 있어 미끄러워 위험하나 당사자가 고치기 어려움. 집은 채광이 잘 되지 않아 습하며 외풍이 심해 박스로 틈새를 막아 놓음. 비가 오면 박스가 젖어 장마철에는 박스를 매번 갈아내야</td></tr>
</table>

	함. 주방은 실외 공간을 실내로 개조하였고 환풍기가 고장나 환기가 되지 않음. 현재 거주하고 있는 집은 누수가 심해 이사하고 싶으나 자녀가 많다보니 1층이 아니면 살기가 어렵고 경제적 부담 때문에 이사하지 못함. 특히 보증금이 없어 당장 월세를 못 내면 집을 비워야 하며 이사를 가면 밀린 월세를 정산해야 함. 집 옆 창고 같은 마당에는 짐을 쌓아놓고 있으나 라디오, 유모차, 상자 등 재활용품을 함께 쌓아두어 위생적이지 못함. 주민 센터에서 치워주신다고 말했으나 언제가 될지는 모르겠다고 함. 또한 집에 폐품이 많으니 해충이 많아 바퀴, 지네 등 비가 오면 해충이 더 많이 나오고, 자녀들 옷에도 죽은 벌레가 나왔음. 밤에 자다가 불을 켜면 자녀들 얼굴에 벌레가 기어다닌다고 함. 초등학교 학령기 자녀는 세 명임에도 책상은 한 개뿐이고 공부할 여건이 되지 않음. 공부방 방문이 낡아 방문을 없애고 비닐 문을 임시로 만들어 두어 학습환경 또한 매우 열악함.
상담자 의견	당사자 이주여성으로 한국어가 서툴러 자신의 의사표현이 어렵고 남편의 조력이 미진해 정서적 스트레스가 심각한 편임. 한국어가 서투르니 주변에서 필요한 정보를 습득하는 것에도 어려움이 많음. 또한 주거상황 열악하고 경제적 어려움, 자녀 양육에 따른 어려움을 복합적으로 겪고 있으므로 기관 당사자로 선정함. 특히 주거 위생환경 개선이 필요하며 월세 체납으로 인한 퇴거가 우려되는 상황이므로 본 기관 서비스 당사자로 지원하고자 함.

인테이크 기록지

<table>
<tr><td>작성일</td><td colspan="3">20○○. ○. ○○.</td><td colspan="2">거주지역</td><td colspan="2">창○동</td></tr>
<tr><td>상담일</td><td colspan="3">20○○. ○. ○○. (접수일 : 20○○. ○. ○○)</td><td colspan="2">상담자</td><td colspan="2">○○○ 사회복지사</td></tr>
<tr><td>성 명</td><td colspan="3">빙빙(가명)</td><td colspan="2">생년월일</td><td colspan="2">19○○. ○. ○. (외국인)</td></tr>
<tr><td rowspan="2">주 소</td><td colspan="3" rowspan="2">서울시 도봉구 ○○로 ○○○</td><td colspan="2" rowspan="2">연락처</td><td colspan="2">00-000-0000</td></tr>
<tr><td colspan="2">보호자 : 010-0000-0000</td></tr>
<tr><td rowspan="7">가족 및 동거인</td><td>관계</td><td>성명</td><td>성별</td><td>연령</td><td>학력</td><td>직업</td><td>비고</td></tr>
<tr><td>남편</td><td>홍길동</td><td>남</td><td>54</td><td>대졸</td><td>일용직</td><td>동거</td></tr>
<tr><td>본인</td><td>빙빙</td><td>여</td><td>41</td><td>초졸</td><td>가정주부</td><td>동거</td></tr>
<tr><td>자</td><td>홍영미</td><td>여</td><td>12</td><td>초재</td><td>초5학년</td><td>동거</td></tr>
<tr><td>자</td><td>홍원영</td><td>남</td><td>11</td><td>초재</td><td>초4학년</td><td>동거</td></tr>
<tr><td>자</td><td>홍지영</td><td>여</td><td>9</td><td>초재</td><td>초2학년</td><td>동거</td></tr>
<tr><td>자</td><td>홍미영</td><td>여</td><td>3</td><td>–</td><td>유아</td><td>동거</td></tr>
<tr><td>가구유형</td><td colspan="7">☐ 독거노인가구 ☐ 청장년 1인 가구 ☐ 한부모가구 ☐ 조손가구
☐ 노인부부가구 ☐ 부부중심가구 ☐ 장애인가구 ☑ 다문화가구 ☐ 기타</td></tr>
</table>

<table>
<tr><td rowspan="4">생활실태</td><td>주 거</td><td colspan="3">☐ 자가 ☐ 전세(만원) ☑ 월세(500만원/ 20만원) ☐ 임대주택 ☐ 기타</td></tr>
<tr><td>보호구분</td><td colspan="3">☑ 수급권 (생계/ 주거/ 교육/ 의료) ☐ 차상위( ) ☐ 저소득( ) ☐ 기타( )</td></tr>
<tr><td>주요소득</td><td colspan="3">☑ 공적부조(수급비) ☐ 근로소득( ) ☐ 가족부조() ☑ 기타(국민연금)</td></tr>
<tr><td>경제상황</td><td colspan="2">수입 (140만원) 지출 (140만원)
* 주 지출내역 생활비, 공과금</td><td>부채 : ☑ 유 (3000만원)
☐ 무 ( )</td></tr>
<tr><td rowspan="2">건강상태</td><td>보유질병</td><td colspan="3">우울감, 심각한 허리통증</td></tr>
<tr><td>장애명</td><td>해당 없음</td><td>장애등급</td><td></td></tr>
<tr><td colspan="2">자원현황</td><td colspan="3">☑ 공식적 체계 : 보건소(방문간호)
☑ 비공식적 체계 : 인근교회, 친척(시부모님)</td></tr>
</table>

■ 가계도

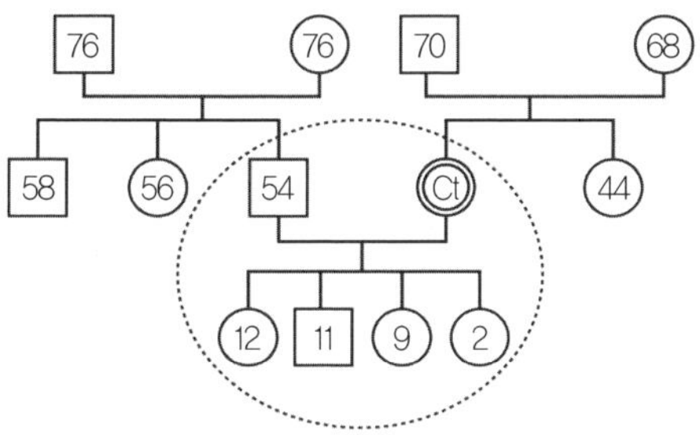

■ 생태도

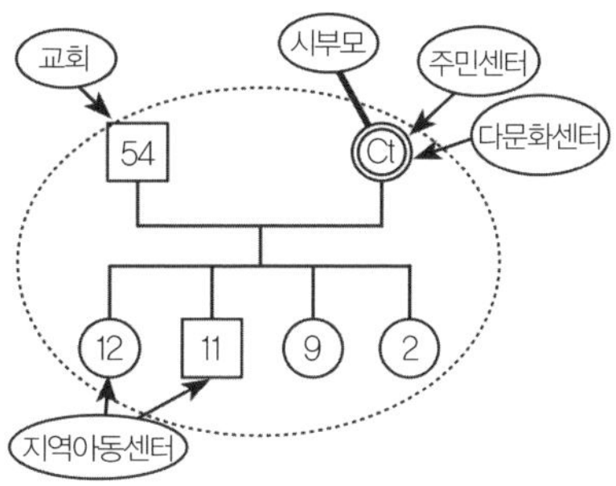

■ **개인력/ 가족력**

중국 쓰찬 출신 이주여성으로 당사자의 아버지는 알콜, 도박 중독자였음. 때문에 당사자는 결혼을 하고 싶은 생각이 없었음. 집안 형편으로 당사자는 초등학교만 졸업 후 바로 공장에서 일을 시작하였음. 공장에서 일하던 중 관리자로 왔었던 남편을 만나게 되었고 첫째를 임신하며 한국으로 이주함. 당사자의 가족은 언니가 한 명 있는데 현재 중국에서 미혼모로 아이를 양육하며 살고 있음. 언니의 남편될 사람이 친정이 매우 가난한 것을 알고 아이를 임신했음에도 불구하고 도망쳤다고 함. 당사자가 한국에 이주한지 약 13년 되었으나 13년 동안 경제적 어려움으로 단 한번도 친정에 방문하지 못했고 친정조차 경제적으로 여전히 어려운 상태라 전화로 연락만 주고 받는 상태임.

■ **경제상황(수입/ 생활비/ 저축/ 부채 등)**

처음 한국으로 귀국했을 때 남편의 부채가 많아 시댁에서 생활하게 되었음. 70년대에 지어진 오래된 목조주택에서 시부모님과 함께 생활하며 셋째 아이까지 낳았고, 2015년에 넷째를 낳으며 생활비 등이 부족하니 시부모님이 인근으로 이사하였음.
한국에 귀국했을 때 사채업자들이 집으로 찾아와 물품에 압류 스티커를 붙이고, 매일같이 집으로 찾아오는 등 생활고가 매우 심했었다고 함. 현재도 생활이 어려워 자녀들은 바닥이 다 닳은 신발을 신고, 신발이 작아져 발이 아플 때까지 신발을 신고 있음.
현재 거주하는 집은 6명이 살기에 좁은 편이고, 화장실의 바닥타일이 다 깨져 있는 등 미끄러운 편임. 또한 시부모님이 이사하면서 20년 정도의 시간동안 모아두었던 폐가전 등을 지하실과 집 옆에 가득 쌓아두어, 폐품들 사이로 해충이 번식하였음. 집안에 바퀴벌레 등 해충이 매우 많은 편임. 공과금은 체납되지 않았으나, 남편이 모든 수급비를 관리해 자신은 수입에 대해 정확히 모른다고 함. 수급비가 입금되면 남편이 용돈, 직업소개소 운영비(사업)로 사용하고 잔액 30~40만원을 당사자에게 준다고 함. 부부는 경제적 어려움으로 다투는 일이 매우 잦은 편임.
남편 앞의 부채는 약 3천 만원 가량이며, 이는 남편이 결혼 전부터 가지고 있던 빚이라고 함. 집 월세는 보증금 500만원에 20만원으로 현재 거주하는 집의 주인이 월세가 밀려도 독촉하지 않아 몇 년째 납부하지 않았다고 함. 월세 납부하지 않고 보증금을 다 소진하여 이른 시일 내 퇴거해야 하나 집주인이 양해해 주어 무임임차 중임. 그러나 집 주변 재개발을 시작하면 집주인이 주택을 매각할 생각이라 주거지에 대한 불안감이 높음.

■ **건강상황(장애/ 병력/ 진단 및 치료 등)**

당사자는 4명의 자녀를 낳으며 허리에 큰 이상이 발생했음. 상담 중에도 자리에 앉아있는 것을 힘들어 하였고, 복지관의 다문화 한국어 수업시간에도 몇 번이고 일어날 정도로 허리 통증이 심한 편임. 남편과 육아로 인한 스트레스가 극에 달하면 발작을 하며 쓰러진 경험도 있다 함.
지역 보건소 권유로 정신과 방문하였고 입원치료 진단을 받았으나 양육 때문에 입원치료를 포기했으며 통원치료도 어려워 보건소의 방문간호 서비스를 이용하고 있음.
당사자 남편은 건설현장의 일용직 등 잡부로 일을 하다 허리를 다쳐 수급권이 되었음.

■ **사회심리적상황[가족관계 및 생활상태 · 심리정서상태 · 사회적 관계(공식적 · 비공식적 자원체계) 등]**

집이 좁은 편이고 채광이 잘 되지 않아 습한 편임. 외풍이 심한 편이라 문틈을 박스로 막았고 비가 오면 그 박스를 매번 갈아내야 할 정도로 열악한 것이 큰 스트레스라고 함. 오래된 목조주택이라 개미, 바퀴벌레 등 벌레가 많으며 집 옆에 약 5톤 가량의 폐품에서 발생하는 해충들이 밤이 깊어지면 자고 있는 아이들 얼굴을 기어다닌다고 함. 가장 힘든 것은 아이들 옷에서 죽은 벌레가 나오고, 현장 학습 때 준비했던 도시락 안에서 벌레가 나와 막내아이와 같은 반 친구들이 많이 놀란 것이라 함. 가끔 식기에서도 벌레가 나오니 더럽다고 아이들이 밥을 잘 먹으려 하지 않는다고 함.
당사자 주말에 교회를 다니며 교회에서 물품 등 소소한 지원을 받고 있고 합창 수업도 함께 다문화 친구들과 다니고 있음. 합창 수업은 자신에게 큰 스트레스 해소가 된다고 함. 주말에는 집에 아이들이 먹을 음식이 많이 없기 때문에 아이들은 주말마다 시댁으로 보낸다고 함. 자신에게 시어머니가 큰 의지가 되어주며 남편의 흉을 시어머니께 이야기하면 매번 위로해 주신다며 감사함을 표현함. 또한 복지관의 한국어 선생님이 큰 위로가 되어준다고 말함.

■ **강점사정**

생활력이 강하며, 아이들에 대한 애정이 높아 자신의 희생을 감수하려 함. 허리 통증이 심각함에도 일을 해야 함을 잘 알고 있으며, 그 이전에 한국어를 완벽하게 습득해야 자신에게 직업이 주어질 것이라 생각하고 있음. 넷째 아이를 낳기 전 인근 취업교육센터에서 미용기술을 배웠고, 넷째를 임신하며 미용 약품이 아이에게 해롭기 때문에 그만두었으나, 자녀가 5세가 되면 어린이집에 보내고 다시 기술을 습득하려 하는 등 미래에 대한 계획도 구체적임. 아이 돌봄에 지원이 되는 시어머니와, 특별한 교육 없이도 학교 성적이 매우 우수한 첫째 딸도 당사자에게 큰 지지가 되어주는 편임.

■ **문제 및 욕구(주 호소내용)**

자신의 건강이 좋지 못함을 알고 있지만 양육에 힘써야 하는 시기라 제대로 된 건강 진단도 받지 못함. 또한 우울감이 높아 자살 시도한 이력도 있음. 상담 내내 괴로운 이야기를 하면 가슴통증과 두통이 심해진다고 함. 한국어가 서투르니 남편과 대화할 때 자신의 느낌과 감정을 한국어로 설명하는 것에 어려움이 있고, 학력이 낮으니 아이들의 학교숙제조차 잘 돌봐줄 수 없는 것이 큰 어려움이라 함.
오래된 주택에서 살면서 해충이 자녀들의 건강을 위협하는 것이 고통이며 가전제품, 싱크대도 오래되어 냉장고 사이사이에 벌레가 있음.
남편의 무능력함으로 인해 자녀들에게 기초적인 지원조차 해줄 수 없는 것에 큰 불만이 있으며 온전히 생활비로 써야 할 수급비의 일부를 남편 자신의 직업사무소 운영비로 사용하는 것에 부부간 갈등이 높음.

당사자욕구 우선순위	1순위 : 건강/ 우울감　2순위 : 경제적 어려움　3순위 : 주거환경 개선

■ **당사자의 태도와 반응**

당사자는 상담에 매우 우호적이었으며, 서투른 한국어로 자신의 상황을 자세히 설명하려 함. 남편에 대한 불만, 아이들에 대한 미안함과 죄책감이 높아 상담 내내 눈물을 보이며 자살 시도에 대해서도 이야기 함.
또한 중요한 결정들에 있어 남편과 상의를 반드시 해야 처리할 수 있다며 남편에 대해 두려워하는 모습을 보였음.

■ **사회복지사 의견**

다문화 가정으로, 다자녀 양육으로 인한 스트레스가 당사자에게 매우 심각함. 양육에 대한 의무감이 높아 자신의 건강을 잘 돌보지 못하고 있으며 정서적 어려움이 신체화되어 나타나고 있음. 당사자는 주거지원과 경제적 어려움을 크게 호소하였고, 사례관리자 또한 열악한 주거로 인한 스트레스와, 자녀들에 대한 부족한 지원이 당사자 우울감에 큰 문제가 되고 있다 생각됨. 그 이전에 남편과의 소통이 우선되어야 당사자가 겪고 있는 근본적인 부부간 갈등이 해결될 것이라 생각됨. 때문에, 당사자를 집중사례관리자로 선정하고 남편, 가정, 아동 등에 대해 통합적인 개입을 시작할 계획임.

판정의견	☑ 사례관리 당사자　☐ 서비스 연계 당사자　☐ 위기(긴급) 당사자

사정도구틀(위기도조사)

작 성 일 20○○. ○. ○○. 성 명 빙빙

1. 안전 : 가족구성원 또는 외부인과의 관계에서 야기되는 기초적 신변보호상의 위기 정도(12점)

1. 안전	위기도 문항	0	1	2	3
가정 내 안전유지	1. 함께 거주하고 있는 가족구성원이 본인이나 가족을 위협하고 있거나 위협할 것 같다. ① 폭력 ② 정서적 폭력 ③ 성적 폭력 ④ 방임과 방치 ⑤ 경제적 폭력 0점) 해당사항 없음. 3점) 어느 하나라도 해당 시 3점.	√			
	2. 본인이 가족(비동거 가족 포함)을 위협하고 있거나 위협할 것 같다. ① 신체적 폭력 ② 정서적 폭력 ③ 성적 폭력 ④ 방임과 방치 ⑤ 경제적 폭력 0점) 해당사항 없음. 3점) 어느 하나라도 해당 시 3점.	√			
가족 외부로부터의 안전유지	3. 비동거 가족, 친척, 친구, 이웃, 사회(학교, 직장 등) 등이 본인이나 가족을 위협하고 있거나 위협할 것 같다. ① 신체적 폭력 ② 정서적 폭력 ③ 성적 폭력 ④ 방임과 방치 ⑤ 경제적 폭력 0점) 해당사항 없음. 3점) 어느 하나라도 해당 시 3점.	√			
	4. 응급상황이 발생할 경우 도움을 받는 데 어려움이 있다. 0점) 어려움이 없다./ 해당사항 없음. 1점) 도움을 요청할 지원체계는 있으나 충분하지 않다. 2점) 응급 시 도움을 요청할 지원 체계는 있으나 원만한 관계가 아니다. 3점) 도움을 요청할 지원 체계가 전혀 없다./ 응급상황을 인지하지 못한다.		√		

2. 건강 : 대상자 및 가족구성원의 신체적 · 정신적 건강문제로 인한 생활상의 위기 정도(18점)

2. 건강	위기도 문항	0	1	2	3
신체적 건강 유지	1. 동거가족이 신체적 건강 문제로 어려움을 겪고 있다. 0점) 어려움이 없다./ 해당사항 없음. 1점) 신체적 건강 문제가 있으나 일상생활 및 사회생활이 가능하다. 2점) 신체적 건강 문제로 일부 일상생활이나 사회생활에 어려움이 있다. 3점) 신체적 건강 문제로 일상생활이나 사회생활이 전혀 안 된다.		√		
	2. 본인이나 동거가족이 신체적 건강 문제를 관리하는 데 어려움이 있다. 0점) 어려움이 없다./ 해당사항 없음. 1점) 관리하는 데 어려움이 있으나, 관리하기를 원하고 있다. 2점) 관리하는 데 어려움이 있고, 건강관리를 위한 지원체계가 충분하지 않다. 3점) 관리하는 데 어려움이 있고, 건강관리를 위한 지원체계가 전혀 없다.			√	
정신적 건강 유지	3. 본인이나 동거가족이 중독, 우울, 조현증(정신분열) 등의 정신질환으로 어려움이 있다. 0점) 어려움이 없다./ 해당사항 없음. 1점) 어려움은 있으나 일상생활 및 사회생활이 가능하다. 2점) 일상생활이나 사회생활에 일부 어려움이 있다. 3점) 일상생활이나 사회생활이 전혀 안 된다.		√		
	4. 본인이나 동거가족이 중독, 우울, 조현증(정신분열)등의 정신질환에 대한 증상관리가 어렵다. ① 질병인식(병식)이 없다. ② 증상관리를 도와줄 자원이 없다. ③ 증상관리가 안 되고 있다. ④ 자해나 타해의 시도나 위험이 있다. 0점) 해당사항 없음. 3점) 어느 하나라도 해당 시 3점.				√
	5. 본인이나 동거가족이 약물을 복용하는 데 어려움이 있다. 0점) 가족의 도움을 받거나 스스로 약물을 처방대로 복용하고 있다./ 해당사항 없음. 1점) 약물 복용을 도와주는 지원 체계가 있지만, 규칙적인 약물 복용이 어렵다. 2점) 약물 복용을 도와줄 지원 체계가 충분하지 않아서 규칙적인 약물 복용이 어렵다. 3점) 약물 복용이 전혀 이루어지지 않는다./ 약물 치료를 거부한다.			√	
	6. 본인이나 동거가족이 지난 6개월 동안 자살을 시도하거나 구체적인 방법을 생각한 적이 있다. 0점) 해당사항 없음. 1점) 자살을 생각한 적이 있다. 2점) 자살을 위한 구체적인 방법을 생각한 적이 있다. 3점) 자살을 시도한 적이 있다.				√

3. 일상생활 유지 : 기능적 및 수단적 일상생활 유지상의 위기 정도(9점)

3. 생활유지	위기도 문항	0	1	2	3
의식주 관련 일상 생활 유지	1. 건강을 해치거나 타인에게 피해를 줄 정도로 본인이나 동거가족이 일상생활을 유지하는 데 어려움이 있다. ① 식사 ② 대소변 등 용변처리 ③ 옷 입기(세탁포함) ④ 세수, 목욕 등 몸씻기 ⑤ 청소 ⑥ 정리정돈 ⑦ 수면 ⑧ 그 외 가사활동 0점) 해당사항이 0개인 경우/ 누군가의 도움을 받으며 원활하게 수행하고 있는 경우/ 해당사항 없음. 1점) 해당사항이 1개인 경우(도움을 받아도 충분하지 않을 경우 포함). 2점) 해당사항이 2개인 경우(도움을 받아도 충분하지 않을 경우 포함). 3점) 해당사항이 3개 이상인 경우(도움을 받아도 충분하지 않을 경우 포함) 영유아인 경우 1, 2, 7중 하나라도 해당하면 3점		√		
	2. 본인이나 동거가족이 외출하는 데 어려움이 있다. 0점) 어려움이 없다./ 해당사항 없음. 1점) 불편하지만 외출이 가능하다. 2점) 외부(자원)의 도움이 있으면 외출이 가능하다. 3점) 교통수단이 없어서 외출할 수 없다./ 도움이 있어도 외출이 어렵다.		√		
여가 생활 활용	3. 본인이나 동거가족이 여가생활에 어려움이 있다. 0점) 어려움이 없다./ 해당사항 없음. 1점) 자원은 있으나, 정보부족으로 여가를 즐기지 못하고 있다. 2점) 자원이나 정보의 부족으로 여가를 즐기지 못하고 있다. 3점) 즐겨하는 일이 전혀 없다.	√			

4. 가족관계 : 가족구성원의 갈등 및 보육, 간병 등의 돌봄 · 보호 상의 위기 정도(9점)

4. 가족관계	위기도 문항	0	1	2	3
관계형성	1. 가족(동거 및 비동거 가족 포함)으로부터 도움을 받는 데 어려움이 있다. 0점) 필요할 때 도움을 충분히 받을 수 있다./ 해당사항 없음. 1점) 필요할 때 도움을 받고 있으나 충분하지 않다. 2점) 필요할 때 도움을 요청할 가족은 있으나 원만한 관계는 아니다. 3점) 필요할 때 도움을 요청할 가족이 전혀 없다(연락하고 사는 가족이 전혀 없는 경우도 포함).		√		
	2. 가족(동거 및 비동거 가족 포함)갈등으로 어려움이 있다. 0점) 어려움이 없다./ 해당사항 없음. 1점) 가족갈등이 있으나 가구원들의 일상생활 및 사회생활이 가능하다. 2점) 가족갈등으로 인해 가구원들의 일상생활이나 사회생활에 일부 어려움이 있다. 3점) 가족갈등으로 인해 가구원들의 일상생활이나 사회생활이 전혀 안 된다.		√		

가족 돌봄	3. 보호가 필요한 영유아, 아동, 노인, 장애인 등을 돌보는 데 어려움이 있다. 0점) 돌볼 가구원이 없다./ 돌보는 데 어려움이 없다./ 해당사항 없음. 1점) 돌볼 능력이 부족하나 의지가 있다. 2점) 돌볼 능력이 부족하며, 지원체계가 충분하지 않다. 3점) 돌볼 능력이 부족하며, 지원체계가 전혀 없다./ 돌볼 의지가 없다.		√		

5. 사회적 관계 : 사회관계친지, 이웃 및 소속집단 내에서의 관계형성 및 유지상 위기 정도(12점)

5. 사회관계	위기도 문항	0	1	2	3
친인척 및 이웃 간 관계형성	1. 친구, 이웃, 지인이나 친인척으로부터 도움을 받는 데 어려움이 있다. 0점) 필요할 때 도움을 충분히 받을 수 있다./ 해당사항 없음. 1점) 필요할 때 도움을 받고 있으나 충분하지 않다. 2점) 필요할 때 도움을 요청할 친구, 이웃, 지인이나 친인척은 있으나 원만한 관계는 아니다. 3점) 필요할 때 도움을 요청할 친구, 이웃, 지인이나 친인척이 전혀 없다(연락하고 사는 친구, 이웃, 지인이나 친인척이 전혀 없는 경우도 포함).	√			
소속된 집단 및 사회생활	2. 직장동료, 소속된 단체나 기관으로부터 도움을 받는 데 어려움이 있다. 0점) 필요할 때 도움을 충분히 받을 수 있다./ 해당사항 없음. 1점) 필요할 때 도움을 받고 있으나 충분하지 않다. 2점) 필요할 때 도움을 요청할 직장동료, 소속된 단체나 기관은 있으나 원만한 관계는 아니다. 3점) 필요할 때 도움을 요청할 직장동료, 소속된 단체나 기관이 전혀 없다.		√		
	3. 본인이나 동거가족이 자기 방이나 집에서 나오지 않는다. 0점) 일상생활 및 사회생활 유지에 어려움이 없다./ 해당사항 없음. 1점) 방이나 집에서 거의 나오지 않으나, 기본적인 생활이 가능하고 소수의 타인 (가족 포함)과 관계를 유지하고 있다. 2점) 방이나 집에서 거의 나오지 않은 채 기본적인 생활은 하지만, 다른 사람(가족 포함)과 접촉이 없다. 3점) 방이나 집에서 거의 나오지 않은 채 기본적인 생활이 어렵거나 다른 사람(가족 포함)과 접촉이 없다.	√			
	4. 타인에게 피해를 주는 언행으로 이웃과 갈등을 유발하고 있다. 0점) 유발하고 있지 않다./ 해당사항 없음. 1점) 유발하고 있으나 조정이 가능하다. 3점) 유발하고 있다.	√			

6. 경제 : 기본적인 생활에 필요한 경제적 문제 및 자산관리상의 위기 정도(9점)

6. 경제	위기도 문항	0	1	2	3
기초 생활 해결	1. 기본적 생활에 필요한 경제적 비용이 없어서 어려움을 겪고 있다. ① 돈이 없어 식사를 못하고 있거나 식료품 구입이 어렵다. ② 공교육비를 기한 내 납부하지 못하고 있다. ③ 계절에 맞는 의복과 신발을 구입하지 못하고 있다. ④ 치료비가 없어서 본인이나 가족이 병원을 못 가고 있다. ⑤ 집세가 3개월 이상 밀려 있다. ⑥ 안정적으로 살 수 있는 집이 없다(퇴거위험, 노숙, 비닐하우스, 쪽방, 고시원, 여관/ 여인숙, 찜질방, 쉼터 등). ⑦ 난방장치가 없거나, 난방비 때문에 추운 겨울에 난방을 사용하지 못하고 있다. ⑧ 공과금(사회보험료, 전화요금, 가스요금, 수도요금, 전기요금, 관리비 중 하나 이상)이 밀려있다. ⑨ 공과금 연체로 사회보험급여 자격정지, 전화중단, 가스차단, 단수, 단전 중 하나 이상의 상태에 있다. 0점) 해당사항이 0개인 경우 1점) 해당사항이 1개인 경우 2점) 해당사항이 2~3개인 경우 3점) 해당사항이 4개 이상인 경우/ 1, 4, 5, 6, 9번에 하나라도 해당하는 경우				√
자산관리	2. 금전관리에 어려움이 있다. 0점) 어려움이 없다./ 해당사항 없음. 1점) 도움이 있을 경우 금전관리가 가능하다. 2점) 수입보다 지출이 더 많다. 3점) 금전관리 자체가 어렵다(개인역량 부족, 건강, 장애, 기타 사유).				√
	3. 빚과 관련된 문제를 해결하는 데 어려움이 있다. 0점) 어려움이 없다./ 해당사항 없음. 1점) 빚은 있으나 갚아 나가고 있다. 2점) 빚을 갚을 능력이 없거나, 빚 갚을 능력이 없으면서 계속해서 빚을 내고 있다. 3점) 빚 갚을 능력이 없으며 지속적으로 채무 독촉을 받고 있다.				√

7. 교육 : 일상생활 유지에 필요한 기초교육 습득상의 위기 정도(6점)

7. 교육	위기도 문항	0	1	2	3
기초학습 습득 및 향상	1. 자녀가 일상생활 및 사회생활유지를 위해 필요한 기본능력이 부족하다. ① 듣기 ② 읽기 ③ 쓰기 ④ 말하기 ⑤ 다른 사람의 말 이해하기 ⑥ 신문, 글 등을 이해하기 ⑦ 간단한 계산하기 0점) 해당사항이 0개인 경우/ 현재 도움을 받아서 원활하게 수행하고 있는 경우/ 해당사항 없음. 1점) 해당사항이 1개인 경우(도움이 필요한 경우) 2점) 해당사항이 2개인 경우(도움이 필요한 경우) 3점) 해당사항이 3개 이상인 경우(도움이 필요한 경우)		√		
교육 환경 개선	2. 본인(고등학생 이하)이나 자녀(고등학생 이하)가 학교생활에 어려움이 있다. 0점) 어려움이 없다./ 해당사항 없음. 1점) 등교는 하지만 학교생활에 어려움을 표현하고 있다. 2점) 등교는 하지만 학교규칙 및 생활규정 위반(무단이탈, 무단지각, 무단조퇴)하거나 징계(정학, 사회봉사 등)를 받고 있다. 3점) 등교는 하지만 다른 학생으로부터 따돌림을 받고 있거나, 다른 학생에게 해를 입히고 있다./ 무단으로 결석하고 있다.		√		
	3. 본인(고등학생 이하)이나 자녀(고등학생 이하)의 학업유지에 어려움이 있다. 0점) 어려움이 없다./ 해당사항 없음 1점) 장애 등으로 특수교육을 받아야 하지만 그러지 못하고 있다(거리, 비용 등의 이유). 2점) 상급학교에 진학하거나(검정고시 포함) 특기를 개발하거나 학업을 유지하려는 데 자원이 부족하다. 3점) 학업을 유지하려는 의지나 대안이 없다./ 현재 의무교육을 받고 있지 않다.				√

8. 고용 : 취업 · 창업상 문제 및 직업기능 수행상의 위기 정도(6점)

8. 고용	위기도 문항	0	1	2	3
취(창)업	1. 본인이나 동거가족이 구직에 어려움이 있다. 0점) 어려움이 없다./ 해당사항 없음. 1점) 근로능력은 부족하나 일할 의지가 있다. 2점) 근로능력은 있으나 가족돌봄, 자녀양육, 일자리 발굴 등으로 일하기 어렵다. 3점) 근로능력도 부족하고 가족 돌봄, 자녀양육, 일자리 발굴 등으로 일하기 어렵다./ 일할 의지가 없다.			√	

고용 유지	2. 본인이나 동거가족이 직장생활을 유지하는 데 어려움이 있다. 0점) 어려움이 없다./ 해당사항 없음. 1점) 근무조건이 맞지 않아 직장생활을 유지하는 데 어려움이 있다. 2점) 개인적인 방해요소로 직장생활을 유지하는 데 어려움이 있다. 3점) 언제든지 정리 해고될 수 있다.		√		

9. 생활환경 : 거주지의 내외부적 환경 및 권익보장상의 위기 정도(12점)

9. 생활환경	위기도 문항	0	1	2	3
주거내부 환경개선과 안전	1. 본인이나 가족의 안전과 건강에 해를 끼칠 정도로 거주하는 집의 생활환경이 열악하다. ① 화장실 ② 주방시설 ③ 도배장판 ④ 전기시설 ⑤ 가스시설 ⑥ 상하수도시설 ⑦ 냉난방시설 ⑧ 위생상태(곰팡이, 찌든 때, 방역불량, 배설물처리 불량, 쓰레기 등) ⑨ 창호/ 문짝 ⑩ 주변 환경 ⑪ 채광 0점) 어려움이 없다./ 해당사항 없음. 1점) 해당사항이 1개인 경우 2점) 해당사항이 2개인 경우 3점) 해당사항이 3개 이상인 경우				√
	2. 거주하는 집에 안전상의 문제로 어려움을 겪고 있다. ① 히터나 전기장판 과열 ② 전기선 누출 ③ 누수 ④ 가스누출 ⑤ 베란다 안전장치 미비 ⑥ 방범장치 미비 ⑦ 침수 ⑧ 붕괴위험 ⑨ 그 외 기타 0점) 어려움이 없다./ 해당사항 없음. 1점) 어려움이 있으나 임시방편을 마련하였다. 2점) 어려움이 있으나 대책을 마련 중에 있다. 3점) 어려움이 있으나 대책 마련을 못하고 있다.			√	
	3. 거주하는 집에서 신체활동상에 어려움이 있다. ① 공간부족(휠체어 이동공간 부족) ② 문턱 ③ 안전바 미설치 ④ 싱크, 찬장, 가구 등 높낮이 미조절 ⑤ 욕실 미개조 ⑥ 램프 미설치 0점) 어려움이 없다./ 해당사항 없음. 1점) 해당사항이 1개인 경우 2점) 해당사항이 2개인 경우 3점) 해당사항이 3개 이상인 경우			√	
	4. 주거 내 외부 환경 때문에 이웃과 갈등을 유발하고 있다. 0점) 유발하고 있지 않다./ 해당사항 없음. 1점) 유발하고 있으나 조정이 가능하다. 3점) 유발하고 있다.	√			

10. 법률 및 권익보장 : 가족구성원의 권익보장상의 위기 정도(6점)

10. 법률 및 권익보장	위기도 문항	0	1	2	3
권익보장	1. 불이익을 받고 있다. 0점) 차별대우나 불이익을 받고 있지 않다./ 해당사항 없음. 1점) 차별대우나 불이익을 받고 있지만, 옹호을 위한 지원 체계가 있다. 2점) 차별대우나 불이익을 받고 있으며, 옹호을 위한 지원 체계가 충분하지 않다. 3점) 차별대우나 불이익을 받고 있으며, 옹호를 위한 지원 체계가 전혀 없다.	√			
법률적 지원	2. 본인이나 동거가족이 법적문제로 어려움을 겪고 있다. 0점) 어려움이 없다./ 해당사항 없음. 1점) 어려움이 있으나 일상생활 및 사회생활이 가능하다. 2점) 법적문제로 일상생활이나 사회생활에 일부 어려움이 있다. 3점) 법적문제로 일상생활이나 사회생활이 전혀 안 된다.	√			

▣ 사례관리대상자 선정 기준표(참고)

번호	욕구영역	총점	사례관리 여부 기준표	해당 여부
1	안전	1	어느 한 문항이라도 3점인 경우	□ 해당 ☑ 비해당
2	건강	12	어느 한 문항이라도 3점인 경우	☑ 해당 □ 비해당
3	일상생활 유지	2	어느 한 문항이라도 3점인 경우	□ 해당 ☑ 비해당
4	가족관계	3	어느 한 문항이라도 3점인 경우	□ 해당 ☑ 비해당
5	사회적 관계	1	어느 한 문항이라도 3점인 경우	□ 해당 ☑ 비해당
6	경제	9	어느 한 문항이라도 3점인 경우	☑ 해당 □ 비해당
7	교육	5	어느 한 문항이라도 3점인 경우	☑ 해당 □ 비해당
8	고용	3	어느 한 문항이라도 3점인 경우	□ 해당 ☑ 비해당
9	생활환경	7	어느 한 문항이라도 3점인 경우	☑ 해당 □ 비해당

10	법률 및 권익보장	0	어느 한 문항이라도 3점인 경우	☐ 해당 ☑ 비해당
11	당사자 참여의지 여부	해당		☑ 해당 ☐ 비해당
총점		해당		
(잠재적) 통합사례관리 대상자 선정 여부		43	1. 1. 안전, 2. 건강, 6. 경제 영역에 해당 2. 그 외 영역이 1개 이상 해당 3. 11. 당사자의 참여의지 여부가 해당될 사례	☑ 선정 ☐ 미선정

사정기록지

작성일	20○○. ○. ○○.	거주 지역	창○동
당사자명	빙빙	사례관리자	○○○ 사회복지사
사정일지	20○○. ○. ○○.	유형	☐ 신규 ☑ 재사정

욕구영역	제시된 욕구	우선순위	현 상황	강점	장애물사정
안전	–	9	–	–	–
건강	아이를 낳으면서 허리에 큰 무리가 있어 자리에 앉기 힘들어요.	1	허리 통증으로 인해 평범한 일상생활에 제약이 있음	운동을 꾸준히 하며 허리에 무리가 되는 행동을 삼감	양육과 가사일 때문에 지속적으로 허리를 사용할 수밖에 없음
	남편과 다투면 스트레스성으로 발작을 하고 기절한 경험도 있어요. 이렇게 살 바에야 자살하고 싶어요.		스트레스성 발작과 우울감으로 약물치료 필요 높은 자살충동으로 인한 위험한 상황 발생우려	담당자와 보건소 간호사의 의견에 우호적임 정기적인 병원치료 필요성 인지	양육과 가사일로 인해 정기적인 병원 내원이 어렵고, 신경정신과 약물 부작용 졸림으로 정상적인 생활이 불가할까 두려워함
일상생활 유지	해충이 너무 많이 나오고 집도 춥고 장판, 벽지도 다 뜯어졌어요. 이사가고 싶어요. 요즘은 집에 쥐가 나와서 낮에 아이들 침대에 쥐똥이 남아 있어요.	7	열악한 주거상황으로 인한 위생상태 불량 자녀들에게 기초적인 의복 지원이 어려움	위생상태 개선을 위해 주기적인 청소 진행 주변, 이웃들에게 헌 옷을 받을 수 있게 호소하는 편임	건강악화로 인해 꼼꼼한 청소가 어렵고 남편의 협조가 적은 편임

	아이들은 매번 같은 신발을 신고 여름에도 겨울 신발을 신을 때가 많습니다.				
	토요일 오전에 시간을 내어 교회 합창 수업을 다니고 있어요. 평일오전 복지관에 넷째와 함께 방문해 재미있는 물품을 만들 때에도 보람이 많습니다.		토요일 오전에 교회의 합창 수업, 평일 오전에 복지관 방문해 다문화 수업을 적극적으로 참여함	출석률 높고 참여에 매우 적극적임	복지관에서 자택까지 비교적 원거리라 귀가 후 허리통증 호소함
가족관계	아이들 생일 때 선물 하나 해줄 돈이 없다는 것. 가사일을 도와주지 않는 것이 큰 불만이에요.	5	남편이 자신에게 수급비 사용내역 공유하지 않는 것에 부부간 갈등이 높음 남편이 아버지로서 무능력한 것이 큰 불만임.	남편에 대한 실망감이 높지만, 남편에 대한 애정이 남아있음 못난 남편이라도 아버지라는 존재는 반드시 자녀들에게 필요할 것이라 믿고 있음.	남편의 도움이 비협조적이고 경제적 내역에 대해 숨김. 당사자가 초졸이라 하여 남편이 당사자 의견을 매우 무시하고 외면하는 경향이 있음.
	식비, 생필품, 아이들 옷 구입, 학용품 구입 등 아이들에게 충분히 해줄 수 없어요. 화가 나면 남편은 아예 말하지 않아요.		다자녀 아동의 기초적인 학습비, 교통비, 식비 등의 충당에 어려움이 있음 남편과 소통 어려움	교육에 대한 열의가 높고, 필요한 물품은 주변에서 얻거나 아주 조금씩 구입해 주고 있음 남편과 대화를 항상 먼저 시도하려 노력함	아동들의 학습비 부담 심화, 부부간 다툼 원인에 대해 남편이 외부에 상담 하기를 거부함
사회적 관계		8			
경제	월세를 한번도 내본적이 없어요. 집주인이 나가라면 나가야 해요. 남편은 수급비를 자신의 사무실운영비, 유흥비 등으로 사용해	2	남편이 모든 경제적 생활 수급비를 관리하고 있으며 일용직이라도 일하지 않고 자존심 때문에 직업소개소(사무직)운영을 고집하는 것이 마음에 들지 않음	최저 생계비의 일부를 사무실 운영비로 사용하면 자녀들에게 지원해 주기 어려우니, 생활비가 부족한 것에 대해 남편에게 매우 구체적으로 설명하려 노력함.	일용직으로 일할 때 다쳤던 허리 때문에 남편이 일하는 것을 두려워하고 있음 당사자가 외국인으로 등록되어 있어 수급비 입금이 당사

	요. 자존심이 높아서 일을 안하려 해요. 제가 필요하다 할 때만 짜증을 내며 돈 30~40만원 정도 주고, 제가 어쩌다 돈이 생기면 남편이 다 빼앗아 가요.		생활비를 받을 때마다 자신을 무시하는 것이 화가 나고, 아르바이트 등으로 당사자에게 돈이 생기면 남편이 빼앗는 것에 불만이 높음	남편 또한 아이들에 대한 지원을 위해 일용직을 다시 시작할 생각이 있음	자 통장으로 진행될 수 없음
	남편 신용불량자에요.		남편 신용불량자로 자산관리 못함	체납된 부채 상환하고자 노력	부채 규모가 높아 상환에 상당한 시일이 소요되고, 부채 상환으로 자녀들에게 큰 지지가 어려움
교육	한국어 배우고 싶어요. 13년 되었는데 말 아직도 못해요.	4	자녀들을 출산하며 지속적인 한국어 학습을 진행하지 못했음. 중국억양이 혼재되어 한국어 발음이 어려움	자신의 한국어 실력을 알고 틈틈이 스스로 한국어 공부를 꾸준히 진행함.	자녀들의 양육과 아동의 질병, 학교 일정 등으로 복지관 한국어 교실의 꾸준한 참석이 어려움
	아이들 방에 책상도 없어요.		자녀 4명의 방에 책상이 없으니 자녀들이 집에서 엎드려 책만 보고 있음 자녀들은 지역아동센터에서 모든 공부를 끝내고 저녁 늦게 돌아옴	자녀들을 위해 책상 구입은 어렵지만, 아이들이 독서만큼은 많이 하도록 다양한 책을 구비하는 등 교육 열의가 높음	고학년이 되는 첫째, 둘째 자녀를 위해 반드시 학습 가구가 필요할 것이라 생각됨
고용	취업지원센터에서 교육받았을 때처럼 다시 취업 준비하고 싶어요. 그때 교육받다가 임신해서 그만두니 너무 아쉬웠어요.	6	취업에 필요한 교육을 습득하고 싶어함. 미용기술을 배우다 임신 때문에 도중에 중단했었음.	경제활동을 시작하려는 의지가 높음	당사자 건강이 좋지 못하고 넷째 자녀가 너무 어린 편이라 당사자 돌봄을 요해 당장의 취업교육은 시작하기 어려움
생활환경	싱크대가 30년 가까이 되었으니, 싱크대 사이사이에 벌레가 나와요.	3	오래된 싱크대의 해충으로 비위생적인 조리환경임	스스로 방역 등을 진행하며 해충을 없애려 노력함	싱크대 교체에 비용이 소요되어 어려움이 있음

	집 옆 폐품이 너무 많아서 빨리 정리하고 싶어요. 폐품에서 벌레도 나와요.		집 옆 폐품이 5톤 가량 되어 부부가 처리에 어려움을 겪음. 폐품에서 해충도 발생함.	부부가 조금씩 폐품을 정리하고 동주민센터에 도움을 요청함	폐품의 양이 상당하고, 처리비용이 막대하게 발생함(약 300만원)
법률 및 권익 보장		10			
사례관리자 종합의견	☑ 집중 □ 일반 귀화하지 못한 이주여성으로 법률적 지원이 어려운 사각지대에 해당됨. 당사자가 오랜 기간 월세를 체납해 주거상태가 매우 불안정하며 위생상태가 좋지 않아 자녀들의 건강도 위협함. 당사자와 당사자 남편 또한 건강이 좋지 못해 꾸준한 근로가 어려워 자녀 양육과 학업비 지원 등, 의식주 해결에 어려움을 호소함. 그러나 당사자의 상황 개선 의지가 매우 높으므로 남편의 협조가 병행된다면 당사자의 상황 개선에 도움이 될 것이라 생각됨. 복합적인 문제를 가진 당사자이므로 집중사례대상자로 선정함.				

사례관리 계획서

작성일	20○○. ○. ○○.	거주지역	창○동
당사자명	빙빙	사례관리자	○○○ 사회복지사
작성일자	20○○. ○. ○○.	유형	□ 신규 ☑ 재사정

우선순위	제시된 욕구	합의된 목표	실천계획	개입기간	외부자원 연계 및 자원확보 방안
7	건강 아이를 낳으면서 허리에 큰 무리가 있어 자리에 앉기 힘들어요. 남편과 다투면 스트레스성으로 발작을 하고 기절한 경험도 있어요. 이렇게 살 바에야 자살하고 싶어요.	단기 : 허리에 무리가 되는 활동 자제 장기 : 건강검진을 통한 꾸준한 건강관리 및 운동	당사자 : 꾸준한 운동하기 사례관리자 : 건강검진 서비스 연계	1~12월 (연 1회 건강검진/주 1회 모니터링)	복지관 한국어교사 일촌 공동체 회원 / 연계병원 건강검진 지원

1	일상생활 유지 해충이 너무 많이 나오고 집도 춥고 장판, 벽지도 다 뜯어졌어요. 이사가고 싶어요. 요즘은 집에 쥐가 나와서 아이들 침대에 쥐똥이 발견되었어요. 아이들은 매번 같은 신발을 신고 여름에도 겨울 신발을 신을 때가 많습니다.	단기 : 집안 수리 및 정리 장기 : 주거위생, 안전문제의 해결	당사자 : 해충 유입로 차단, 가능한 수준까지 천정 누수 수리 노력 사례관리자 : 지역 방역업체, 집수리 업체 연결로 주거개선 진행 , 자녀들을 위한 의복 지원	1~12월 (수시)	창동종합사회복지관 사례관리자 상담 / 동네 119 동주민센터 방역지원업체
4	가족관계 아이들 생일 때 선물하나 해줄 돈이 없다는 것. 가사 일을 도와주지 않는 것이 큰 불만이에요. 화가 나면 남편은 아예 말하지 않아요.	단기 : 부부/ 가족 프로그램참여 장기 : 부부간 적대관계 해결	당사자 : 남편과 대화 시도 사례관리자 : 남편 설득을 통한 가족 상담 서비스 연계 유도	3~10월 (월 1회)	정신건강지원센터 가족상담
2	주거 월세를 한번도 내본 적이 없어요. 집주인이 나가라면 나가야해요. 남편은 수급비를 자신의 사무실운영비, 유흥비 등으로 사용해요. 자존심이 높아서 일을 안 하려 해요. 제가 필요하다 할 때만 짜증을 내며 돈 30~40만원 정도 주고, 제가 어쩌다 돈이 생기면 남편이 다 빼앗아 가요.	단기 : 수급비 통장, 카드 관리 장기 : 당사자 가정 경제권 주도	당사자 : 남편에게 경제적 어려움에 대한 구체적인 이야기 시도 사례관리자 : 연체된 월세 납부, 정부의 주거 지원을 통한 주거 불안감 해소, 당사자에게 경제권 이양을 위해 남편에게 필요성 이야기.	1~12월	창동종합사회복지관 사례관리자 개입 / 주거복지지원센터 / 어린이재단 주거지원

5	교육 한국어 배우고 싶어요. 13년 되었는데 말을 아직도 못해요. 아이들 방에 책상도 없어요.	단기 : 한국어 학습 지원, 아동 공부방 지원 장기 : 당사자의 한국어 능력향상	당사자 : 한국어 교실의 꾸준한 출석과 한국어 학습 도움(일촌 공동체)의 충실한 이행 사례관리자 : 복지관 한국어교실 출석확인, 아동 공부방 지원사업 지원	2~12월	창동복지관 한국어교실 / 다문화지원센터 한국어교실 / 일촌 공동체 / 어린이재단 공부방지원사업
6	고용 취업지원센터에서 교육받았을 때처럼 다시 취업 준비하고 싶어요. 그때 교육받다가 임신해서 그만두니 너무 아쉬웠어요.	단기 : 교육일정 확인 장기 : 교육 관련 취업	당사자 : 교육일정 확인, 관련 지원자격 등 구체적인 계획 수립 사례관리자 : 교육 진행기관 정보제공 및 한국어가 서툰 당사자에게 관련 취업진로 안내	9~12월	북부고용지원센터 / 다문화지원센터 / 구청 일자리지원센터
3	생활환경 싱크대가 30년 가까이 되었으니, 싱크대 사이사이에 벌레가 나와요. 집 옆 폐품이 너무 많아서 빨리 정리하고 싶어요. 폐품에서 벌레도 나와요.	단기 : 폐기물의 신속한 처리 장기 : 주거지 위생 환경개선	당사자 : 폐기물딱지 구입해 폐품 폐기 사례관리자 : 대형 폐기물 처리 후원, 지원처 연결	8~12월	동네119 / ㅇㅇ동주민센터 / 구청 청소과

사례관리 과정기록지

당사자	빙빙	사례관리자	○○○ 사회복지사

일시	전달 방식			접촉 대상	내용
	상담	서비스 제공	자원 연계		
	○			당사자	당사자 전수조사
	○			당사자	개인정보 동의 및 사정 진행
			○	동주민센터	동 단위 사례회의 사례의뢰
			○	당사자	당사자 상담 – 물품 후원
	○			당사자	사례계획 논의 및 사례동의서 작성
			○	○○다문화 지원센터	다문화 지원센터 참여 과정 확인, 지원센터 사례관리팀 상담 정보 공유
			○	동주민센터	o동 동 단위 사례회의 참여
		○		당사자	어린이재단 결연후원금 지급 관련한 신청서 작성 내방/ 동의서 작성(남편 동행)
	○			당사자	사회복지관협회 후원물품 수령 내방 – 결연후원금 지급일정 문의
			○	방문간호	방문간호사 상담 진행 – 당사자 건강상태 확인
				당사자	가정방문 진행 폐품양 조사
			○	동주민센터	○○○팀장 사례 논의(도봉구청 청소과 연계)
	○			당사자	일촌 공동체 봉사단 연계 관련 승인여부 문의
			○	일촌 공동체 ○○○	봉사단 연계 진행 및 당사자와 봉사단 식사 진행
	○			당사자	방문 상담 – 모임에 대한 소감, 당사자의 기대 공유
			○	당사자	내방 상담 – 물품 수령위한 복지관 방문

당사자	빙빙	사례관리자	○○○ 사회복지사

일시	전달 방식			접촉 대상	내용
	상담	서비스 제공	자원 연계		
	○			일촌 공동체 ○○○	한국어 수업 시작 일정을 정하기 위한 당사자 만남
	○			당사자	복지관 방문으로 한국어 수업 진행
	○			당사자	당사자 재사정 진행
			○	당사자	어린이재단 자원연계 진행 안내/ 결연후원금 및 주거지원
			○	동주민센터	○○○ 주무관 연락 청소과 관련 지원 내역 안내
	○			당사자	주거지원에 대한 가정상황 재점검
	○			당사자	주거지원 관련 후원 요청사항 논의 및 당사자 전달
	○			당사자	후원처 요청사항에 대한 당사자 이행/ 불이행 내역 확인
			○	동네 119 (주거지원)	주거개선 사업 진행 폐기물처리
			○	당사자	물품구매 진행(책상, 냉장고, 장롱)
			○	당사자	도배 장판 공사 진행
	○			당사자	후원처 요청사항 이행 확인
			○	당사자	잡곡(쌀) 지원
			○	당사자	이불지원
	○			당사자	자원연계에 대한 감사함 표시/ 가정 초대
			○	일촌 공동체/ 당사자	한국어 수업 진행 및 도움에 대한 감사함 표시
		○		당사자	자녀-가족 프로그램 참여
	○			당사자	집중사례관리 점검 및 평가
		○		당사자	정서지원 프로그램 참여
	○			당사자	집중사례관리 당사자 만족도조사 진행

사례관리 점검기록지

작성일	20○○. ○. ○○.	거주 지역	창○동
당사자명	빙빙	사례관리자	○○○ 사회복지사
작성일자	20○○. ○. ○○.	유형	☐ 신규 ☑ 재사정

<table>
<tr><th>우선
순위</th><th>제시된 욕구</th><th>합의된 목표</th><th>실천계획</th><th>점검내용</th><th colspan="2">점검평가</th></tr>
<tr><td rowspan="4">7</td><td rowspan="4">아이를 낳으면서 허리에 큰 무리가 있어 자리에 앉기 힘들어요.

남편과 다투면 스트레스성으로 발작을 하고 기절한 경험도 있어요.

이렇게 살 바에야 자살하고 싶어요.</td><td rowspan="4">단기 : 허리에 무리가 되는 활동 자제

장기 : 건강검진을 통한 꾸준한 건강관리 및 운동</td><td rowspan="4">당사자 : 꾸준한 운동하기

사례관리자 : 건강검진 서비스 연계</td><td rowspan="2">사례관리자
허리디스크가 심하고, 남편과 다툼으로 인한 정서적 스트레스가 높은 편임. 자살시도 경험 있고 평소에도 우울감을 많이 호소하는 편이라 방문간호 서비스와 정신건강의학과, 내과 전문의 권유 따라 운동 권고 받았으나 병원비와 양육 때문에 본인의 운동 이외에 특별한 건강관리 못했음. 그러나 꾸준히 운동하고 주거개선 사업의 소파 덕분에 허리통증이 조금 감소되었다고 함.</td><td colspan="2">☑ 달성
☐ 연장
☐ 재사정</td></tr>
<tr><td colspan="2">욕구조사</td></tr>
<tr><td rowspan="2">당사자의 표현
집에서 허리에 좋은 운동을 조금씩 하고 있어요. 몸이 조금 나아진 느낌이에요. 다섯째 임신했어도 꾸준히 하려고요. 소파가 있어 얼마나 좋은지 몰라요.</td><td>사전</td><td>사후</td></tr>
<tr><td>5</td><td>4</td></tr>
<tr><td>1</td><td>해충이 너무 많이 나오고 집도 춥고 장판, 벽지도 다 뜯어졌어요. 이사 가고 싶어요.

요즘은 집에 쥐가 나와서 아이들 침대에 쥐똥이 발견되었어요.</td><td>단기 : 집안 수리 및 정리

장기 : 집안 위생환경 전면 개선</td><td>당사자 : 해충 유입로 차단, 가능한 수준까지 천정 누수 수리 노력</td><td>사례관리자
많은 폐품으로 인한 해충유입과 주거환경의 어려움을 통합사례회의 통해 해결했음. 당사자 가족 또한 집안 결로 개선을 위해 자비로 최대한 수리 진행하고, 폐품 처리 당일에는 집 밑의 폐품을 모두 꺼내 준비하는 등 주거개선 활동에 매우 협조함.</td><td colspan="2">☑ 달성
☐ 연장
☐ 재사정</td></tr>
</table>

<table>
<tr><td rowspan="3"></td><td rowspan="3">아이들은 매번 같은 신발을 신고 여름에도 겨울 신발을 신을 때가 많습니다.</td><td rowspan="3"></td><td rowspan="3">사례관리자 : 지역 방역업체, 집수리 업체 연결로 주거개선 진행, 자녀들을 위한 의복 지원</td><td rowspan="3">당사자의 표현
쓰레기 없어지니 너무 좋아요. 싱크대도 깨끗해서 요리도 할 수 있고, 아이들이 집이 너무 좋아져서 깜짝 놀랐대요. 저는 한국에 와서 이렇게 집이 변한 것을 보는건 처음이에요.
새 옷, 새 신발을 아이들이 신고 기뻐했어요.</td><td colspan="2">욕구조사</td></tr>
<tr><td>사전</td><td>사후</td></tr>
<tr><td>10</td><td>8</td></tr>
<tr><td rowspan="4">4</td><td rowspan="4">아이들 생일 때 선물하나 해줄 돈이 없다는 것. 가사 일을 도와주지 않는 것이 큰 불만이에요.

화가 나면 남편은 아예 말하지 않아요.</td><td rowspan="4">단기 : 부부간 소통 기회 마련

장기 : 부부간 소통을 통한 가족 갈등 해결</td><td rowspan="4">당사자 : 남편과 대화 시도

사례관리자 : 남편 설득을 통한 가족 상담 서비스 연계 유도</td><td>사례관리자
남편은 가정사를 외부에 말하는 것을 꺼리니 남편과 담당자 간 관계 형성 후 가족상담 진행 필요함. 가족이 함께 참여하는 프로그램부터 시작해 점진적으로 부부간 소통, 상담 프로그램 진행이 필요함. 남편이 주거개선이 종료된 후 집안 청결 유지를 위해 지속적으로 노력하는 모습을 보이는 등 긍정적인 변화가 있었으나 일시적일 수 있으므로 지속적인 모니터링 필요함.</td><td colspan="2">☐ 달성
☑ 연장
☐ 재사정</td></tr>
<tr><td rowspan="3">당사자의 표현
남편이 조금씩 집 청소해요. 수리도 하고 집에 어떤 물건이 고장났다 그러면 자기가 먼저 고쳐요. 지금은 남편이 선생님한테 부부 이야기 하는 것 싫어하는데, 나중에 이야기하려 할 수 있을거에요.</td><td colspan="2">욕구조사</td></tr>
<tr><td>사전</td><td>사후</td></tr>
<tr><td>8</td><td>8</td></tr>
<tr><td>2</td><td>월세를 한 번도 내본 적이 없어요. 집주인이 나가라면 나가야해요.

남편은 수급비를 자신의 사무실 운영비, 유흥비 등으로 사용해요. 자존심이 높아서 일 안 하려해요.</td><td>단기 : 수급비 관리 전담

장기 : 수급비 관리를 당사자가 직접하여 집안의 경제권 주도</td><td>당사자 : 남편에게 경제적 어려움에 대한 구체적인 이야기 시도</td><td>사례관리자
월세 체납으로 인한 퇴거 위기를 남편과 구체적으로 이야기하여 주거이전 계획 수립 필요성과 미납 월세 해결방안을 이야기 함. 수급비 관리를 당사자에게 이임하는 것을 권유함. 이 과정에서 남편이 당사자의 경제관념을 믿지 못하는 경향이 있어 함께 관리 하는 것으로 두 부부가 합의함.</td><td colspan="2">☐ 달성
☑ 연장
☐ 재사정</td></tr>
</table>

	제가 필요하다 할 때만 짜증을 내며 돈 30~40만원 정도 주고, 제가 어쩌다 돈이 생기면 남편이 다 빼앗아 가요.		사례관리자 : 연체된 월세 납부, 정부의 주거 지원을 통한 주거 불안감 해소	당사자의 표현 남편이 수급비 통장과 카드를 주었어요. 이제 제가 관리하고 남편에게 돈을 주면 되요. 제 돈 빼앗아 가지 말라 했어요.	욕구조사 사전 8 / 사후 5
5	한국어 배우고 싶어요. 13년 되었는데 말 아직도 못해요. 아이들 방에 책상도 없어요.	단기 : 한국어 학습 지원, 아동 공부방 지원 장기 : 당사자의 한국어 능력향상과 아동 학습 환경 조성	당사자 : 한국어 교실의 꾸준한 출석과 한국어 학습 도움(일촌 공동체)의 충실한 이행 사례관리자 : 복지관 한국어교실 출석확인, 아동 공부방 지원 사업 지원	사례관리자 복지관 내방에 어려움이 많은 당사자 위해 봉사자 가정방문 한국어 수업이 지속적으로 진행될 수 있도록 도움 주었음. 어린이재단 자원 연계하여 학습 물품(책상, 책장, 의자) 구매하고 자녀 공부방 학습환경 조성함.	☑ 달성 ☐ 연장 ☐ 재사정
				당사자의 표현 한국어 선생님이 집에 와서 가르쳐 주니 너무 고마워요. 제 하루 이야기할 수 있어서 더 기뻐요.	욕구조사 사전 10 / 사후 5
6	취업지원센터에서 교육받았을 때처럼 다시 취업 준비하고 싶어요. 그때 교육받다가 임신해서 그만두니 너무 아쉬웠어요.	단기 : 교육일정 확인 장기 : 교육 이수 후 구직, 취업	당사자 : 교육 일정 확인, 관련 지원자격 등 구체적인 계획 수립 사례관리자 : 교육 진행기관 정보제공 및 한국어가 서툰 당사자에게 관련 취업진로 안내	사례관리자 취업성공 패키지에 대한 내용 안내하였고, 인근 취업지원센터에서 진행하는 취업 교육에 대해 안내함. 임신 중에도 취업교육은 결석하지 않고 꾸준히 참여하는 등 성실한 모습을 보임.	☐ 달성 ☑ 연장 ☐ 재사정
				당사자의 표현 미싱교육은 절대 빠지지 않으려고 해요. 제가 정말 배우고 싶었었어요. 아기 임신해서 미용기술은 더 못 배우지만 미싱기술은 꼭 배워서 취업하고 싶어요.	욕구조사 사전 7 / 사후 5
3	싱크대가 30년 가까이 되었으니, 싱크대 사이사이에 벌레가 나와요. 집 옆 폐품이 너무 많아서 빨리 정리하고 싶어요. 폐품에서 벌레도 나와요.	단기 : 폐기물의 신속한 처리 장기 : 주거지 위생환경 개선	당사자 : 폐기물딱지 구입해 폐품 폐기 사례관리자 : 대형 폐기물 처리 후원, 지원처 연결	사례관리자 대형 폐기물 처리, 주거 개선 후원처 연결하였지만 당사자가 의존적인 모습을 보일 수 있어 당사자가 해야 할 일에 대해 정확하게 작성해 전달함. 싱크대 자재 구입과, 지하실 깊숙이 있는 폐기물은 당사자가 직접 해결하도록 강조하였고 당사자 또한 이행함.	☑ 달성 ☐ 연장 ☐ 재사정

<table>
<tr><td rowspan="3"></td><td rowspan="3"></td><td rowspan="3"></td><td rowspan="3"></td><td rowspan="3">당사자의 표현
집이 이렇게 바뀐 게 처음이라 너무 감사해요. 집 옆의 폐품이 없어지니 해충도 사라지고, 싱크대도 깨끗해 음식하기에도 좋아요.</td><td colspan="2">욕구조사</td></tr>
<tr><td>사전</td><td>사후</td></tr>
<tr><td>10</td><td>2</td></tr>
</table>

재사정 기록지

<table>
<tr><td>작성일</td><td colspan="4">20○○. ○. ○○.</td><td>거주 지역</td><td colspan="2">창○동</td></tr>
<tr><td>상담일</td><td colspan="4">20○○. ○. ○○. (접수일 : 20○○. ○. ○○)</td><td>상담자</td><td colspan="2">○○○ 사회복지사</td></tr>
<tr><td>성 명</td><td colspan="4">빙빙</td><td>생년월일</td><td colspan="2">19○○. ○. ○. (외국인)</td></tr>
<tr><td rowspan="2">주 소</td><td colspan="4" rowspan="2">서울시 도봉구 ○○로 ○○○</td><td rowspan="2">연락처</td><td colspan="2">00-000-0000</td></tr>
<tr><td colspan="2">보호자 : 010-0000-0000</td></tr>
<tr><td rowspan="7">가족 및 동거인</td><td>관계</td><td>성명(가명)</td><td>성별</td><td>연령</td><td>학력</td><td>직업</td><td>비고</td></tr>
<tr><td>남편</td><td>홍길동</td><td>남</td><td>54</td><td>대졸</td><td>일용직</td><td>동거</td></tr>
<tr><td>본인</td><td>빙빙</td><td>여</td><td>41</td><td>초졸</td><td>가정주부</td><td>동거</td></tr>
<tr><td>자</td><td>홍영미</td><td>여</td><td>12</td><td>초재</td><td>초5학년</td><td>동거</td></tr>
<tr><td>자</td><td>홍원영</td><td>남</td><td>11</td><td>초재</td><td>초4학년</td><td>동거</td></tr>
<tr><td>자</td><td>홍지영</td><td>여</td><td>9</td><td>초재</td><td>초2학년</td><td>동거</td></tr>
<tr><td>자</td><td>홍미영</td><td>여</td><td>3</td><td>–</td><td>유아</td><td>동거</td></tr>
<tr><td>가구유형</td><td colspan="7">☐ 독거노인가구 ☐ 청장년1인가구 ☐ 한부모가구 ☐ 조손가구
☐ 노인부부가구 ☐ 부부중심가구 ☐ 장애인가구 ☑ 다문화가구
☐ 기타</td></tr>
<tr><td rowspan="4">생활실태</td><td>주 거</td><td colspan="6">☐ 자가 ☐ 전세(만원) ☑ 월세(500만원/ 20만원) ☐ 임대주택 ☐ 기타</td></tr>
<tr><td>보호구분</td><td colspan="6">☑ 수급권 (생계/ 주거/ 교육/ 의료) ☐ 차상위( ) ☐ 저소득( ) ☐ 기타( )</td></tr>
<tr><td>주요소득</td><td colspan="6">☑ 공적부조(수급비) ☐ 근로소득( ) ☐ 가족부조( ) ☑ 기타(국민연금)</td></tr>
<tr><td>경제상황</td><td colspan="3">수입 (140만원) 지출 (140만원)
* 주 지출내역</td><td colspan="3">부채 : ☑ 유 (3000만원)
☐ 무 ( )</td></tr>
<tr><td rowspan="2">건강상태</td><td>보유질병</td><td colspan="6">우울감, 심각한 허리통증</td></tr>
<tr><td>장애명</td><td colspan="2">해당 없음</td><td>장애등급</td><td colspan="3"></td></tr>
</table>

<table>
<tr><td>자원현황</td><td colspan="3">☑ 공식적 체계 : 보건소(방문간호)
☑ 비공식적 체계 : 인근교회, 친척(시부모님)</td></tr>
<tr><td>재사정
유형</td><td>☐ 새로운 욕구 발생
☐ 긴급한 상황 발생
☑ 정기 점검
☐ 기타 (   )</td><td>재사정
요인</td><td>☐ 당사자에 의한 요인
☑ 기관과 사회복지사에 의한 요인
☐ 자원과 환경에 의한 요인</td></tr>
<tr><td rowspan="2">당사자
욕구</td><td colspan="3">- 개인력/ 가족력 : 당사자는 중국 출신 여성으로 남편을 만나 한국으로 이주했음. 현재 4명의 자녀들과 함께 생활하고 있으며 남편이 수급비를 전부 관리하며 직업소개소를 운영해 경제적, 주거상황이 불안정함. 남편의 무능력함과 자녀들에 대한 관심이 많지 않음에 불만이 높고 때문에 부부간 불화가 심함. 또한 당사자 주거 위생환경이 좋지 못하고 양육에 대한 심각한 스트레스로 당사자 자살시도 경험이 있어 지속적인 집중 개입 진행함.
- 경제상황 : 미납된 월세로 인한 퇴거 위험도 높으며, 당사자 가정은 당장 사용할 현금조차 없음. 특히 자녀들의 의복비, 식비에도 최소한의 비용을 사용하고 있으므로, 큰 딸에게 어린이재단의 결연후원 연계하여 결연후원금 지급 진행함. 또한 주거지원개선 사업에 선정되어 500만원의 주거 개보수, 책상 등 학업 물품 구입, 기타 주방용품(싱크대 등)교체, 폐품 처리 진행함. 그러나 개인부채와 월세 미납은 해결할 수 없어 당사자에게 여전히 부담으로 남아있음.</td></tr>
<tr><td colspan="3">- 건강상황 : 당사자 여전히 여름에도 추워하며 폭염의 날씨에도 긴팔 긴바지를 입고 복지관을 방문하였음. 육아에 어려움이 많다고 함.
첫째는 건강에 큰 이상이 없으나, 둘째는 현재 천식이 매우 심한 편이라 천식 증상 완화 의료기기를 구입해야 한다고 함. 넷째는 소아빈혈이 심해 동일 연령 아동보다 체구가 마른 편임. 현재 갑작스럽게 다섯째 임신하여 운동은 삼가고 있으며 허리디스크로 인해 누워 지내는 시간이 많음.
- 사회심리적 상황 : 최근 임신소식으로 인해 몸이 많이 부은 편이라 외출을 삼가고 있다고 함. 그러나 일촌 공동체 연계로 방문 한국어 공부를 시작했고 일촌 공동체 봉사자가 집으로 찾아와 자신의 이야기를 들어주고, 한국어를 알려주는 것이 큰 도움이 된다고 함. 또한 자녀들의 방에 새 책상이 온 것, 오래된 냉장고와 싱크대를 교체한 것, 자녀들에게 새로운 옷과 신발, 가방을 제공해 준 것에 매우 감사함을 표현함. 당사자 새로운 아이를 임신하여 앞으로의 양육이 더 걱정되지만 폐품처리, 도배장판 교체, 침대와 가구구입 등으로 완전히 바뀐 집이 너무 감사하다고 함. 또한 1년간의 정기 방역서비스 연계되어 위생 환경이 개선될 것을 기대하고 있음. 당사자에게 큰 스트레스였던 주거환경이 개선되니 최근에 두통이 나아졌다고 하며 남편 또한 집안에 관심을 많이 갖기 시작했다고 함.
- 원하는 욕구 : 자녀들을 위한 후원금(월 10만원)연계되어 학업 성적이 우수한 첫째 자녀의 학업비로 모두 사용되고 있다고 함. 그러나 둘째, 셋째, 넷째 자녀를 위한 의복비 등에 최소한의 비용을 사용할 수 없으므로 지속적인 경제적 지원 요청함.
집안 정리를 더 잘 해내고 싶은데 몸이 아파 제대로 할 수 없고, 효율적인 방법을 알려 주었으면 좋겠다고 함. (정리수납 전문 봉사자 연계 예정)</td></tr>
</table>

<table>
<tr><td>서비스
문제점</td><td>▸ 대상자 욕구에 따른 물품구입 시기 조정
당사자 남편은 복지관에서 신속하게 물품 구매할 것이라 기대해 물품 구매 기간 동안 사용할 가구와 전자제품 모두 가져다 폐기했음. 물품 구매까지 2주간 시간이 소요 되었는데 2주 동안 냉장고와 가구 하나 없이 6가족이 생활함. 담당자 일정을 고려하지 않고 물품 폐기하고 물품 배송이 언제 되는지 물어와 구입 시기에 압박감이 있었음.

▸ 후원처 요청에 대한 대상자의 비협조적 태도
후원처(어린이재단)의 요청(아동 감사편지)을 당사자 남편이 매우 자존심 상해하여 감사편지 수령에 차질이 있었음. 당초 후원 약속과 다르게 당사자 남편이 비협조적으로 응함.

▸ 가족 간 의사소통 불화
물품구매, 사업진행, 사례관리 과정과 상담 중 당사자가 한국어가 서툴러 원하는 물품 구입 등 이야기에 어려움이 있었음. 남편은 담당자와 관계자 앞에서 당사자의 서투른 한국어를 답답해하고 큰 소리로 야단치는 등 당사자를 존중하지 못하는 모습을 보임. 당사자와 남편 서로 대화할 때 자꾸 말다툼하게 되어 대화가 단절되는 일이 많음. 때문에 당사자에게 전달한 중요한 진행사항들을 남편이 모르고 있는 등 부부간 중요 내용을 공유하지 않아 진행에 문제가 발생함.</td></tr>
<tr><td>향후계획
사회복지사
의견</td><td>집중사례관리 당사자로서 주거지원, 경제적 문제에 대한 당사자의 어려움은 상당부분 해소되었으나, 최근 다섯째 임신하여 새로운 양육 부담이 발생할 것으로 생각됨.
도움을 주어야 할 남편이 경제적 지원을 원하는 것에 반해 후원처의 간단한 요청은 거부하는 경향이 있으며, 자신 가정사 문제를 외부에 발설하는 것을 몹시 싫어해 초반에 담당자와 당사자 남편과의 라포 형성에 어려움이 있었음.
다자녀 가구라 양육에 소요되는 비용이 큰 문제이나, 더 큰 문제인 현재 주거지가 매우 불안정한 것에 대해 당사자 부부가 모두 해결에 대한 구체적인 계획이 없음. 따라서 당사자 부부에게 주거지에 대한 계획이 필요함을 안내하고 주거지원 사업(LH, SH)에 대해 담당자는 관련 정보만 제공할 예정임.
당사자 가정의 중요한 문제점이 일부 해결되었으므로 병리적 관점으로 접근하면 당사자 가정이 점차 의존적이 될 것이라 생각됨. 때문에 당사자 부부 스스로 해결할 수 있는 강점관점으로, 향후 담당자는 정보제공 등 조력자의 역할만 수행할 계획임.</td></tr>
<tr><td>결과</td><td>☐ 유지 ☐ 사례회의 ☑ 서비스 재계획 ☐ 타 기관 의뢰 ☐ 종결</td></tr>
</table>

사례관리 평가서

당사자명	빙빙	사례관리자	○○○ 사회복지사
작성일자	20○○. ○. ○○.	유형	☐ 신규 ☑ 재사정

	합의된 목표	서비스 종류	제공횟수	평가
제공된 서비스	단기 : 허리에 무리가 되는 활동 자제 장기 : 건강검진을 통한 꾸준한 건강관리 및 운동 진행	건강검진 진행	10회	당사자에게 전문적인 건강검진 병원을 연계하려 하였으나, 양육과 병원의 검진일정 등으로 진행이 어려웠음. 그러나 방문간호 서비스의 간호사 주기적 방문으로 간단한 건강검진이 수시로 진행되어 당사자 상황을 점검할 수 있었음.
		허리디스크 운동 진행	일 1회	양육으로 인한 허리 통증 개선에 효과적인 운동 처방을 받았으나 당사자가 실천하지 않는 것이 허리에 큰 무리가 되고 있었음. 복지관의 권유와, 일촌 공동체 봉사자의 확인 등을 통해 꾸준한 건강관리를 진행하고 재단 도움으로 구입한 소파에 앉아 쉬는 등 주변의 관리를 통해 당사자 실천에 도움이 되었음.
	단기 : 집안 수리 및 정리 장기 : 집안 위생환경 전면 개선	주거지원사업 (집수리서비스 연계)	2회	어린이재단의 주거지원사업과, 동네 119 주거지원 집수리 서비스 연계하여 집안 수리 진행함. 당사자 가정 오래된 장판과 벽지로 인해 해충 유입과 곰팡이가 심했으나, 주거지원 서비스 통한 집안 위생환경 개선으로 당사자 가족 만족감 매우 높아짐.
	단기 : 부부간 소통 기회 마련 장기 : 부부간 소통을 통한 가족 갈등 해결	부부상담 진행 (가족프로그램 참여)	4회	당사자 남편은 부부간 문제에 대한 상담에 거부적이었기 때문에 담당자와 초기 상담 라포 형성이 가장 중요했음. 당사자 가정 방문 시 최대한 자연스럽게 남편을 만나며 담당자와 정서적 관계 형성함. 또한 부부관계 개선을 위한 담당자 개입 전 남편의 거부적 반응 해소가 필요하다 생각해 가족이 모두 참여하는 프로그램(캠핑 등)부터 시작하여 담당자에 대해 호의적 감정을 갖게 했음. 결과적으로 남편이 담당자에게 먼저 연락하는 등 긍정적인 반응을 보임.

	단기 : 수급비 관리 전담 장기 : 수급비 관리를 당사자가 직접하여 집안의 경제권 주도	당사자 남편 상담	3회	당사자 남편에게 당사자의 경제적 어려움에 대해 이야기하고, 남편이 수급비 관리를 전담하게 된 사유에 대해 상담함. 당사자 남편이 수급비에 대한 담당자 이야기를 피하는 등 불편한 모습을 보였으나, 당사자의 경제적 어려움을 함께 알리는 등 부부가 평등하게 수급비를 관리하는 것의 필요성을 말함. 결과적으로 남편 또한 사례개입 말미에 수급비를 당사자와 공동으로 관리하는 것에 합의하는 긍정적인 결과가 나왔음.
	단기 : 한국어 학습 지원, 아동 공부방 지원 장기 : 당사자의 한국어 능력향상과 아동 학습환경 조성	공부방 조성 한국어 학습지원	30회	당사자가 복지관 한국어 교실에 내방하나, 내방 어려울 경우 일촌 공동체의 한국어 봉사자가 가정방문하여 지속적인 한국어 공부 진행함. 어린이재단 주거 지원사업으로 아동 공부방 조성해 만족도가 높았음.
	단기 : 교육일정 확인 장기 : 교육이수 후 구직, 취업	취업지원센터 교육서비스 안내	3회	당사자 한국어 능력이 서툴러 취업지원센터에서 진행하는 다양한 교육프로그램 종류, 운영시기 등 정보 수집에 어려움이 있어 담당자가 분기별 교육 서비스에 대해 안내하였음. 때문에 당사자가 임신 중에도 취업교육을 신청할 수 있었고 훌륭하게 교육을 수료할 수 있었음.
	단기 : 폐기물의 신속한 처리 장기 : 주거지 위생환경 개선	폐기물처리 (도봉구청 청소과)	2회	통합사례회의 상정하여 도봉구청 청소과 도움으로 폐기물 처리를 진행한 것이 당사자 가정에 정서적으로 큰 도움이 되었음. 결로 개선을 위해 자비로 최대한 수리를 진행하는 등 의존적이지 않으려 노력하는 모습이 긍정적으로 평가됨. 이후, 담당자에게 필요한 사항에 대해 최소한의 도움을 요청하는 모습을 보임.
생태도 개입 전후 비교	개입 전		개입 후	
	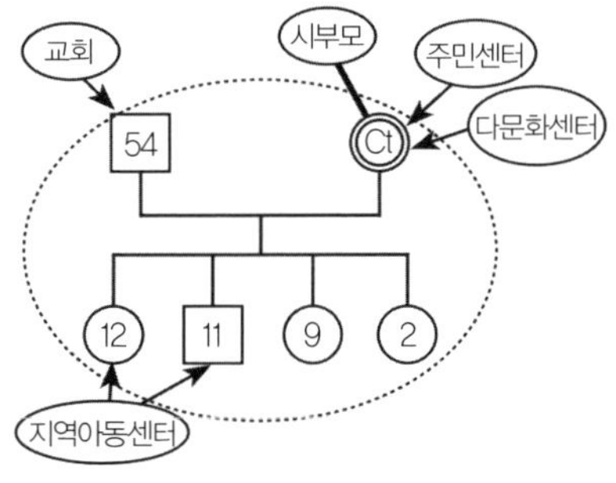		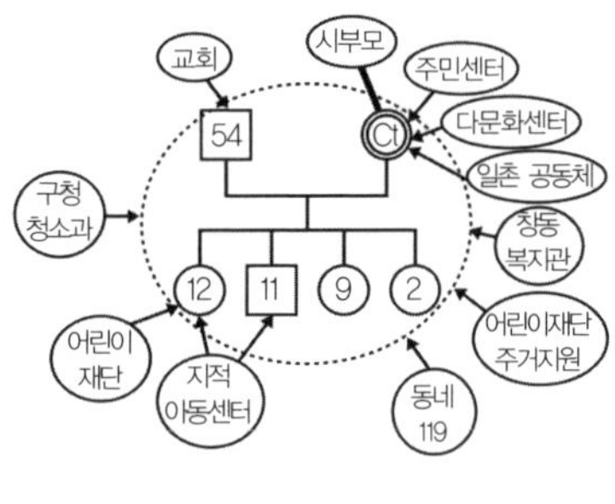	

<table>
<tr><th>구분</th><th>종합의견</th><th>결과</th></tr>
<tr><td>당사자의 변화</td><td>일촌 공동체 봉사자(한국어교육)가 당사자에게 정서적 지지, 조언자 역할을 하여 당사자 남편과 다투거나, 속상한일이 생기면 봉사자에게 당사자가 수시로 전화하여 정서적 지지가 됨. 주거환경 개선과 공부방 조성, 전자제품 구입 등으로 부부간 스트레스와 CT의 기절 발작이 덜해진 모습이며 한결 생활이 편안하다 함.</td><td rowspan="3">종결 □
사례회의 □
서비스 재계획 ☑
타기관 의뢰 □
유지 □</td></tr>
<tr><td>환경변화</td><td>아동 학습공간 마련과 도배, 취사 공간 개선으로 주거에 대한 만족감 상승하였음. 특히 오래된 냉장고 폐기 및 집 옆 폐기물들 정리할 수 있어 매우 감사함을 표함. 해충 등 방역 필요해 1년간 지속적으로 진행할 예정이며, 당사자 가정의 미납된 월세를 납부할 수 있도록 지속적인 독려가 필요함.</td></tr>
<tr><td>사례관리자 의견</td><td>당사자 가정 부부간 관계가 개선되면 최소한의 주변 도움으로 충분히 재기할 수 있는 가능성이 높으므로, 주거지 안정 및 경제적 도움 이후에 개입 수준을 점차 낮춰갈 계획임. 당사자 건강 상태 완화 및 경제상황 개선 등 목표가 달성되었으나 남편이 감정적이고, 부부간 문제 해결에 대한 담당자의 개입에 거부적이므로 당분간 사례관리 진행할 필요가 있음.</td></tr>
</table>

※ 사례관리 당사자 만족도조사

항목	전혀 아니다	아니다	보통이다	그렇다	매우 그렇다
1) 사례관리 진행과정 중 사례관리자와의 만났던 시간, 횟수 등에 대해 만족한다.	①	②	③	④	⑤
2) 사례관리를 진행하는 모든 과정에 대해 사례관리자는 자세히 안내하였다.	①	②	③	④	⑤
3) 사례관리에 참여하는 데 나의 의견이 반영되었고 주체적으로 참여할 수 있었다.	①	②	③	④	⑤
4) 사례관리자의 전문성은 나의 어려운 상황 해결에 도움을 주고 있어 신뢰할 수 있다.	①	②	③	④	⑤
5) 연계된 자원이나 제공된 서비스에 대해 만족한다.	①	②	③	④	⑤
6) 사례관리를 통해서 내가 원하는 바람대로 결과를 얻을 수 있었다.	①	②	③	④	⑤
7) 사례관리가 종결되더라도 변화된 상황을 잘 유지할 수 있는 자신감이 생겼다.	①	②	③	④	⑤

사례관리 종결보고서

<table>
<tr><td>당사자</td><td>빙빙</td><td>생년월일</td><td colspan="2">19○○. ○. ○○.</td></tr>
<tr><td>주 소</td><td>서울시 도봉구 ○○길 ○○</td><td>전화번호</td><td colspan="2">02-000-0000</td></tr>
<tr><td>등록일</td><td>20○○. ○. ○○.</td><td>종 결 일</td><td colspan="2">20○○. ○. ○○.</td></tr>
<tr><td>서비스
제공현황</td><td colspan="4">사례관리 상담, 봉사자연계, 경제적지원(후원금, 물품지원), 취업정보 제공</td></tr>
<tr><td>종결유형</td><td colspan="4">☐ 목표달성(당사자-사례관리자 합의)
☑ 목표달성 중(당사자-사례관리자 합의)
☐ 다른 지역 이주 ☐ 서비스 거절이나 포기
☐ 내담자 사망 ☐ 연락두절
☐ 불성실한 참여 ☐ 제공자 사업종료
☐ 서비스 자격변동(타 기관 의뢰 : / 의뢰일 :)
☐ 기타( )</td></tr>
<tr><td rowspan="2">당사자
변화사항</td><td colspan="2">초기사항</td><td colspan="2">종결상황</td></tr>
<tr><td colspan="2">다자녀이며 이주여성 가정으로 당사자는 양육과 경제적 어려움으로 인한 스트레스가 심한 자살 고위험군이었음.
경제적,주거 상황이 매우 열악해 의,식,주 기초 생활에 어려움이 있었고 부부간 불화가 매우 심했음.</td><td colspan="2">당사자 건강 상태 개선과 남편 취업으로 경제적 어려움 해결함.
정기적 정신건강의학과 내원으로 자살생각 감소 및 당사자 취업 성공 패키지 통해 배운 기술로 구직하여 경제활동 중임.</td></tr>
<tr><td>사회복지사
의견</td><td colspan="4">당사자 다각적 개입이 시급한 사례였으나, 유관기관과 봉사단체 협조, 공동사례관리를 통해 상황 완화될 수 있었음. 당사자 부부 또한 주변의 도움에 부응하기 위해 경제적, 주거상황이 악화되지 않도록 노력하는 모습을 보임.
당사자 부부 충분히 의지를 발현해 현 상태보다 더욱 나아질 가능성이 있으므로 당사자 합의 거쳐 종결함.</td></tr>
<tr><td>사후관리
계획</td><td colspan="4">사례관리목표에 대해 일정부분 달성되어 사례관리당사자에서 단순서비스제공 당사자로 변경하고 분기별 1회 모니터링으로 당사자 사례관리 진행하려 함.</td></tr>
<tr><td colspan="4">상기 사유로 인하여 사례관리를 종결합니다.</td><td>사례관리자 : ○○○ (인)</td></tr>
<tr><td colspan="4">위 사유로 인하여 사례관리를 종결하고 이에 동의합니다.</td><td>당 사 자 : ○○○ (인)</td></tr>
</table>

제4절 사례관리 예시 - 한부모가정 사례의 실제

사례관리 초기접수대장

<table>
<tr><th>연번</th><th>접수일</th><th>접수자</th><th colspan="3">주소 및 연락처</th><th>의뢰사유</th></tr>
<tr><td rowspan="4">1</td><td rowspan="2">20○○. ○. ○.</td><td rowspan="2">조지혜</td><td colspan="3">주소 서울시 도봉구 ○○로 ○○길 ○○</td><td rowspan="2">교육지원 및 의료비지원
(일상생활 유지)</td></tr>
<tr><td colspan="3">연락처 010-0000-0000</td></tr>
<tr><td>소득구분</td><td colspan="2">☐ 수급권 ☑ 차상위
☐ 저소득 ☐ 일반</td><td>주거형태</td><td colspan="2">☐ 자가 ☐ 전세 ☐ 월세
☑ 기타(무상거주)</td></tr>
<tr><td>가족유형</td><td colspan="2">☐1인 ☑ 2인 이상(4인 가구)</td><td>의뢰경로</td><td colspan="2">☑ 본인 ☐ 이웃의뢰
☐ 기관의뢰(담당/ 연락처)</td></tr>
<tr><td>팀장
(인)</td><td>상담자</td><td colspan="2">○○○ 사회복지사</td><td>선정결과</td><td colspan="2">☑ 상담
☐ 미상담 (사유 :)</td></tr>
</table>

사례관리 실태조사표

<table>
<tr><td>작성일</td><td colspan="4">20○○. ○. ○○.</td><td colspan="2">거주지역</td><td colspan="3">창○동</td></tr>
<tr><td>상담일</td><td colspan="4">20○○. ○. ○○. (접수일 : 20○○. ○. ○○)</td><td colspan="2">상담자</td><td colspan="3">○○○ 사회복지사</td></tr>
<tr><td>접수경위</td><td colspan="4">본인의뢰</td><td colspan="2">사례유형</td><td colspan="3">아동 · 청소년</td></tr>
<tr><td>성 명</td><td colspan="4">조지혜</td><td colspan="2">생년월일</td><td colspan="3">000000-2 (만 18세)</td></tr>
<tr><td rowspan="2">주 소</td><td colspan="4" rowspan="2">서울시 도봉구 ○○로 ○○길 ○○</td><td colspan="2" rowspan="2">연락처</td><td colspan="3">010-0000-0000</td></tr>
<tr><td colspan="3">보호자 : 010-0000-0000</td></tr>
<tr><td rowspan="5">가족 및
동거인</td><td>관계</td><td>성명(가명)</td><td>연령</td><td colspan="2">성별</td><td colspan="2">학력</td><td>직업</td><td>비고</td></tr>
<tr><td>외할머니</td><td>이순금</td><td>83</td><td colspan="2">여</td><td colspan="2">–</td><td>–</td><td>동거</td></tr>
<tr><td>어머니</td><td>박미영</td><td>52</td><td colspan="2">여</td><td colspan="2">–</td><td>특수교육
실무자</td><td>동거</td></tr>
<tr><td>동생</td><td>조지철</td><td>15</td><td colspan="2">남</td><td colspan="2">중재</td><td>학생</td><td>동거</td></tr>
<tr><td>본인</td><td>조지혜</td><td>19</td><td colspan="2">여</td><td colspan="2">고재</td><td>학생</td><td>–</td></tr>
</table>

<table>
<tr><td rowspan="4">생활실태</td><td>주 거</td><td colspan="3">☐ 자가 ☐ 전세(만원) ☐ 월세(만원) ☐ 임대주택 ☑ 기타(무상거주)</td></tr>
<tr><td>보호구분</td><td colspan="3">☐ 수급권( ) ☑ 차상위( ) ☐ 저소득( ) ☐ 기타( )</td></tr>
<tr><td>주요소득</td><td colspan="3">☐ 공적부조( ) ☑ 근로소득(130만원) ☐ 가족부조( ) ☐ 기타( )</td></tr>
<tr><td>경제상황</td><td colspan="2">수입 (130만원) 지출 (130만원)
*주 지출내역 : 생활비, 교육비 등</td><td>부채 : ☑ 유 (4천만원)
☐ 무</td></tr>
<tr><td rowspan="2">건강상태</td><td>보유질병</td><td colspan="3">감상선 항진증, 심장판막천공</td></tr>
<tr><td>장애명</td><td>해당없음</td><td>장애등급</td><td>해당없음</td></tr>
<tr><td>주요욕구</td><td>서비스 및 자원</td><td colspan="3">거북이 날다! 점프+교실</td></tr>
<tr><td colspan="2">연계 자원현황</td><td colspan="3">☐ 공식적 체계 : 없음
☐ 비공식적 체계 : 없음</td></tr>
<tr><td colspan="2">상담내용</td><td colspan="3">당사자의 아버지는 당사자가 3세 경 가출 후 연락두절로 모가 법적인 절차를 밟아 이혼하여 외할머니, 어머니, 남동생과 함께 생활하고 있는 한부모가정에 4인가구임. 당사자 외할머니의 전셋집(당사자 외삼촌 명의)에서 무상 거주하고 있으며 할머니는 어깨와 허리 수술 후유증으로 거동이 불편하여 어머니가 돌봄을 겸하고 있음. 외가 친척들과 우호적인 관계를 유지 중임. 어머니는 ㅇㅇ중학교 특수교육실무자로서 근로를 통해 월 130만원의 수입이 있으나, 4인가구의 생계를 홀로 부담하고 있기 때문에 극심한 가계 부담을 호소함. 당사자는 미숙아로 출생하여 잔병치레를 겪어 체력이 약하고 쉽게 싫증내는 성격으로 활동 관련 또래에 비해 빨리 지치고 힘들어 하는 편이며 경계선지능 소유자로서 의사소통에서 한 가지 질문에 대해 답을 생각하는 데 많은 시간이 소요됨. 어머니에 의하면 대인관계와 신체활동에 매우 소극적인 모습을 보인다고 함.</td></tr>
<tr><td colspan="2">상담자 의견</td><td colspan="3">당사자는 고등학교 재학 중인 경계선지능의 청소년으로서 진로를 결정하는 중요한 생애사적 시기에 놓여있다고 할 수 있으나 경제적인 어려움으로 적절한 지원을 받지 못하고 있어 본 기관 당사자로 선정할 필요성이 제기됨. 특히 선천적 질환인 심장판막천공의 경우 시급한 수술이 필요함에 따라 크라우드펀딩 프로젝트를 통하여 의료비를 지원하고자 하며 자아와 진로를 탐색하기 위하여 경계선지적기능 청소년 방과후 프로그램인 '거북이 날다! 점프+교실'을 이용하도록 원조하고자 함.</td></tr>
</table>

인테이크 기록지

<table>
<tr><td>작성일</td><td colspan="3">20○○. ○. ○○.</td><td colspan="2">거주지역</td><td colspan="3">창○동</td></tr>
<tr><td>상담일</td><td colspan="3">20○○. ○. ○○. (접수일 : 20○○. ○. ○○)</td><td colspan="2">상담자</td><td colspan="3">○○○ 사회복지사</td></tr>
<tr><td>성 명</td><td colspan="3">조지혜</td><td colspan="2">생년월일</td><td colspan="3">000000-2 (만 18세)</td></tr>
<tr><td rowspan="2">주 소</td><td colspan="3" rowspan="2">서울시 도봉구 ○○로 ○○길 ○○</td><td colspan="2" rowspan="2">연락처</td><td colspan="3">010-0000-0000</td></tr>
<tr><td colspan="3">보호자 : 010-0000-0000</td></tr>
<tr><td rowspan="5">가족 및 동거인</td><td>관계</td><td>성명(가명)</td><td>연령</td><td>성별</td><td>학력</td><td>직업</td><td colspan="2">비고</td></tr>
<tr><td>외조모</td><td>이순금</td><td>만 82세</td><td>여</td><td>–</td><td>–</td><td colspan="2">동거</td></tr>
<tr><td>모</td><td>박미영</td><td>만 51세</td><td>여</td><td>–</td><td>특수교육 실무자</td><td colspan="2">동거</td></tr>
<tr><td>동생</td><td>조지철</td><td>만 14세</td><td>남</td><td>중재</td><td>학생</td><td colspan="2">동거</td></tr>
<tr><td>본인</td><td>조지혜</td><td>만 18세</td><td>여</td><td>고재</td><td>학생</td><td colspan="2">–</td></tr>
<tr><td>가구유형</td><td colspan="8">□ 독거노인가구 □ 청장년1인가구 ☑ 한부모가구 □ 조손가구
□ 노인부부가구 □ 부부중심가구 □ 장애인가구 □ 다문화가구 □ 기타</td></tr>
<tr><td rowspan="4">생활실태</td><td>주 거</td><td colspan="7">□ 자가 □ 전세(만원) □ 월세( ) □ 임대주택 ☑ 기타(무상거주)</td></tr>
<tr><td>보호구분</td><td colspan="7">□ 수급권 (생계/ 주거/ 교육/ 의료) ☑ 차상위( ) □ 저소득( ) □ 기타( )</td></tr>
<tr><td>주요소득</td><td colspan="7">□ 공적부조( ) ☑ 근로소득(130만원) □ 가족부조( ) □ 기타( )</td></tr>
<tr><td>경제상황</td><td colspan="4">수입 (130만원) 지출 (130만원)
*주 지출내역 : 생활비, 교육비 등</td><td colspan="3">부채 : ☑ 유 (4천만원)
□ 무</td></tr>
<tr><td rowspan="2">건강상태</td><td>보유질병</td><td colspan="7">감상선항진증, 심장판막천공</td></tr>
<tr><td>장애명</td><td colspan="2">–</td><td>장애등급</td><td colspan="4">–</td></tr>
<tr><td colspan="2">자원현황</td><td colspan="7">□ 공식적 체계 : 없음
□ 비공식적 체계 : 없음</td></tr>
</table>

■ 가계도

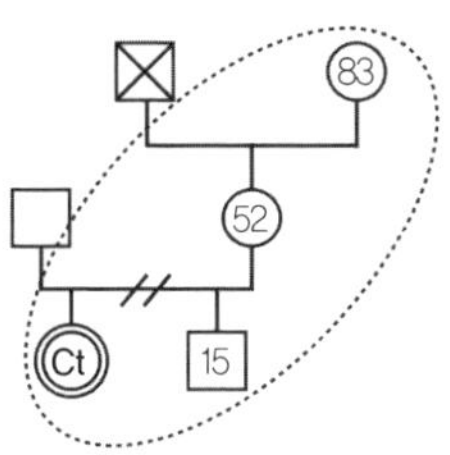

■ 생태도

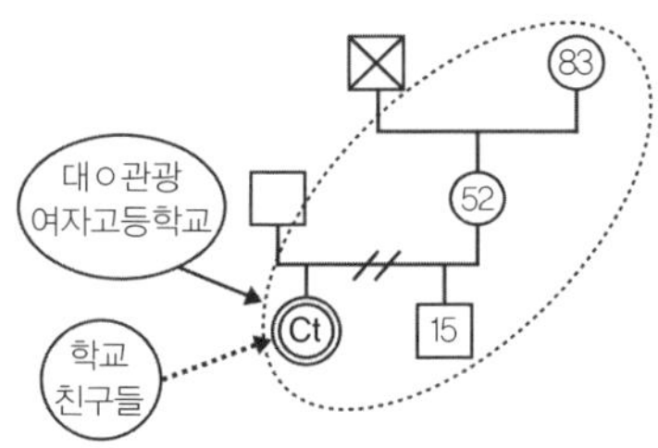

■ **개인력/ 가족력**

당사자 외할머니, 어머니, 남동생과 함께 생활하고 있는 4인가구임. 당사자 아버지는 당사자가 3세 경 가출 후 연락두절로 어머니가 법적인 절차를 밟아 이혼하였음. 당사자는 아버지가 대장암으로 지방에서 요양 중인 것으로 알고 있었으나 2017년 10월 경 어머니가 사실대로 말해 주었음. 당사자와 남동생은 워낙 어렸을 적의 일이라 큰 충격 없이 수용하였음. 가족들은 외할머니의 전셋집(당사자 외삼촌 명의)에서 무상 거주하고 있으며 어머니는 어깨와 허리 수술 후유증으로 거동이 불편한 외할머니의 돌봄을 겸하고 있음. 외가 친척들과 우호적인 관계를 유지 중임.

■ **경제상황(수입/ 생활비/ 저축/ 부채 등)**

당사자 어머니는 ㅇㅇ중학교 특수교육 실무자로서 근로를 통해 월 130만원의 수입이 있음. 부모의 이혼 이후 어머니가 수급권 신청하여 수급비를 받았으나 부당수급으로 결정되어 수급 탈락된 이력이 있음. 이에 수급비 환수조치 통보를 받았으나 납부 능력이 없어 체납상태로 수년이 지나며 현 부채의 원인이 되고 있음. 어머니는 일급제 급여를 받아왔으나, 최근 급여제도가 개선되어 월급제로 바뀌었음. 그러나 학령기 자녀 둘이 있어 생활비가 대폭 증가함에도 방학 중에는 근로를 할 수 없어 수입이 강제로 끊기게 되어 생계부담이 늘게 되었음.

■ **건강상황(장애/ 병력/ 진단 및 치료 등)**

당사자는 미숙아로 출생하여 잔병치레를 겪어 당사자 어머니가 허용적인 양육태도로 학업과 일상생활 과업을 주거나, 수행을 완료하도록 독려하는 경우가 거의 없었음. 체력이 약하고 쉽게 싫증내는 성격으로 주변의 또래에 비해 빨리 지치고 힘들어 하는 편임. 최근 20ㅇㅇ년 ㅇㅇ월 경 갑상선항진증으로 지속적으로 약을 복용하며 회복중이며 선천적인 심장판막 이상으로 현재 판막이 약 1.8cm 벌어진 상태임. 수술비는 수백만원이 예상되며, 어머니는 복지관 후원을 기대하고 있음.

■ **사회심리적상황(생활상태/ 심리정서상태/ 사회적 관계망 등)**

당사자는 경계선지능으로서 의사소통에서 한 가지 질문에 대해 답을 생각하는 데 많은 시간이 소요됨. 당사자 어머니에 의하면 대인관계와 신체활동에 매우 소극적인 모습을 보인다고 함.

■ **강점사정**

당사자 성격이 다소 소극적이지만 소수의 친구를 깊게 사귀어 정서적 지지를 받음. 주양육자인 어머니에 의하면 타인에게 항상 친절한 태도로 임하며 소수 친구들과 깊고 친밀한 관계를 유지한다고 함.

■ **문제 및 욕구(주 호소내용)**

당사자 어머니의 학교상담 결과 당사자 기초학습이 저조하고 포기가 잦아 일을 완료하지 못하는 경우가 많으며 학습이해도가 다소 부족한 것으로 나타남. 당사자의 희망진로와 어머니가 희망하는 진로가 맞지 않아 갈등 유발 소지가 있음(당사자는 카지노 딜러, 바텐더 등 높은 급여의 직업군을 희망하나, 당사자 어머니는 안정적인 직장을 원함). 어머니는 경계선지능을 소유한 당사자가 기초학습 지원을 통해 성적이 향상되기를 바라고 있으며 마찬가지로 당사자는 스스로의 사회성 향상을 통해 어엿한 성인으로서 사회생활의 포부를 밝혔음. 또한 경제적인 어려움을 호소하였는데, 당사자의 선천성질환 치료에 수반되는 의료비지원을 기대하고 있음.

당사자욕구 우선순위	1순위 : 기초학습 지원　2순위 : 사회성 향상　3순위 : 경제적 부담 완화

<table>
<tr><td colspan="2">

■ **당사자의 태도와 반응**

사례관리자와 기능적으로 협력하고자 노력하였으며 우호적인 태도로 상담에 임하였으나 인지적인 문제로 인해 대답속도가 매우 느렸음. 그러나 진로에 대한 높은 탐구력을 지니며 대학입시에 필요한 자격증을 취득하기 위해 적극적으로 정보를 찾고 도움을 요청하는 등의 진취적인 모습을 보임.

■ **사회복지사 의견**

당사자 어머니는 자녀들이 원하는 진로를 자유롭게 선택하게 해주고 싶다고 하였으나, 본인이 정해 둔 범위 안에서 선택해야만 한다는 강박적인 모습을 보이며 아이들의 진로에 대하여 매우 걱정하고 있음. 강박적인 양육으로 인하여 당사자는 프로그램 및 대인관계에서 매우 순응적으로 자기주장 없는 모습이 관찰됨. 당사자의 희망 진로 분야와 어머니의 욕구인 안정적인 직업 사이의 절충안을 찾아 정보를 제공하고자 함.

</td></tr>
<tr><td>판정의견</td><td>☑ 사례관리 당사자　□ 서비스 연계 당사자　□ 위기(긴급) 당사자</td></tr>
</table>

개인정보 수집·활용 및 제3자 제공

[사례관리 동의]

- 본인은 창동종합사회복지관의 기관 소개와 사례관리 서비스의 과정 및 내용에 대한 설명을 충분히 듣고 이해했습니다. (√)
- 당사자의 인권 및 학대예방에 대해 안내받았으며, 나의 의견을 잘 표현하겠습니다. (√)
- 귀 복지관에서 제공하는 사례관리 서비스를 제공받는 것에 동의합니다. (√)
- 사례관리의 서비스를 위해 필요한 정보를 제공하는 제반활동에 함께 참여하겠습니다. (√)

개인정보의 수집 및 이용목적	창동종합사회복지관 사례관리 사업 진행과 관련하여 아래와 같이 개인 정보를 수집하고 있으며, 필요 시 관련기관(구청, 주민센터 및 유관기관)에 개인정보가 공유될 수 있습니다.

개인정보 항목	기본 개인정보 수집 - 성명, 생년월일, 연락처, 주소
위의 개인정보 수집 및 이용에 대한 동의를 거부할 권리가 있습니다. 그러나 동의를 거부할 경우 원활한 사례관리사업과 관련하여 서비스 이용이 제한될 수 있습니다.	
기본 개인정보 수집 및 이용에 동의하십니까?	**☑ 동의함 ☐ 동의하지 않음**
선택정보 및 민감정보 항목	선택정보 및 민감정보 : 보호구분, 주거상황, 가족상황, 경제상황, 건강사항, 사회심리적 상황 등
위의 선택정보 및 민감정보에 대한 동의를 거부할 권리가 있습니다. 그러나 동의를 거부할 경우 원활한 사례관리사업과 관련하여 서비스 이용이 제한될 수 있습니다.	
선택정보 및 민감정보 수집 및 이용에 동의하십니까?	**☑ 동의함 ☐ 동의하지 않음**
개인정보의 보유 및 이용기간	이용기간 : 해당 지원과 서비스가 제공되는 기간 보유기간 : 해당 지원과 서비스가 제공되는 기간으로부터 5년 보관 보유기간 종료 시 재생이 불가능한 방법으로 즉시 파기합니다.

[개인정보 제3자 제공]

제공받는 곳	이용목적	제공정보 항목
정부 공공기관	당사자의 사례관리 진행 욕구에 따른 서비스 연계, 제공	[기본 개인정보 수집 및 이용]
사회복지증진목적으로 설립된 민간기관		
기관과 연계된 결연후원자 및 단체		
위의 개인정보 제3자 대한 동의를 거부할 권리가 있습니다. 그러나 동의를 거부할 경우 원활한 사례관리사업과 관련하여 서비스 이용이 제한될 수 있습니다.		
개인정보 제3자 제공에 동의하십니까?	**☑ 동의함**	**☐ 동의하지 않음**

※ 관련근거 : 개인정보보호법 제15조, 제16조, 제17조, 제18조, 제19조/ 사회복지사업법 제33조의 3항

당사자 : 조지혜 (인)

14세 미만 보호자 (관계 :) : (인)

위임 보호자 (관계 :) : (인)

사정도구틀(위기도조사)

작 성 일　20○○. ○. ○○.　　　　　　　　　　　　　　　　　성 명　조지혜

1. 안전 : 가족구성원 또는 외부인과의 관계에서 야기되는 기초적 신변보호상의 위기 정도(12점)

1. 안전	위기도 문항	0	1	2	3
가정 내 안전 유지	1. 함께 거주하고 있는 가족구성원이 본인이나 가족을 위협하고 있거나 위협할 것 같다. ① 폭력 ② 정서적 폭력 ③ 성적 폭력 ④ 방임과 방치 ⑤ 경제적 폭력 0점) 해당사항 없음. 3점) 어느 하나라도 해당 시 3점.	√			
	2. 본인이 가족(비동거 가족 포함)을 위협하고 있거나 위협할 것 같다. ① 신체적 폭력 ② 정서적 폭력 ③ 성적 폭력 ④ 방임과 방치 ⑤ 경제적 폭력 0점) 해당사항 없음. 3점) 어느 하나라도 해당 시 3점.	√			
가족 외부로 부터의 안전유지	3. 비동거 가족, 친척, 친구, 이웃, 사회(학교, 직장 등) 등이 본인이나 가족을 위협하고 있거나 위협할 것 같다. ① 신체적 폭력 ② 정서적 폭력 ③ 성적 폭력 ④ 방임과 방치 ⑤ 경제적 폭력 0점) 해당사항 없음. 3점) 어느 하나라도 해당 시 3점.	√			
	4. 응급상황이 발생할 경우 도움을 받는 데 어려움이 있다. 0점) 어려움이 없다./ 해당사항 없음. 1점) 도움을 요청할 지원체계는 있으나 충분하지 않다. 2점) 응급 시 도움을 요청할 지원 체계는 있으나 원만한 관계가 아니다. 3점) 도움을 요청할 지원 체계가 전혀 없다./ 응급상황을 인지하지 못한다.			√	

2. 건강 : 대상자 및 가족구성원의 신체적 · 정신적 건강문제로 인한 생활상의 위기 정도(18점)

2. 건강	위기도 문항	0	1	2	3
신체적 건강 유지	1. 동거가족이 신체적 건강 문제로 어려움을 겪고 있다. 0점) 어려움이 없다./ 해당사항 없음. 1점) 신체적 건강 문제가 있으나 일상생활 및 사회생활이 가능하다. 2점) 신체적 건강 문제로 일부 일상생활이나 사회생활에 어려움이 있다. 3점) 신체적 건강 문제로 일상생활이나 사회생활이 전혀 안 된다.			√	
	2. 본인이나 동거가족이 신체적 건강 문제를 관리하는 데 어려움이 있다. 0점) 어려움이 없다./ 해당사항 없음. 1점) 관리하는 데 어려움이 있으나, 관리하기를 원하고 있다. 2점) 관리하는 데 어려움이 있고, 건강관리를 위한 지원체계가 충분하지 않다. 3점) 관리하는 데 어려움이 있고, 건강관리를 위한 지원체계가 전혀 없다.				√
정신적 건강 유지	3. 본인이나 동거가족이 중독, 우울, 조현증(정신분열) 등의 정신질환으로 어려움이 있다. 0점) 어려움이 없다./ 해당사항 없음. 1점) 어려움은 있으나 일상생활 및 사회생활이 가능하다. 2점) 일상생활이나 사회생활에 일부 어려움이 있다. 3점) 일상생활이나 사회생활이 전혀 안 된다.	√			
	4. 본인이나 동거가족이 중독, 우울, 조현증(정신분열)등의 정신질환에 대한 증상관리가 어렵다. ① 질병인식(병식)이 없다. ② 증상관리를 도와줄 자원이 없다. ③ 증상관리가 안 되고 있다. ④ 자해나 타해의 시도나 위험이 있다. 0점) 해당사항 없음. 3점) 어느 하나라도 해당 시 3점.	√			
	5. 본인이나 동거가족이 약물을 복용하는 데 어려움이 있다. 0점) 가족의 도움을 받거나 스스로 약물을 처방대로 복용하고 있다./ 해당사항 없음. 1점) 약물 복용을 도와주는 지원 체계가 있지만, 규칙적인 약물 복용이 어렵다. 2점) 약물 복용을 도와줄 지원 체계가 충분하지 않아서 규칙적인 약물 복용이 어렵다. 3점) 약물 복용이 전혀 이루어지지 않는다./ 약물 치료를 거부한다.			√	
	6. 본인이나 동거가족이 지난 6개월 동안 자살을 시도하거나 구체적인 방법을 생각한 적이 있다. 0점) 해당사항 없음. 1점) 자살을 생각한 적이 있다. 2점) 자살을 위한 구체적인 방법을 생각한 적이 있다. 3점) 자살을 시도한 적이 있다.	√			

3. 일상생활 유지 : 기능적 및 수단적 일상생활 유지상의 위기 정도(9점)

3. 생활유지	위기도 문항	0	1	2	3
의식주 관련 일상 생활 유지	1. 건강을 해치거나 타인에게 피해를 줄 정도로 본인이나 동거가족이 일상생활을 유지하는 데 어려움이 있다. ① 식사 ② 대소변 등 용변처리 ③ 옷 입기(세탁포함) ④ 세수, 목욕 등 몸씻기 ⑤ 청소 ⑥정리정돈 ⑦ 수면 ⑧ 그 외 가사활동 0점) 해당사항이 0개인 경우/ 누군가의 도움을 받으며 원활하게 수행하고 있는 경우/ 해당사항 없음. 1점) 해당사항이 1개인 경우(도움을 받아도 충분하지 않을 경우 포함). 2점) 해당사항이 2개인 경우(도움을 받아도 충분하지 않을 경우 포함). 3점) 해당사항이 3개 이상인 경우(도움을 받아도 충분하지 않을 경우 포함) 영유아인 경우 1, 2, 7중 하나라도 해당하면 3점			√	
	2. 본인이나 동거가족이 외출하는 데 어려움이 있다. 0점) 어려움이 없다./ 해당사항 없음. 1점) 불편하지만 외출이 가능하다. 2점) 외부(자원)의 도움이 있으면 외출이 가능하다. 3점) 교통수단이 없어서 외출할 수 없다./ 도움이 있어도 외출이 어렵다.			√	
여가 생활 활용	3. 본인이나 동거가족이 여가생활에 어려움이 있다. 0점) 어려움이 없다./ 해당사항 없음. 1점) 자원은 있으나, 정보부족으로 여가를 즐기지 못하고 있다. 2점) 자원이나 정보의 부족으로 여가를 즐기지 못하고 있다. 3점) 즐겨하는 일이 전혀 없다.			√	

4. 가족관계 : 가족구성원의 갈등 및 보육, 간병 등의 돌봄 · 보호 상의 위기 정도(9점)

4. 가족관계	위기도 문항	0	1	2	3
관계형성	1. 가족(동거 및 비동거 가족 포함)으로부터 도움을 받는 데 어려움이 있다. 0점) 필요할 때 도움을 충분히 받을 수 있다./ 해당사항 없음. 1점) 필요할 때 도움을 받고 있으나 충분하지 않다. 2점) 필요할 때 도움을 요청할 가족은 있으나 원만한 관계는 아니다. 3점) 필요할 때 도움을 요청할 가족이 전혀 없다(연락하고 사는 가족이 전혀 없는 경우도 포함).		√		
	2. 가족(동거 및 비동거 가족 포함)갈등으로 어려움이 있다. 0점) 어려움이 없다./ 해당사항 없음. 1점) 가족갈등이 있으나 가구원들의 일상생활 및 사회생활이 가능하다. 2점) 가족갈등으로 인해 가구원들의 일상생활이나 사회생활에 일부 어려움이 있다. 3점) 가족갈등으로 인해 가구원들의 일상생활이나 사회생활이 전혀 안 된다.			√	

가족 돌봄	3. 보호가 필요한 영유아, 아동, 노인, 장애인 등을 돌보는 데 어려움이 있다. 0점) 돌볼 가구원이 없다./ 돌보는 데 어려움이 없다./ 해당사항 없음. 1점) 돌볼 능력이 부족하나 의지가 있다. 2점) 돌볼 능력이 부족하며, 지원체계가 충분하지 않다. 3점) 돌볼 능력이 부족하며, 지원체계가 전혀 없다./ 돌볼 의지가 없다.			√	

5. 사회적 관계 : 사회관계친지, 이웃 및 소속집단 내에서의 관계형성 및 유지상 위기 정도(12점)

5. 사회관계	위기도 문항	0	1	2	3
친인척 및 이웃 간 관계형성	1. 친구, 이웃, 지인이나 친인척으로부터 도움을 받는 데 어려움이 있다. 0점) 필요할 때 도움을 충분히 받을 수 있다./ 해당사항 없음. 1점) 필요할 때 도움을 받고 있으나 충분하지 않다. 2점) 필요할 때 도움을 요청할 친구, 이웃, 지인이나 친인척은 있으나 원만한 관계는 아니다. 3점) 필요할 때 도움을 요청할 친구, 이웃, 지인이나 친인척이 전혀 없다(연락하고 사는 친구, 이웃, 지인이나 친인척이 전혀 없는 경우도 포함)			√	
소속된 집단 및 사회생활	2. 직장동료, 소속된 단체나 기관으로부터 도움을 받는 데 어려움이 있다. 0점) 필요할 때 도움을 충분히 받을 수 있다./ 해당사항 없음. 1점) 필요할 때 도움을 받고 있으나 충분하지 않다. 2점) 필요할 때 도움을 요청할 직장동료, 소속된 단체나 기관은 있으나 원만한 관계는 아니다. 3점) 필요할 때 도움을 요청할 직장동료, 소속된 단체나 기관이 전혀 없다.			√	
	3. 본인이나 동거가족이 자기 방이나 집에서 나오지 않는다. 0점) 일상생활 및 사회생활 유지에 어려움이 없다./ 해당사항 없음. 1점) 방이나 집에서 거의 나오지 않으나, 기본적인 생활이 가능하고 소수의 타인(가족 포함)과 관계를 유지하고 있다. 2점) 방이나 집에서 거의 나오지 않은 채 기본적인 생활은 하지만, 다른 사람(가족 포함)과 접촉이 없다. 3점) 방이나 집에서 거의 나오지 않은 채 기본적인 생활이 어렵거나 다른 사람(가족 포함)과 접촉이 없다.	√			
	4. 타인에게 피해를 주는 언행으로 이웃과 갈등을 유발하고 있다. 0점) 유발하고 있지 않다./ 해당사항 없음. 1점) 유발하고 있으나 조정이 가능하다. 3점) 유발하고 있다.		√		

6. 경제 : 기본적인 생활에 필요한 경제적 문제 및 자산관리상의 위기 정도(9점)

6. 경제	위기도 문항	0	1	2	3
기초 생활 해결	1. 기본적 생활에 필요한 경제적 비용이 없어서 어려움을 겪고 있다. ① 돈이 없어 식사를 못하고 있거나 식료품 구입이 어렵다. ② 공교육비를 기한 내 납부하지 못하고 있다. ③ 계절에 맞는 의복과 신발을 구입하지 못하고 있다. ④ 치료비가 없어서 본인이나 가족이 병원을 못 가고 있다. ⑤ 집세가 3개월 이상 밀려 있다. ⑥ 안정적으로 살 수 있는 집이 없다(퇴거위험, 노숙, 비닐하우스, 쪽방, 고시원, 여관/ 여인숙, 찜질방, 쉼터 등). ⑦ 난방장치가 없거나, 난방비 때문에 추운 겨울에 난방을 사용하지 못하고 있다. ⑧ 공과금(사회보험료, 전화요금, 가스요금, 수도요금, 전기요금, 관리비 중 하나 이상)이 밀려있다. ⑨ 공과금 연체로 사회보험급여 자격정지, 전화중단, 가스차단, 단수, 단전 중 하나 이상의 상태에 있다. 0점) 해당사항이 0개인 경우 1점) 해당사항이 1개인 경우 2점) 해당사항이 2~3개인 경우 3점) 해당사항이 4개 이상인 경우/ 1, 4, 5, 6, 9번에 하나라도 해당하는 경우	√			
자산관리	2. 금전관리에 어려움이 있다. 0점) 어려움이 없다./ 해당사항 없음. 1점) 도움이 있을 경우 금전관리가 가능하다. 2점) 수입보다 지출이 더 많다. 3점) 금전관리 자체가 어렵다(개인역량 부족, 건강, 장애, 기타 사유).	√			
	3. 빚과 관련된 문제를 해결하는 데 어려움이 있다. 0점) 어려움이 없다./ 해당사항 없음. 1점) 빚은 있으나 갚아 나가고 있다. 2점) 빚을 갚을 능력이 없거나, 빚 갚을 능력이 없으면서 계속해서 빚을 내고 있다. 3점) 빚 갚을 능력이 없으며 지속적으로 채무 독촉을 받고 있다.			√	

7. 교육 : 일상생활 유지에 필요한 기초교육 습득상의 위기 정도(6점)

7. 교육	위기도 문항	0	1	2	3
기초학습 습득 및 향상	1. 자녀가 일상생활 및 사회생활유지를 위해 필요한 기본능력이 부족하다. ① 듣기 ② 읽기 ③ 쓰기 ④ 말하기 ⑤ 다른 사람의 말 이해하기 ⑥ 신문, 글 등을 이해하기 ⑦ 간단한 계산하기 0점) 해당사항이 0개인 경우/ 현재 도움을 받아서 원활하게 수행하고 있는 경우/ 해당사항 없음. 1점) 해당사항이 1개인 경우(도움이 필요한 경우) 2점) 해당사항이 2개인 경우(도움이 필요한 경우) 3점) 해당사항이 3개 이상인 경우(도움이 필요한 경우)	√			
교육 환경 개선	2. 본인(고등학생 이하)이나 자녀(고등학생 이하)가 학교생활에 어려움이 있다. 0점) 어려움이 없다./ 해당사항 없음. 1점) 등교는 하지만 학교생활에 어려움을 표현하고 있다. 2점) 등교는 하지만 학교규칙 및 생활규정 위반(무단이탈, 무단지각, 무단조퇴)하거나 징계(정학, 사회봉사 등)를 받고 있다. 3점) 등교는 하지만 다른 학생으로부터 따돌림을 받고 있거나, 다른 학생에게 해를 입히고 있다./ 무단으로 결석하고 있다.				√
	3. 본인(고등학생 이하)이나 자녀(고등학생 이하)의 학업유지에 어려움이 있다. 0점) 어려움이 없다./ 해당사항 없음 1점) 장애 등으로 특수교육을 받아야 하지만 그러지 못하고 있다(거리, 비용 등의 이유). 2점) 상급학교에 진학하거나(검정고시 포함) 특기를 개발하거나 학업을 유지하려는 데 자원이 부족하다. 3점) 학업을 유지하려는 의지나 대안이 없다./ 현재 의무교육을 받고 있지 않다.			√	

8. 고용 : 취업·창업상 문제 및 직업기능 수행상의 위기 정도(6점)

8. 고용	위기도 문항	0	1	2	3
취(창)업	1. 본인이나 동거가족이 구직에 어려움이 있다. 0점) 어려움이 없다./ 해당사항 없음. 1점) 근로능력은 부족하나 일할 의지가 있다. 2점) 근로능력은 있으나 가족돌봄, 자녀양육, 일자리 발굴 등으로 일하기 어렵다. 3점) 근로능력도 부족하고 가족 돌봄, 자녀양육, 일자리 발굴 등으로 일하기 어렵다./ 일할 의지가 없다.	√			

고용 유지	2. 본인이나 동거가족이 직장생활을 유지하는 데 어려움이 있다. 0점) 어려움이 없다./ 해당사항 없음. 1점) 근무조건이 맞지 않아 직장생활을 유지하는 데 어려움이 있다. 2점) 개인적인 방해요소로 직장생활을 유지하는 데 어려움이 있다. 3점) 언제든지 정리 해고될 수 있다.			√	

9. 생활환경 : 거주지의 내외부적 환경 및 권익보장상의 위기 정도(12점)

9.생활환경	위기도 문항	0	1	2	3
주거내부 환경개선과 안전	1. 본인이나 가족의 안전과 건강에 해를 끼칠 정도로 거주하는 집의 생활환경이 열악하다. ① 화장실 ② 주방시설 ③ 도배장판 ④ 전기시설 ⑤ 가스시설 ⑥ 상하수도시설 ⑦ 냉난방시설 ⑧ 위생상태(곰팡이, 찌든 때, 방역불량, 배설물처리 불량, 쓰레기 등) ⑨ 창호/ 문짝 ⑩ 주변 환경 ⑪ 채광 0점) 어려움이 없다./ 해당사항 없음. 1점) 해당사항이 1개인 경우 2점) 해당사항이 2개인 경우 3점) 해당사항이 3개 이상인 경우	√			
주거내부 환경개선과 안전	2. 거주하는 집에 안전상의 문제로 어려움을 겪고 있다. ① 히터나 전기장판 과열 ② 전기선 누출 ③ 누수 ④ 가스누출 ⑤ 베란다 안전장치 미비 ⑥ 방범장치 미비 ⑦ 침수 ⑧ 붕괴위험 ⑨ 그 외 기타 0점) 어려움이 없다./ 해당사항 없음. 1점) 어려움이 있으나 임시방편을 마련하였다. 2점) 어려움이 있으나 대책을 마련 중에 있다. 3점) 어려움이 있으나 대책 마련을 못하고 있다.	√			
	3. 거주하는 집에서 신체활동상에 어려움이 있다. ① 공간부족(휠체어 이동공간 부족) ② 문턱 ③ 안전바 미설치 ④ 싱크, 찬장, 가구 등 높낮이 미조절 ⑤ 욕실 미개조 ⑥ 램프 미설치 0점) 어려움이 없다./ 해당사항 없음. 1점) 해당사항이 1개인 경우 2점) 해당사항이 2개인 경우 3점) 해당사항이 3개 이상인 경우	√			
	4. 주거 내 외부 환경 때문에 이웃과 갈등을 유발하고 있다. 0점) 유발하고 있지 않다./ 해당사항 없음. 1점) 유발하고 있으나 조정이 가능하다. 3점) 유발하고 있다.	√			

10. 법률 및 권익보장 : 가족구성원의 권익보장상의 위기 정도(6점)

10.법률 및 권익보장	위기도 문항	0	1	2	3
권익보장	1. 불이익을 받고 있다. 0점) 차별대우나 불이익을 받고 있지 않다./ 해당사항 없음. 1점) 차별대우나 불이익을 받고 있지만, 옹호을 위한 지원 체계가 있다. 2점) 차별대우나 불이익을 받고 있으며, 옹호을 위한 지원 체계가 충분하지 않다. 3점) 차별대우나 불이익을 받고 있으며, 옹호를 위한 지원 체계가 전혀 없다.	√			
법률적 지원	2. 본인이나 동거가족이 법적문제로 어려움을 겪고 있다. 0점) 어려움이 없다./ 해당사항 없음. 1점) 어려움이 있으나 일상생활 및 사회생활이 가능하다. 2점) 법적문제로 일상생활이나 사회생활에 일부 어려움이 있다. 3점) 법적문제로 일상생활이나 사회생활이 전혀 안 된다.	√			

▣ 사례관리대상자 선정 기준표(참고)

호	욕구영역	총점	사례관리 여부 기준표	해당 여부
1	안전	2	어느 한 문항이라도 3점인 경우	☐ 해당 ☑ 비해당
2	건강	7	어느 한 문항이라도 3점인 경우	☑ 해당 ☐ 비해당
3	일상생활 유지	6	어느 한 문항이라도 3점인 경우	☐ 해당 ☑ 비해당
4	가족관계	5	어느 한 문항이라도 3점인 경우	☑ 해당 ☐ 비해당
5	사회적 관계	5	어느 한 문항이라도 3점인 경우	☐ 해당 ☑ 비해당
6	경제	2	어느 한 문항이라도 3점인 경우	☑ 해당 ☐ 비해당
7	교육	5	어느 한 문항이라도 3점인 경우	☑ 해당 ☐ 비해당
8	고용	2	어느 한 문항이라도 3점인 경우	☑ 해당 ☐ 비해당
9	생활환경	0	어느 한 문항이라도 3점인 경우	☑ 해당 ☐ 비해당

10	법률 및 권익보장	0	어느 한 문항이라도 3점인 경우	☐ 해당 ☑ 비해당
11	당사자 참여의지 여부	해당		
(잠재적) 통합사례관리대상자 선정 여부		34	1. 1. 안전, 2. 건강, 6. 경제 영역에 해당 2. 그 외 영역이 1개 이상 해당 3. 11. 당사자의 참여의지 여부가 해당될 사례	☑ 선정 ☐ 미선정

사정기록지

작성일	20○○. ○. ○○.	거주 지역	창○동
당사자명	조지혜	사례관리자	○○○ 사회복지사
사정일지	20○○. ○. ○○.	유형	☑ 신규 ☐ 재사정

욕구영역	제시된 욕구	우선순위	현 상황	강점	장애물사정
안전	어른들이 안 계실 때 집에 동생과 혼자 있어야 해요. 그런 날은 조금 무서워요. 밥을 혼자서 해먹을 수가 없어요. 엄마가 해놓고 가시면 먹거나 아니면 굶어요.	2	야간시간대에 적절한 보호체계가 없어 저녁식사의 결식이 우려되고 야간보호를 호소함.	누나로서 동생을 돌보려는 의지가 있음.	식사를 마련하고 동생과 스스로를 보호할 당사자 역량이 부족함
건강	심장이 약해서 뛸 수가 없어요. 엘리베이터가 없는 건물은 겁나요. 계단이 많으면 숨이 차고 어지러워요. 건강했으면 좋겠어요. 나도 다른 친구들처럼 아프지 않다면 더 열심히 공부할 수 있을 것 같아요.	7	선천적인 심장판막이형으로 신체활동에 무리가 있음. 긴급한 외과적 지원이 필요함.	심장수술을 받기 위해 도움받을 수 있는 자원을 찾음.	신체적 활동을 기피하여 거의 행해지지 않음.

	자신감이 없어져요. 제 마음을 얘기하는 게 쉽지가 않아서 저는 많이 들어주는 편이에요. 얘기하는 것보다는 들어주는 게 더 좋아요.		낮은 사회성으로 또래 친구들과 넓은 교류를 하기보다는 적은 친구와 깊게 교제하는 편임.	타인의 이야기를 잘 들어줌. 경청하는 자세가 바름.	넓은 교우관계를 갖지 못함. 교류에 소극적임.
일상생활 유지	집에서는 반찬이 잘 없어요. 동생은 맛있는 반찬만 먹어요.	6	결식의 우려가 있음. 음식을 만들어 먹는 것에 대한 관심은 있으나 실제로 만들 수 있는 음식은 제한적임.	음식을 만들어 먹는 활동에 관심이 많음.	요리 레시피를 익히는 데 한계가 있음.
	핸드폰으로 유튜브를 보면서 놀아요. 책을 많이 읽으라고 하는데 저는 잘 모르겠어요. 어려웠어요. 어려운 책만 있는 것 같아요. 친구들이랑 얘기도 해요. 친한 여자친구들이랑 많이 놀고 싶어요.		방과 후에 학원 등원을 제외하고 대부분의 시간을 가정 내에서 지내고 있으며 문법 및 독해 능력이 많이 부족하여 독서에 어려움을 빚음.	조용하고 차분한 성격으로 대부분의 여가생활은 정적인 활동이 주됨.	낮은 문해력을 발견하였으며 특히 국어/영어의 문법을 어려워함.
가족관계	어렸을 때는 아빠가 보고 싶었지만 지금은 괜찮아요.	5	어린 시절 이혼한 부모의 상황을 잘 이해하고 수용하고 있었음. 어릴 적에 헤어진 탓에 아빠에 대한 기억은 흐려졌고 그리움도 적었음.	아빠에 대한 부정적인 이미지를 찾지 못함.	그리움이 없으며 아버지에 대한 애착의 정도도 낮음.
	할머니랑 엄마가 안 아프고 계속 옆에 있어줬으면 좋겠어요. 내가 공부도 잘해서 엄마한테 돈벌어 주면 좋겠어요.		경제적 부담을 홀로 안고 있는 엄마에 대한 애정과 미안함을 가지고 있음.	생활에 보탬에 되고 싶어함. 진로에 대한 탐색욕구가 높음.	가정의 경제적 어려움을 인식하여 진로를 결정하는 데 금전적인 부분을 주요하게 고려하는 경향성 짙음.

<table>
<tr><td>사회적 관계</td><td>나는 다른 사람들처럼 똑똑하지 않은 것 같아요. 친구들도 놀리는 것 같아서 피하고 싶어요.</td><td>5</td><td>경계선지능으로 인해 자기표현능력 및 의사소통능력이 또래에 비해 낮음. 이에 따라 낮은 사회성을 보임.</td><td>협력적으로 담당자의견을 수용하고자 함.</td><td>타인의 의견에 적극적으로 수용하려고 하나 때때로 무비판적인 수용양상을 보임.</td></tr>
<tr><td>경제</td><td>욕구표현 안 함</td><td>2</td><td>–</td><td>–</td><td>–</td></tr>
<tr><td rowspan="2">교육</td><td>저는 대학교에 꼭 합격하고 싶어요. 카지노 딜러가 되려면 중국어를 잘해야 한대요. 중국어 자격증 공부를 하고 싶어요.

컴퓨터도 배우고 싶어요. 컴퓨터는 기본이라서 다 배워야 한대요. 나도 마찬가지고요. 어렸을 때부터 해봐서 잘 할 수 있을 것 같아요.</td><td rowspan="2">5</td><td>중국어에 관심이 많아 학원을 다니고 있음. HSK 4급을 목표로 공부를 하고 있음.

또한 컴퓨터 학원을 다니고 싶어 저렴한 학원에 관한 정보를 찾고 있음.

대학입시와 관련하여 필요한 능력을 탐색하여 취득하려는 노력을 보임</td><td>진로에 대한 확신과 철저한 준비성을 보이며 정보를 파악하기 위해 담당자에게 적극적인 도움을 요청함.</td><td>경제적 어려움으로 학원비를 감당하기 어려움.</td></tr>
<tr><td>나는 카지노 딜러랑 바텐더처럼 돈을 잘 버는 직업을 가지고 싶은데 엄마는 맨날 나한테 안 될 거라고 그래요.</td><td>급여가 높은 직군에 대한 로망이 있으나 주양육자의 현실적인 조언에 좌절하고 속상해 함.</td><td>자신감을 가지고 꿈을 실현하기 위해 노력함.</td><td>주양육자의 냉담한 반응과 현실적인 조언으로 곧잘 좌절함.</td></tr>
<tr><td>고용</td><td>욕구표현 안 함</td><td>0</td><td>–</td><td>–</td><td>–</td></tr>
<tr><td>생활환경</td><td>욕구표현 안 함</td><td>0</td><td>–</td><td>–</td><td>–</td></tr>
<tr><td>법률 및 권익 보장</td><td>욕구표현 안 함</td><td>0</td><td>–</td><td>–</td><td>–</td></tr>
<tr><td>사례관리자 종합의견</td><td colspan="5">☑ 집중 □ 일반
야간시간대 보호가 필요한 아동임. 남동생과 함께 경계선지적아동/ 청소년 방과후 지원 공부방 사업 '거북이 날다! 점프+교실'에 이용하도록 하여 야간시간에 적절한 보호 조치하도록 하며 석식 결식의 우려를 해소하기 위해 저녁식사도 지원하여 성장기 균형 잡힌 성장을 도모하고자 함. 또한 기초학습에 대한 욕구가 강한 사례이기 때문에 대학생과 일대일 멘토링에 참여하여 대학입시와 진로에 관해 좋은 모델링이 될 수 있도록 자극을 주고자 함. 또한 방과후 교실의 또래 아이들과 기능적이고 지속적인 교류를 통해 사회성을 향상시키며 궁극적으로 성공적인 대학입시를 원조하고자 함. 긴급한 개입이 필요한 것으로 사료되는 선천적인 심장병의 의료비는 본 기관에서 크라우드펀딩을 통해 모금을 마련해 보고자 함.</td></tr>
</table>

사례관리 계획서

작성일	20○○. ○. ○○.	거주지역	창○동
당사자명	조지혜	사례관리자	○○○ 사회복지사
작성일자	20○○. ○. ○○.	유형	☑ 신규 ☐ 재사정

우선순위	제시된 욕구	합의된 목표	실천계획	개입기간	외부자원연계 및 자원확보방안
7	건강 – 신체적, 정신적 심장이 약해서 뛸 수가 없어요. 엘리베이터가 없는 건물은 겁나요. 계단이 많으면 숨이 차고 어지러워요. 건강했으면 좋겠어요. 나도 다른 친구들처럼 아프지 않다면 더 열심히 공부할 수 있을 것 같아요. 자신감이 없어져요. 제 마음을 얘기하는 게 쉽지가 않아서 저는 많이 들어주는 편이에요. 얘기하는 것보다는 들어주는 게 더 좋아요.	단기 : 복지관의 자원을 활용하여 모금된 의료비를 통하여 심장수술을 받는다. 장기 : 신체에 무리가 되지 않는 선에서 지속적인 운동을 한다.	당사자 : 의료서비스 정기적 참여 사례관리자 : 관련 자원 정보 안내 및 참여 독려	모금 : 3~5월 운동 : 1~12월 (수시)	카○오 같이가치 크라우드펀딩 프로젝트
6	일상생활 유지 – 의식주 어른들이 안 계실 때 집에 동생과 혼자 있어야 해요. 그런 날은 조금 무서워요. 밥을 혼자서 해먹을 수가 없어요. 엄마가 해놓고 가시면 먹거나 아니면 굶어요.	단기 : 본 기관 내 야간보호 및 석식서비스 당사자 역할 수행 장기 : 간단한 요리 능력 취득	당사자 : 사례관리자가 제안하는 야간보호 서비스 및 석식지원에 적극적으로 참여하기 사례관리자 : 야간보호서비스 및 석식지원 서비스 제공하기, 참여 독려하기	1~12월 (매일)	창동종합사회복지관 사례관리자 상담

5	교육 – 기초학습 습득 저는 대학교에 꼭 합격하고 싶어요. 카지노 딜러가 되려면 중국어를 잘해야 한대요. 중국어 자격증 공부를 하고 싶어요. 컴퓨터도 배우고 싶어요. 컴퓨터는 기본이라서 다 배워야 한대요. 나도 마찬가지고요. 어렸을 때부터 해봐서 잘할 수 있을 것 같아요. 나는 카지노 딜러랑 바텐더처럼 돈을 잘 버는 직업을 가지고 싶은데 엄마는 맨날 나한테 안 될 거라고 그래요.	단기 : 중국어, 컴퓨터 자격증 취득하기 장기 : 대학입시 성공하기	당사자 : 중도포기 없이 중국어, 컴퓨터를 공부하여 자격증 취득하기 사례관리자 : 진행 상황에 따라 당사자 지지하고 독려하기	1~12월 (매일)	중국어 학원 / 컴퓨터 학원 / 창동종합사회복지관 사례관리자 상담
	사회적 관계 – 친인척 및 이웃 간, 소속된 집단 및 사회생활 나는 다른 사람들처럼 똑똑하지 않은 것 같아요. 친구들도 놀리는 것 같아서 피하고 싶어요.	단기 : 소시오드라마/동작치료 참여하기 장기 : 향상된 사회성을 기반으로 사회생활에 적극적으로 참여하기	당사자 : 주도적으로 자신의 의견을 표현하고 다른 참여자와 기능적인 협력관계 형성하기 사례관리자 : 진행 상황에 따라 당사자 지지하고 독려하기	3~12월	창동종합사회복지관 치료사 / 사례관리자 상담

사례관리 과정기록지

당사자	조지혜	사례관리자	○○○ 사회복지사

일시	전달 방식			접촉 대상	내용
	상담	서비스 제공	자원 연계		
	○			당사자	당사자 전수조사
	○			당사자	개인정보 동의 및 사정 진행
				당사자	사례계획 논의 및 사례동의서 작성
			○	당사자	장학금 확정 소식 전달/ 장학금 연계 HSK 중국어 4급 공부
			○	카○오 같이가치	심장 수술비 마련을 위한 펀딩 모금 진행 소식 전달
	○			당사자	안부차 연락/ 학업문제 집중도 상기, 책임감 재확인
……					
	○			당사자	당사자 상반기 확인/ 중국어 시험 일정 확인
	○		○	당사자/ ○○대학병원	심장 수술비 모금 완료/ ○○대학병원 연계
		○	○	당사자/ ○○대학병원	심장병 수술을 위한 입원 수속 진행 및 수술 진행
	○	○	○	당사자/ ○○대학병원	안부차 연락/ 퇴원 및 의료비 정산
	○			당사자 모	장학금 연계 중국어 학습 진도 및 심장 수술 연계 보고
			○	○중국어학원	중국어 학원 정산/ HSK 중국어 3급 합격
	○	○	○	당사자/ ○○구 보건소	치아 상태 확인/ 보건소 연계 임플란트 및 교정 지원
	○			당사자	안부차 연락/ 컴퓨터활용 2급 시험 합격 소식 전달
	○		○	당사자	안부차 연락/ 대입 및 자격증 정보 전달
	○		○	당사자	안부차 연락/ 대학 입시 면접 예상 질문 준비
	○			당사자	사례관리 점검 및 평가
	○			당사자	사례관리 당사자 만족도조사 진행

재사정 기록지

<table>
<tr><td>작성일</td><td colspan="3">20○○. ○. ○○.</td><td>거주 지역</td><td colspan="3">창○동</td></tr>
<tr><td>상담일</td><td colspan="3">20○○. ○. ○○. (접수일 : 20○○. ○. ○○)</td><td>상담자</td><td colspan="3">○○○ 사회복지사</td></tr>
<tr><td>성 명</td><td colspan="3">조지혜</td><td>생년월일</td><td colspan="3">000000-2(만 18세)</td></tr>
<tr><td rowspan="2">주 소</td><td colspan="3" rowspan="2">서울시 도봉구 ○○로 ○○길 ○○</td><td rowspan="2">연락처</td><td colspan="3">010-0000-0000</td></tr>
<tr><td colspan="3">보호자 : 010-0000-0000</td></tr>
<tr><td rowspan="5">가족 및 동거인</td><td>관계</td><td>성명(가명)</td><td>연령</td><td>성별</td><td>학력</td><td>직업</td><td>비고</td></tr>
<tr><td>외할머니</td><td>이순금</td><td>만 82세</td><td>여</td><td>–</td><td>–</td><td>동거</td></tr>
<tr><td>어머니</td><td>박미영</td><td>만 51세</td><td>여</td><td>–</td><td>특수교육 실무자</td><td>동거</td></tr>
<tr><td>동생</td><td>조지철</td><td>만 14세</td><td>남</td><td>중재</td><td>학생</td><td>동거</td></tr>
<tr><td>본인</td><td>조지혜</td><td>만 18세</td><td>여</td><td>고재</td><td>학생</td><td>–</td></tr>
<tr><td>가구유형</td><td colspan="7">□ 독거노인가구 □ 청장년1인가구 ☑ 한부모가구 □ 조손가구
□ 노인부부가구 □ 부부중심가구 □ 장애인가구 □ 다문화가구 □ 기타</td></tr>
<tr><td rowspan="4">생활실태</td><td>주 거</td><td colspan="6">□ 자가 □ 전세(　　만원) □ 월세(　/　) □ 임대주택 ☑ 기타(무상거주)</td></tr>
<tr><td>보호구분</td><td colspan="6">□ 수급권(생계/ 주거/ 교육/ 의료) ☑ 차상위(　　) □ 저소득(　) □ 기타(　　)</td></tr>
<tr><td>주요소득</td><td colspan="6">□ 공적부조(　　) ☑ 근로소득(130만원) □ 가족부조(　　) □ 기타(　　)</td></tr>
<tr><td>경제상황</td><td colspan="3">수입 (130만원)　지출 (130만원)
*주 지출내역 : 생활비, 교육비 등</td><td colspan="3">부채 : ☑ 유 (4천 만원)
□ 무</td></tr>
<tr><td rowspan="2">건강상태</td><td>보유질병</td><td colspan="6">갑상선항진증, 심장판막천공</td></tr>
<tr><td>장애명</td><td colspan="2">–</td><td>장애등급</td><td colspan="3">–</td></tr>
<tr><td colspan="2">자원현황</td><td colspan="6">□ 공식적 체계 : 없음
□ 비공식적 체계 : 없음</td></tr>
<tr><td>재사정 유형</td><td colspan="3">□ 새로운 욕구 발생
□ 긴급한 상황 발생
☑ 정기 점검
□ 기타 (　　　　　　)</td><td>재사정 요인</td><td colspan="3">□ 당사자에 의한 요인
☑ 기관과 사회복지사에 의한 요인
□ 자원과 환경에 의한 요인</td></tr>
<tr><td>당사자 욕구</td><td colspan="7">– 개인력/ 가족력 : 당사자는 외할머니 어머니, 남동생과 함께 생활하고 있음. 당사자의 아버지는 당사자가 3세 경 연락두절로 어머니가 법적인 절차를 밟아 이혼하였음. 당사자의 외할머니의 전셋집(당사자 외삼촌 명의)에서 무상으로 거주하고 있으나 외가와 기능적인 사이로 거주지의 안정성이 확보되어 있는 상황임. 남동생인 조지철도 당사자와 같은 청소년 방과후 지원 프로그램, “거북이 날다! 점프+교실”에서 보호받을 수 있도록 서비스 제공하였음. 외부적으로</td></tr>
</table>

	는 장학금을 연계하고 내부적으로는 야간시간대 보호를 통해 남매간 신체, 정서적으로 안정될 수 있도록 조치하였고 이에 대해 당사자와 남동생, 어머니가 높은 만족도를 표현하였음. - 경제상황 : 당사자의 어머니는 ㅇㅇ중학교 특수교육 실무자로 매 월 130만원의 급여를 받으나 4인 가구의 한 달 생활비로 부족한 실정임. 또한 이혼 이후 수급권 신청을 하여 수급비를 지출하였으나 부당수급으로 결정되어 수급 탈락된 이력이 있어 선 지출된 수급비 일체를 환수조치 통보받았음. 빠듯한 생계에 납부 능력이 없어 체납상태로 수년 째 방치되고 있으며 현재 부채의 원인이 되고 있음. 현재 당사자의 교육 욕구를 충족시키기 위하여 복지관에서 연계한 장학금을 기반으로 중국어 학원과 컴퓨터 학원을 다니고 있어 복지관과 담당자에게 고마움을 표현하였음. 중국어는 HSK(중국한어수평고시) 4급을 목표로 공부하였으나, 현실적으로 단기간 성취에 어려움이 있어 3급으로 목표를 조정하여 공부 중임. 컴퓨터 학원은 컴퓨터활용능력 시험을 준비 중에 있으며 큰 저항 없이 진도에 충실히 따르고 있어 담당자는 당사자를 독려하고 지지하고 있음. - 건강상황 : 당사자는 선천적으로 심장질환을 가지고 태어났으나 경제적인 어려움으로 수술을 하지 못하고 있었음. 이에 복지관에서 카ㅇ오 같이가치를 통해 크라우드펀딩 프로젝트를 진행하여 수술비를 포함한 의료비 전부를 모금하였고 ㅇㅇ대학병원을 연계하여 수술을 받게 되었음. 수술은 성공적이었고 건강을 회복한 당사자와 어머니는 매우 기뻐하였음. 또한 당사자의 치아관리를 위하여 관내 보건소와 연계하여 구강검진을 받을 수 있도록 원조하였고, 교정 및 임플란트 시술을 지원하였음. 경제적 어려움으로 병원진료를 받지 못했던 당사자가 수술과 시술 자원을 지원받음으로서 성장기 청소년으로서 균형 잡힌 성장을 도모할 수 있게 되었으며 특히 치과치료 이후 외모에 자신이 생겨 자존감도 높아졌다고 표현함. 앞으로 체력을 길러 보유 중인 질병을 이겨내겠다는 포부를 밝힘. 이와 관련하여 수영을 배우고 싶다는 표현을 하였음. - 사회심리적상황 : 당사자는 경계선지능으로서 사회성이 낮아 또래 친구들과 어울리는 것을 두려워했음. 이에 방과후 프로그램에 참여하여 소시오드라마/ 동작치료를 지원받았음. 소시오드라마와 동작치료에서는 주도적으로 자신의 의견을 표현하고 타인의 의견을 받아들이는 과정을 통해 나를 이해하고 타인을 이해하는 학습을 하였으며 활동 안에서 자기의사 표현 및 상대를 향한 승낙과 거절의 표현을 이해하는 훈련을 받았음. 자신의 의견을 표현하는 것에 대해서는 자신감을 형성했으나, 상대의 의사에 반응하고 대화를 이끌어가는 것에 약점을 드러냈음. 대학생을 연계하여 일대일 멘토링에 참여하였으며 지속적으로 대입에 관한 학습을 진행하였음. 대학생을 만나며 대학에 대한 기능적인 자극을 받아 대입 의지를 함양하였음. 이에 목표대학을 설정하고 합격을 목표로 필요 성취 능력을 탐구, 발전시키고 있음. - 원하는 욕구 : 당사자의 첫 번째 욕구는 대입 합격으로 필요할 것으로 사료되는 어학자격증과 컴퓨터활용능력, 성적 향상 등에 관심을 가지고 목표를 성취하기 위해 꾸준히 도전하고 있음. 성적을 향상시키기 위해서는 체력도 중요하므로 체력을 키우기 위해 몸에 무리가 되지 않는 선에서 수영에 대한 욕구를 드러내었음. 무엇보다 성공적인 대입을 위하여 사회성 향상을 위해 관련 지원 프로그램에 적극적으로 참여하고자 함.
서비스 문제점	당사자와 합의한 목표가 현실적으로 성취되기 어려운 점을 발견하였음. 이에 당사자와 충분한 상담을 통해 숙고하여 목표를 재설정하였음. 중국어 시험은 HSK(중국한어수평고시) 4급에서 3급으로 목표를 하향 설정하였음. 컴퓨터활용능력 시험의 경우 실습을 통해 당사자의 능력을 평가받은 후 적정선으로 판단되는 2급으로 목표를 설정하였음. 당사자가 중도에 포기하지 않고 목표를 달성할 수 있도록 정서적인 지지와 독려를 개진하고 있으나, 실질적인 목표가 현실적으로 실현하기 어려운 경우 의지를 상실하고 낙오되는 경우가 염려되었음. 특히 경계선지능의 당사자

	의 경우 목표의식과 자신감의 결여는 목표달성에 매우 도전적임. 이에 따라 당사자와 충분한 논의 후 목표를 변경하게 됨.
향후계획 사회복지사 의견	당사자가 경계선지능의 청소년이다 보니 당사자의 자기결정권을 충분히 논의하는 것이 한계가 있을 수 있음. 그러나 당사자의 착한 성품과 타인의 의견을 들어주는 자세, 담당자와 기능적으로 협력하려는 자세 등의 강점을 기반으로 추후 개입 시 당사자의 의견을 충분히 경청하고 자신의 문제에 적극적으로 개입하고 결정할 수 있는 권한을 제시하여 자기결정을 위한 최대한의 기회를 제공하고자 함.
결과	☑ 유지 ☐ 사례회의 ☐ 서비스 재계획 ☐ 타 기관 의뢰 ☐ 종결

사례관리 점검기록지

작성일	20○○. ○. ○○.	거주 지역	창○동
당사자명	조지혜	사례관리자	○○○ 사회복지사
작성일자	20○○. ○. ○○.	유형	☑ 신규 ☐ 재사정

우선순위	제시된 욕구	합의된 목표	실천계획	점검내용	점검평가
7	건강 – 신체적, 정신적 심장이 약해서 뛸 수가 없어요. 엘리베이터가 없는 건물은 겁나요. 계단이 많으면 숨이 차고 어지러워요. 건강했으면 좋겠어요. 나도 다른 친구들처럼 아프지 않다면 더 열심히 공부할 수 있을 것 같아요. 자신감이 없어져요. 제 마음을 얘기하는 게 쉽지가 않아서 저는 많이 들어주는 편이에요. 얘기하는 것보다는 들어주는 게 더 좋아요.	단기 : 복지관의 자원을 활용하여 모금된 의료비를 통하여 심장수술을 받는다. 장기 : 신체에 무리가 되지 않는 선에서 지속적인 운동을 한다.	당사자 : 의료서비스 정기적 참여 사례관리자 : 관련 자원 정보 안내 및 참여 독려	사례관리자 선천적 심장판막천공을 치료하기 위하여 외과적 수술이 필수적이라는 사실을 기반으로 외부 자원 카○오 같이가치의 크라우드펀딩을 기획하여 의료비 전부를 모금하였음. 또한 ○○대학병원을 연계하여 수술과 입원을 할 수 있도록 지원하였음 당사자의 표현 맨날 숨이 차고 가슴이 찌릿거려서 많이 뛰지를 못했어요. 그런데 이제 수술을 해서 아프지 않고 현장학습을 가도 신나게 놀 수 있을 것 같아요. 정말 기뻐요.	☑ 달성 ☐ 연장 ☐ 재사정 욕구조사 사전: 7 사후: 3
6	일상생활 유지 – 의식주	단기 : 본 기관	당사자 : 사례관	사례관리자	☑ 달성

	어른들이 안 계실 때 집에 동생과 혼자 있어야 해요. 그런 날은 조금 무서워요. 밥을 혼자서 해먹을 수가 없어요. 엄마가 해놓고 가시면 먹거나 아니면 굶어요.	내 야간보호 및 석식서비스 당사자 역할 수행 장기 : 간단한 요리 능력 취득	리자가 제안하는 야간보호 서비스 및 석식지원에 적극적으로 참여하기 사례관리자 : 야간보호서비스 및 석식지원 서비스 제공하기, 참여 독려하기	본관 내부에서 야간보호를 하며 간식과 석식을 제공하였으며 아울러 학습관리 및 자격증 취득을 위한 대학생 일대일 멘토링을 진행하였음.	☐ 연장 ☐ 재사정	
					욕구조사	
				당사자의 표현 집에서는 못 먹는 맛있는 간식을 먹을 수 있어서 기뻐요. 동생도 너무 잘 먹어요. 저는 대학생 언니를 만나는 게 좋았어요. 저도 대학생이 되면 동생들을 도와주고 싶어요.	사전	사후
					6	8
5	교육 - 기초학습 습득 저는 대학교에 꼭 합격하고 싶어요. 카지노 딜러가 되려면 중국어를 잘해야 한대요. 중국어 자격증 공부를 하고 싶어요. 컴퓨터도 배우고 싶어요. 컴퓨터는 기본이라서 다 배워야 한대요. 나도 마찬가지고요. 어렸을 때부터 해봐서 잘할 수 있을 것 같아요. 나는 카지노 딜러랑 바텐더처럼 돈을 잘 버는 직업을 가지고 싶은데 엄마는 맨날 나한테 안 될 거라고 그래요.	단기 : 중국어, 컴퓨터 자격증 취득하기 장기 : 대학입시 성공하기	당사자 : 중도포기 없이 중국어와 컴퓨터를 공부하여 자격증 취득하기 사례관리자 : 진행상황에 따라 당사자 지지하고 독려하기	사례관리자 장학금을 연계하여 중국어 학원과 컴퓨터 학원을 다닐 수 있도록 지원하였음. 초기 설정한 목표를 설정하기에 도전적이라고 판단되어 당사자와 충분한 숙고의 시간을 가지며 목표를 재설정하였음.	☑ 달성 ☐ 연장 ☐ 재사정	
					욕구점수	
				당사자의 표현 저는 중국어랑 컴퓨터를 잘해서 대학교에 합격하고 싶었어요. 그래서 중국어 4급을 따고 싶었는데 공부를 하면서 너무 어렵다는 생각이 들어서 3급을 따게 되었어요. 선생님은 저에게 충분히 잘했다고 하셨어요. 엄마도 칭찬해 주었고 용기를 내서 컴퓨터도 잘 할 수 있게 되었어요.	사전	사후
					5	10
	사회적 관계 - 친인척 및 이웃 간, 소속된 집단 및 사회생활 나는 다른 사람들처럼 똑똑하지 않은 것 같	단기 : 소시오드라마/ 동작치료 참여하기 장기 : 향상된	당사자 : 주도적으로 자신의 의견을 표현하고 다른 참여자와 기능적인 협력	사례관리자 사회성 향상을 위한 프로그램을 기획하고 전문 강사를 동원하여 프로그램을 실행함. 진행상황을 보고받고 당	☑ 달성 ☐ 연장 ☐ 재사정	

<table>
<tr><td rowspan="3"></td><td rowspan="3">아요. 친구들도 놀리는 것 같아서 피하고 싶어요.</td><td rowspan="3">사회성을 기반으로 사회생활에 적극적으로 참여하기</td><td rowspan="3">관계 형성하기

사례관리자 : 진행상황에 따라 당사자 지지하고 독려하기</td><td>사자의 행동과 변화 양상을 과정별로 기록하였음. 당사자의 상태를 관찰하고 민감하게 반응하며 지지하고 독려하였음.</td><td colspan="2">욕구점수</td></tr>
<tr><td rowspan="2">당사자의 표현
친구들이 내 말을 무시할까 봐, 나를 미워할까 봐 일부러 피했는데 이제는 제가 먼저 말을 해보기도 해요. 제가 말을 하니깐 친구들도 말을 해줘서 기뻐요. 아직은 어렵지만 친한 친구를 만들 거예요. 친구들이랑 놀고 싶어요.</td><td>사전</td><td>사후</td></tr>
<tr><td>5</td><td>7</td></tr>
</table>

사례관리 평가서

당사자명	조지혜	사례관리자	○○○ 사회복지사
작성일자	20○○. ○. ○○.	유형	☐ 신규 ☑ 재사정

<table>
<tr><td rowspan="3">제공된 서비스</td><td>합의된 목표</td><td>서비스 종류</td><td>제공횟수</td><td>평가</td></tr>
<tr><td rowspan="2">단기 : 복지관의 자원을 활용하여 모금된 의료비를 통하여 심장수술을 받는다.

장기 : 신체에 무리가 되지 않는 선에서 지속적인 운동을 한다.</td><td>의료비 모금
(카○오 같이가치)</td><td>1회
(3개월)</td><td>선천적인 심장질환의 치료를 위하여 외과적 수술이 필수적인 상황이나 경제적인 가계 부담으로 진행되지 못하고 있었음. 이에 기관에서 외부 자원을 활용하여 모금 프로젝트를 기획하여 단기간 내 모금 완료하여 경제적 지원의 효과를 득하였음.</td></tr>
<tr><td>심장 수술</td><td>1회</td><td>모금된 기금을 지원하고 ○○대학병원과 연계하여 심장수술을 받을 수 있도록 지원하였음. 경제적인 부담을 이유로 선천적 질환이 방치되고 있어 당사자의 모의 근심이 높았으나, 수술 후 병리적인 문제가 해결되면서 그에 수반되던 문제들도 사라짐에 따라 당사자와 당사자 어머니의 만족감이 매우 높아짐.</td></tr>
</table>

		치과 진료 (ㅇㅇ구 보건소)	4회 (분기별 1회)	정기적인 치과진료를 위해 ㅇㅇ구 보건소 구강검진 의약과에 아동주치의 사업과 연계하여 검진을 지원하였음. 검진결과 구강 내 임플란트와 교정이 시급해 치료를 진행하였음. 교정으로 부정교합이 사라지고 안면의 윤곽이 정상화되면서 외모에 자신을 갖게 됨에 따라 당사자의 만족도와 자존감이 높아짐.
		기초체력 증진	일 1회	선천적인 심장 질환으로 기초체력이 약한 당사자의 체질을 고려하여 무리가 되지 않는 선에서 마을걷기 운동을 제안하였음. 걷기에 무리가 되지 않고 안전한 보도를 선정하여 편도 20분 정도의 구간을 지정하여 자원봉사자와 함께 걸으면서 집에서 복지관으로 내방할 수 있도록 권고하였음. 하루 2회(왕복) 꾸준한 걷기 운동을 통하여 기초체력을 획득하고 수술 후 재활의 효과를 얻었음.
	단기 : 본 기관 내 야간보호 및 석식서비스 당사자 역할 수행 장기 : 간단한 요리 능력 취득	음식조리 실습	12회 (월 1회)	당사자의 지능을 고려하여 손쉽고 안전하게 요리할 수 있는 간단한 레시피를 제공하였으며 실습을 통해 자신감을 고취시켰음. 기관에서 습득한 지식을 바탕으로 가정 내에서 가족들에게 직접 요리를 해주기도 하고 요리법을 활용하여 직접 요리를 개발하기도 하는 모습을 보임. 무엇보다 안전하게 요리하는 법을 습득하여 스스로를 보호할 수 있는 방안을 모색하였음.
	단기 : 중국어, 컴퓨터 자격증 취득하기 장기 : 대학입시 성공하기	장학금 연계	2회	경제적 부담에 따라 배움의 욕구를 충족하지 못하는 당사자를 위하여 외부 장학금을 연계하여 장학금을 학원비로 쓸 수 있도록 지원하였음. 당사자의 욕구를 사전에 파악하여 중국어와 컴퓨터 학원에 대한 욕구를 인지하고 해당 욕구를 해소할 수 있도록 학원들과 매칭하였음. 두 개의 학원에 중도포기 않고 등원할 수 있도록 모니터링을 실시하였음.
		중국어 학원	30회	장학금과 연계된 학원을 물색하여 당사자와 접근성이 높고 커리큘럼의 만족도도 높은 학원을 매칭하였음. 매주 2회씩 등원하였으며 총 30회 지원하였음. 중국어 학원과 꾸준한 모니터링을 통하여 당사자의 진도를 파악하였으며 진행상황이나 당사자의 반응 등을 면밀히 살필 수 있었음. 중국어 자격증 HSK 3급을 취득하는 성과를 보였으며 대학입시 시 유리하였음.

<table>
<tr><td rowspan="2"></td><td></td><td>컴퓨터 학원</td><td>30회</td><td>당사자와 접근성이 높으며 커리큘럼의 완성도와 만족도를 살펴 가장 적절한 학원을 찾았음. 매주 2회씩 등원하였으며 총 30회 지원하였음. 자격증 과정을 착실하게 수료하였으며 컴퓨터 활용능력 2급을 취득하게 되어 당사자의 자존감이 매우 높아졌음. 대학입시 시 자격증 소지를 밝혀 경쟁력을 갖추었음.</td></tr>
<tr><td>단기 : 소시오드라마/ 동작치료 참여하기

장기 : 향상된 사회성을 기반으로 사회생활에 적극적으로 참여하기</td><td>소시오드라마
/
동작치료</td><td>48회
(주 1회)</td><td>당사자의 사회성을 향상시키기 위하여 소시오드라마와 동작치료 서비스를 기획하였음. 담당자는 해당 기획의 성공적인 추진을 위하여 전문성을 겸비한 강사를 모집하였으며 당사자와 충분한 라포를 형성할 수 있도록 기회와 장소를 마련하였음. 당사자는 새로운 인간관계를 형성하는 데 다소 소극적이었으나 매주 프로그램에 참여할수록 적극적으로 자신의 생각과 감정을 표현하기 시작하였음. 타인과의 상호작용을 배우고 감정을 표현하고 통제하는 방식을 배웠음. 자기표현 척도를 사용하여 효과성을 분석하였으며 그 결과 '다소 낮음'에서 '높음'으로 성장하는 모습을 보임.</td></tr>
<tr><td rowspan="2">생태도
개입
전후
비교</td><td colspan="3">개입 전</td><td>개입 후</td></tr>
<tr><td colspan="3">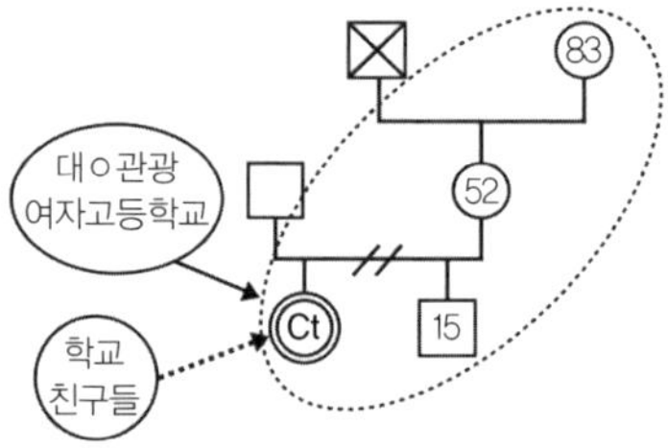
</td><td>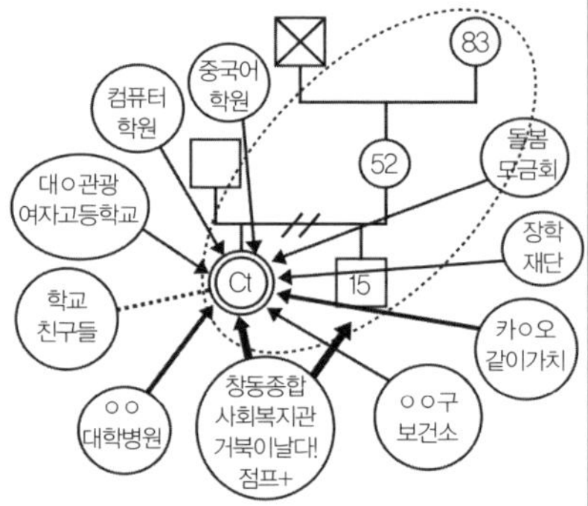
</td></tr>
</table>

<table>
<tr><th>구분</th><th>종합의견</th><th colspan="2">결과</th></tr>
<tr><td rowspan="5">당사자의 변화</td><td rowspan="5">가정의 경제적 어려움으로 인해 청소년기 적절한 보호와 배움의 기회를 갖지 못하였으며 경계선지능으로 인해 인간관계에 소극적인 면모를 보였으나, 복지관의 개입으로 당사자의 욕구에 기반으로 서비스를 제공받고 정서적인 지지를 받음으로서 표출한 욕구의 상당 부분이 해소, 해결되었음. 초기 상담 시 담당자에게 의존적인 모습을 보이기도 했으나 현재는 독립적으로 자신의</td><td>종결</td><td>☑</td></tr>
<tr><td>사례회의</td><td>☐</td></tr>
<tr><td>서비스 재계획</td><td>☐</td></tr>
<tr><td>타기관 의뢰</td><td>☐</td></tr>
<tr><td>유지</td><td>☐</td></tr>
</table>

	생각을 전달하고자 노력함. 특히 대학입시에 성공하며 자신의 긍정적인 변화를 인식하고 있으며 스스로도 더욱 발전하고 싶다는 의지를 밝힘.	
환경변화	복지관 외부 환경체계(학원, 병원, 보건소 등)에 대한 다양한 시각으로 모니터링이 가능하였음. 특히 당사자가 주로 시간을 보내는 가정 내 환경을 당사자 친화적으로 바꾸기 위하여 당사자의 어머니 상담을 병행하였으며, 당사자의 성공적인 진로탐색과 진학을 위하여 가정 내에서 지지적인 피드백을 해줄 것을 당부하였음. 이에 어머니는 협력적으로 제안을 수용하였고 매 상담 회기마다 발전된 모습을 보여주었음	
사례관리자 의견	사례관리자와의 기능적인 라포를 형성하여 다양한 자원을 연계하고 당사가자 표출한 욕구의 대다수 목표를 달성하였음. 당사자의 건강 상태 및 경제 상태 완화 등 주요한 욕구가 해결되었기 때문에 사례관리는 종결하고 정기적인 모니터링을 통해 가정의 안녕을 살피고자 함.	

※ 사례관리 당사자 만족도조사

항목	전혀 아니다	아니다	보통이다	그렇다	매우 그렇다
1) 사례관리 진행과정 중 사례관리자와의 만났던 시간, 횟수 등에 대해 만족한다.	①	②	③	④	⑤
2) 사례관리를 진행하는 모든 과정에 대해 사례관리자는 자세히 안내하였다.	①	②	③	④	⑤
3) 사례관리에 참여하는 데 나의 의견이 반영되었고 주체적으로 참여할 수 있었다.	①	②	③	④	⑤
4) 사례관리자의 전문성은 나의 어려운 상황 해결에 도움을 주고 있어 신뢰할 수 있다.	①	②	③	④	⑤
5) 연계된 자원이나 제공된 서비스에 대해 만족한다.	①	②	③	④	⑤
6) 사례관리를 통해서 내가 원하는 바람대로 결과를 얻을 수 있었다.	①	②	③	④	⑤
7) 사례관리가 종결되더라도 변화된 상황을 잘 유지할 수 있는 자신감이 생겼다.	①	②	③	④	⑤

사례관리 종결보고서

<table>
<tr><td>당사자</td><td>조지혜</td><td>생년월일</td><td>20○○. ○. ○○.</td></tr>
<tr><td>주 소</td><td>서울시 도봉구 ○○로 ○○길 ○○</td><td>전화번호</td><td>010-0000-0000</td></tr>
<tr><td>등록일</td><td>20○○. ○. ○○.</td><td>종 결 일</td><td>20○○. ○. ○○.</td></tr>
<tr><td>서비스
제공현황</td><td colspan="3">1) 사례관리</td></tr>
<tr><td>종결유형</td><td colspan="3">☑ 목표달성(당사자-사례관리자 합의)
☐ 목표달성 중(당사자-사례관리자 합의)
☐ 다른 지역 이주 ☐ 서비스 거절이나 포기
☐ 내담자 사망 ☐ 연락두절
☐ 불성실한 참여 ☐ 제공자 사업종료
☐ 서비스 자격변동(타 기관 의뢰 : / 의뢰일 :)
☐ 기타( )</td></tr>
<tr><td rowspan="2">당사자
변화사항</td><td colspan="2">초기사항</td><td>종결상황</td></tr>
<tr><td colspan="2">한부모가정의 경계선지능 청소년으로 낮은 학업성적과 사회성이 낮아 진로를 탐색하고 진학하는 데에 어려움을 호소하였음. 또한 경제적인 어려움으로 천선적인 심장질환을 치료하지 못하였음.</td><td>경계선지능청소년을 위한 공부방 프로그램에 적극적으로 참여함으로써 사회성향상을 보였으며, 장학금 연계를 통해 중국어, 컴퓨터자격증을 취득함. 본 복지관에서 모금프로젝트를 기획하고 병원과 연계하여 심장수술을 진행하여 완치하였음. 현재 대학입시에도 합격하여 신입생으로서 새학기를 준비 중임.</td></tr>
<tr><td>사회복지사
의견</td><td colspan="3">초기 당사자의 표출된 욕구는 다각도의 접근이 시급한 사례였으나, 유관기관과 각 개별 전문기관의 협조를 통해 계획한 사례관리의 목표를 달성할 수 있었음. 당사자 또한 성장한 자신의 모습을 인식하고 보다 적극적이고 주체적으로 더 나은 삶을 위해 노력하겠다는 의지를 밝힌 바, 당사자와 사례관리자의 합의에 따라 사례관리를 종결하고자 함.</td></tr>
<tr><td>사후관리
계획</td><td colspan="3">사례관리목표에 대해 모든 부분 달성되어 사례관리당사자에서 일반사례로 전환하여 단순 모니터링을 추진하고자 함. 모니터링은 분기별 1회 전화 상담으로 진행함.</td></tr>
<tr><td colspan="3">상기 사유로 인하여 사례관리를 종결합니다.</td><td>사례관리자 : ○○○ (인)</td></tr>
<tr><td colspan="3">위 사유로 인하여 사례관리를 종결하고 이에 동의합니다.</td><td>당사자 : ○○○ (인)</td></tr>
</table>

첨부자료

창동종합사회복지관 사례관리 서식

사례관리의 과정별 양식

연 번	사례관리 실천과정	양 식
1	접수	사례관리 초기접수대장
2	초기면접	사례관리실태조사표
3		인테이크
4		개인정보/ 사례관리 동의서
5	사정	사례관리 사정기록지
6		사정도구틀 (위기도조사지)
7	계획	사례관리계획서
8		사례관리계약 동의서
9	개입	사례관리 과정기록지
10		재사정기록지
11	점검	사례관리 서비스의뢰서
12		사례관리 점검기록지
13	평가	사례관리 평가서
14	종결	사례관리 종결보고서
15	기타	사례회의록
16		사례보고 및 슈퍼비전일지

양식 1 - 사례관리 초기접수대장

사례관리 초기접수대장

<table>
<tr><td>연번</td><td>접수일</td><td>접수자</td><td colspan="2">주소 및 연락처</td><td>의뢰사유</td></tr>
<tr><td rowspan="4"></td><td rowspan="2"></td><td rowspan="2"></td><td colspan="2">주소</td><td rowspan="2"></td></tr>
<tr><td colspan="2">연락처</td></tr>
<tr><td>소득구분</td><td colspan="2">☐ 수급권 ☐ 차상위 ☐ 저소득 ☐ 일반</td><td>주거형태</td><td>☐ 자가 ☐ 전세 ☐ 월세 ☐ 기타</td></tr>
<tr><td>가족유형</td><td colspan="2">☐ 1인 ☐ 2인 이상(　　　　　)</td><td>의뢰경로</td><td>☐ 본인 ☐ 이웃의뢰 ☐ 기관의뢰
(담당/ 연락처　　　　　)</td></tr>
<tr><td>팀장
(인)</td><td>상담자</td><td colspan="2"></td><td>선정결과</td><td>☐ 상담
☐ 미상담 (사유 :　　　　　)</td></tr>
<tr><td>연번</td><td>접수일</td><td>접수자</td><td colspan="2">주소 및 연락처</td><td>의뢰사유</td></tr>
<tr><td rowspan="4"></td><td rowspan="2"></td><td rowspan="2"></td><td colspan="2">주소</td><td rowspan="2"></td></tr>
<tr><td colspan="2">연락처</td></tr>
<tr><td>소득구분</td><td colspan="2">☐ 수급권 ☐ 차상위 ☐ 저소득 ☐ 일반</td><td>주거형태</td><td>☐ 자가 ☐ 전세 ☐ 월세 ☐ 기타</td></tr>
<tr><td>가족유형</td><td colspan="2">☐ 1인 ☐ 2인 이상(　　　　　)</td><td>의뢰경로</td><td>☐ 본인 ☐ 이웃의뢰 ☐ 기관의뢰
(담당/ 연락처　　　　　)</td></tr>
<tr><td>팀장
(인)</td><td>상담자</td><td colspan="2"></td><td>선정결과</td><td>☐ 상담
☐ 미상담 (사유 :　　　　　)</td></tr>
<tr><td>연번</td><td>접수일</td><td>접수자</td><td colspan="2">주소 및 연락처</td><td>의뢰사유</td></tr>
<tr><td rowspan="4"></td><td rowspan="2"></td><td rowspan="2"></td><td colspan="2">주소</td><td rowspan="2"></td></tr>
<tr><td colspan="2">연락처</td></tr>
<tr><td>소득구분</td><td colspan="2">☐ 수급권 ☐ 차상위 ☐ 저소득 ☐ 일반</td><td>주거형태</td><td>☐ 자가 ☐ 전세 ☐ 월세 ☐ 기타</td></tr>
<tr><td>가족유형</td><td colspan="2">☐ 1인 ☐ 2인 이상(　　　　　)</td><td>의뢰경로</td><td>☐ 본인 ☐ 이웃의뢰 ☐ 기관의뢰
(담당/ 연락처　　　　　)</td></tr>
<tr><td>팀장
(인)</td><td>상담자</td><td colspan="2"></td><td>선정결과</td><td>☐ 상담
☐ 미상담 (사유 :　　　　　)</td></tr>
</table>

양식 2 – 사례관리실태조사표

사례관리 실태조사표

<table>
<tr><td>작성일</td><td colspan="3"></td><td>거주지역</td><td colspan="3"></td></tr>
<tr><td>상담일</td><td colspan="3">(접수일 :)</td><td>상담자</td><td colspan="3"></td></tr>
<tr><td>접수경위</td><td colspan="3"></td><td>사례유형</td><td colspan="3"></td></tr>
<tr><td>성 명</td><td colspan="3"></td><td>생년월일</td><td colspan="3"></td></tr>
<tr><td rowspan="2">주 소</td><td colspan="3" rowspan="2"></td><td rowspan="2">연락처</td><td colspan="3"></td></tr>
<tr><td colspan="3">보호자 :</td></tr>
<tr><td rowspan="3">가족 및 동거인</td><td>관계</td><td>성명</td><td>연령</td><td>성별</td><td>학력</td><td>직업</td><td>비고</td></tr>
<tr><td></td><td></td><td></td><td></td><td></td><td></td><td></td></tr>
<tr><td></td><td></td><td></td><td></td><td></td><td></td><td></td></tr>
<tr><td rowspan="4">생활실태</td><td>주 거</td><td colspan="6">□ 자가 □ 전세(만원) □ 월세(/) □ 임대주택 □ 기타</td></tr>
<tr><td>보호구분</td><td colspan="6">□ 수급권 (생계/ 주거/ 교육/ 의료) □ 차상위( ) □ 저소득( ) □ 기타( )</td></tr>
<tr><td>주요소득</td><td colspan="6">□ 공적부조( ) □ 근로소득( ) □ 가족부조( ) □ 기타( )</td></tr>
<tr><td>경제상황</td><td colspan="4">수입 (만원) 지출 (만원)
*주 지출내역</td><td colspan="2">부채 : □ 유 (만원)
□ 무
※ 출처 :</td></tr>
<tr><td rowspan="2">건강상태</td><td>보유질병</td><td colspan="6"></td></tr>
<tr><td>장애명</td><td colspan="2"></td><td>장애등급</td><td colspan="3"></td></tr>
<tr><td>주요욕구</td><td>서비스 및 자원</td><td colspan="6"></td></tr>
<tr><td colspan="2">연계 자원현황</td><td colspan="6">□ 공식적 체계 :
□ 비공식적 체계 :</td></tr>
<tr><td colspan="2">상담내용</td><td colspan="6"></td></tr>
<tr><td colspan="2">상담자 의견</td><td colspan="6"></td></tr>
</table>

양식 3 - 인테이크

인테이크 기록지

<table>
<tr><td>작성일</td><td colspan="3"></td><td>거주지역</td><td colspan="3"></td></tr>
<tr><td>상담일</td><td colspan="3">(접수일 :)</td><td>상담자</td><td colspan="3"></td></tr>
<tr><td>성 명</td><td colspan="3"></td><td>생년월일</td><td colspan="3"></td></tr>
<tr><td rowspan="2">주 소</td><td colspan="3" rowspan="2"></td><td rowspan="2">연락처</td><td colspan="3"></td></tr>
<tr><td colspan="3">보호자 :</td></tr>
<tr><td rowspan="3">가족 및 동거인</td><td>관계</td><td>성명</td><td>연령</td><td>성별</td><td>학력</td><td>직업</td><td>비고</td></tr>
<tr><td></td><td></td><td></td><td></td><td></td><td></td><td></td></tr>
<tr><td></td><td></td><td></td><td></td><td></td><td></td><td></td></tr>
<tr><td>가구유형</td><td colspan="7">☐ 독거노인가구 ☐ 청장년1인가구 ☐ 한부모가구 ☐ 조손가구
☐ 노인부부가구 ☐ 부부중심가구 ☐ 장애인가구 ☐ 다문화가구
☐ 기타</td></tr>
<tr><td rowspan="4">생활실태</td><td>주 거</td><td colspan="6">☐ 자가 ☐ 전세(만원) ☐ 월세(/) ☐ 임대주택 ☐ 기타</td></tr>
<tr><td>보호구분</td><td colspan="6">☐ 수급권 (생계/ 주거/ 교육/ 의료) ☐ 차상위( ) ☐ 저소득( ) ☐ 기타( )</td></tr>
<tr><td>주요소득</td><td colspan="6">☐ 공적부조( ) ☐ 근로소득( ) ☐ 가족부조( ) ☐ 기타( )</td></tr>
<tr><td>경제상황</td><td colspan="3">수입 (만원) 지출 (만원)
*주 지출내역</td><td colspan="3">부채 : ☐ 유 (만원)
☐ 무
※ 출처 :</td></tr>
<tr><td rowspan="2">건강상태</td><td>보유질병</td><td colspan="6"></td></tr>
<tr><td>장애명</td><td colspan="2"></td><td>장애등급</td><td colspan="3"></td></tr>
<tr><td colspan="2">자원현황</td><td colspan="6">☐ 공식적 체계 :
☐ 비공식적 체계 :</td></tr>
<tr><td colspan="4">■ 가계도</td><td colspan="4">■ 생태도</td></tr>
</table>

■ 개인력/ 가족력

판정의견	□ 사례관리 당사자　　□ 서비스 연계 당사자　　□ 위기(긴급) 당사자

■ 경제상황(수입/ 생활비/ 저축/ 부채 등)

■ 건강상황(장애/ 병력/ 진단 및 치료 등)

■ 사회심리적상황

(가족관계 및 생활상태 · 심리정서상태 · 사회적 관계(공식적 · 비공식적 자원체계) 등)

■ 강점사정

■ 문제 및 욕구(주 호소내용)

당사자욕구 우선순위	1순위 :	2순위 :	3순위 :

■ 당사자의 태도와 반응

■ 사회복지사 의견

양식 4 - 개인정보/ 사례관리 동의서

개인정보 수집·활용 및 제3자 제공

[사례관리 동의]

- 본인은 창동종합사회복지관의 기관 소개와 사례관리 서비스의 과정 및 내용에 대한 설명을 충분히 듣고 이해했습니다. (   )
- 당사자의 인권 및 학대예방에 대해 안내받았으며, 나의 의견을 잘 표현하겠습니다. (   )
- 귀 복지관에서 제공하는 사례관리 서비스를 제공받는 것에 동의합니다. (   )
- 사례관리의 서비스를 위해 필요한 정보를 제공하는 제반활동에 함께 참여하겠습니다. (   )

개인정보의 수집 및 이용목적	창동종합사회복지관 사례관리 사업 진행과 관련하여 아래와 같이 개인 정보를 수집하고 있으며, 필요 시 관련기관 (구청, 주민센터 및 유관기관)에 개인정보가 공유될 수 있습니다.

개인정보 항목	기본 개인정보 수집 - 성명, 생년월일, 연락처, 주소
위의 개인정보 수집 및 이용에 대한 동의를 거부할 권리가 있습니다. 그러나 동의를 거부할 경우 원활한 사례관리사업과 관련하여 서비스 이용이 제한될 수 있습니다.	
기본 개인정보 수집 및 이용에 동의하십니까? ☐ 동의함 ☐ 동의하지 않음	
선택정보 및 민감정보 항목	선택정보 및 민감정보 : 보호구분, 주거상황, 가족상황, 경제상황, 건강사항, 사회심리적 상황 등
위의 선택정보 및 민감정보에 대한 동의를 거부할 권리가 있습니다. 그러나 동의를 거부할 경우 원활한 사례관리사업과 관련하여 서비스 이용이 제한될 수 있습니다.	
선택정보 및 민감정보 수집 및 이용에 동의하십니까? ☐ 동의함 ☐ 동의하지 않음	
개인정보의 보유 및 이용기간	이용기간 : 해당 지원과 서비스가 제공되는 기간 보유기간 : 해당 지원과 서비스가 제공되는 기간으로부터 5년 보관 보유기간 종료시 재생이 불가능한 방법으로 즉시 파기합니다.

[개인정보 제3자 제공]

제공받는 곳	이용목적	제공정보 항목
정부 공공기관	당사자의 사례관리 진행 욕구에 따른 서비스 연계, 제공	[기본 개인정보 수집 및 이용]
사회복지증진목적으로 설립된 민간기관		
기관과 연계된 결연후원자 및 단체		
위의 개인정보 제3자 대한 동의를 거부할 권리가 있습니다. 그러나 동의를 거부할 경우 원활한 사례관리사업과 관련하여 서비스 이용이 제한될 수 있습니다.		
개인정보 제3자 제공에 동의하십니까? ☐ 동의함 ☐ 동의하지 않음		

※ 관련근거 : 개인정보보호법 제15조, 제16조, 제17조, 제18조, 제19조/ 사회복지사업법 제33조의 3항

당사자 : (인)

14세 미만 보호자 (관계 :) : (인)

위임 보호자 (관계 :) : (인)

양식 5 - 사례관리 사정기록지

사정기록지

작성일		거주 지역	
당사자명		사례관리자	
사정일지		유형	□ 신규 □ 재사정

욕구영역	제시된 욕구	욕구점수	현 상황	강점	장애물사정
안전					
건강					
일상생활 유지					
가족관계					
사회적 관계					
경제					
교육					
고용					
생활 환경					
법률 및 권익 보장					

사례관리자 종합의견	□ 집중 □ 일반

양식 6 - 사례관리 사정도구틀

사정도구틀(위기도조사)

작 성 일 성 명

1. 안전 : 가족구성원 또는 외부인과의 관계에서 야기되는 기초적 신변보호상의 위기 정도(12점)

1. 안전	위기도 문항	0	1	2	3
가정 내 안전 유지	1. 함께 거주하고 있는 가족구성원이 본인이나 가족을 위협하고 있거나 위협할 것 같다. ① 폭력 ② 정서적 폭력 ③ 성적 폭력 ④ 방임과 방치 ⑤ 경제적 폭력 0점) 해당사항 없음. 3점) 어느 하나라도 해당 시 3점.				
	2. 본인이 가족(비동거 가족 포함)을 위협하고 있거나 위협할 것 같다. ① 신체적 폭력 ② 정서적 폭력 ③ 성적 폭력 ④ 방임과 방치 ⑤ 경제적 폭력 0점) 해당사항 없음. 3점) 어느 하나라도 해당 시 3점.				
가족 외부로부터의 안전 유지	3. 비동거 가족, 친척, 친구, 이웃, 사회(학교, 직장 등) 등이 본인이나 가족을 위협하고 있거나 위협할 것 같다. ① 신체적 폭력 ② 정서적 폭력 ③ 성적 폭력 ④ 방임과 방치 ⑤ 경제적 폭력 0점) 해당사항 없음. 3점) 어느 하나라도 해당 시 3점.				
	4. 응급상황이 발생할 경우 도움을 받는 데 어려움이 있다. 0점) 어려움이 없다./ 해당사항 없음. 1점) 도움을 요청할 지원체계는 있으나, 충분하지 않다. 2점) 응급 시 도움을 요청할 지원 체계는 있으나 원만한 관계가 아니다. 3점) 도움을 요청할 지원 체계가 전혀 없다./ 응급상황을 인지하지 못 한다.				

2. 건강 : 대상자 및 가족구성원의 신체적 · 정신적 건강문제로 인한 생활상의 위기 정도(18점)

2. 건강	위기도 문항	0	1	2	3
신체적 건강 유지	1. 동거가족이 신체적 건강 문제로 어려움을 겪고 있다. 0점) 어려움이 없다./ 해당사항 없음. 1점) 신체적 건강 문제가 있으나 일상생활 및 사회생활이 가능하다. 2점) 신체적 건강 문제로 일부 일상생활이나 사회생활에 어려움이 있다. 3점) 신체적 건강 문제로 일상생활이나 사회생활이 전혀 안 된다.				
	2. 본인이나 동거가족이 신체적 건강 문제를 관리하는 데 어려움이 있다. 0점) 어려움이 없다./ 해당사항 없음. 1점) 관리하는 데 어려움이 있으나, 관리하기를 원하고 있다. 2점) 관리하는 데 어려움이 있고, 건강관리를 위한 지원체계가 충분하지 않다. 3점) 관리하는 데 어려움이 있고, 건강관리를 위한 지원체계가 전혀 없다.				
정신적 건강 유지	3. 본인이나 동거가족이 중독, 우울, 조현증(정신분열) 등의 정신질환으로 어려움이 있다. 0점) 어려움이 없다./ 해당사항 없음. 점1) 어려움은 있으나 일상생활 및 사회생활이 가능하다. 2점) 일상생활이나 사회생활에 일부 어려움이 있다. 3점) 일상생활이나 사회생활이 전혀 안 된다.				
	4. 본인이나 동거가족이 중독, 우울, 조현증(정신분열)등의 정신질환에 대한 증상관리가 어렵다. ① 질병인식(병식)이 없다. ② 증상관리를 도와줄 자원이 없다. ③ 증상관리가 안 되고 있다. ④ 자해나 타해의 시도나 위험이 있다. 0점) 해당사항 없음. 3점) 어느 하나라도 해당 시 3점.				
	5. 본인이나 동거가족이 약물을 복용하는 데 어려움이 있다. 0점) 가족의 도움을 받거나 스스로 약물을 처방대로 복용하고 있다./ 해당사항 없음. 1점) 약물 복용을 도와주는 지원 체계가 있지만, 규칙적인 약물 복용이 어렵다. 2점) 약물 복용을 도와줄 지원 체계가 충분하지 않아서 규칙적인 약물복용이 어렵다. 3점) 약물 복용이 전혀 이루어지지 않는다./ 약물 치료를 거부한다.				
	6. 본인이나 동거가족이 지난 6개월 동안 자살을 시도하거나 구체적인 방법을 생각한 적이 있다. 0점) 해당사항 없음. 1점) 자살을 생각한 적이 있다. 2점) 자살을 위한 구체적인 방법을 생각한 적이 있다. 3점) 자살을 시도한 적이 있다.				

3. 일상생활 유지 : 기능적 및 수단적 일상생활 유지상의 위기 정도(9점)

3. 생활유지	위기도 문항	0	1	2	3
의식주 관련 일상 생활 유지	1. 건강을 해치거나 타인에게 피해를 줄 정도로 본인이나 동거가족이 일상생활을 유지하는 데 어려움이 있다. ① 식사 ② 대소변 등 용변처리 ③ 옷 입기(세탁포함) ④ 세수, 목욕 등 몸씻기 ⑤ 청소 ⑥ 정리정돈 ⑦ 수면 ⑧ 그 외 가사 활동 0점) 해당사항이 0개인 경우/ 누군가의 도움을 받으며 원활하게 수행하고 있는 경우/ 해당사항 없음. 1점) 해당사항이 1개인 경우(도움을 받아도 충분하지 않을 경우 포함). 2점) 해당사항이 2개인 경우(도움을 받아도 충분하지 않을 경우 포함). 3점) 해당사항이 3개 이상인 경우(도움을 받아도 충분하지 않을 경우 포함) 영유아인 경우 1, 2, 7중 하나라도 해당하면 3점				
	2. 본인이나 동거가족이 외출하는 데 어려움이 있다. 0점) 어려움이 없다./ 해당사항 없음. 1점) 불편하지만 외출이 가능하다. 2점) 외부(자원)의 도움이 있으면 외출이 가능하다. 3점) 교통수단이 없어서 외출할 수 없다./ 도움이 있어도 외출이 어렵다.				
여가 생활 활용	3. 본인이나 동거가족이 여가생활에 어려움이 있다. 0점) 어려움이 없다./ 해당사항 없음. 1점) 자원은 있으나, 정보부족으로 여가를 즐기지 못하고 있다. 2점) 자원이나 정보의 부족으로 여가를 즐기지 못하고 있다. 3점) 즐겨하는 일이 전혀 없다.				

4. 가족관계 : 가족구성원의 갈등 및 보육, 간병 등의 돌봄 · 보호 상의 위기 정도(9점)

4. 가족관계	위기도 문항	0	1	2	3
관계형성	1. 가족(동거 및 비동거 가족 포함)으로부터 도움을 받는 데 어려움이 있다. 0점) 필요할 때 도움을 충분히 받을 수 있다./ 해당사항 없음. 1점) 필요할 때 도움을 받고 있으나 충분하지 않다. 2점) 필요할 때 도움을 요청할 가족은 있으나 원만한 관계는 아니다. 3점) 필요할 때 도움을 요청할 가족이 전혀 없다(연락하고 사는 가족이 전혀 없는 경우도 포함).				
	2. 가족(동거 및 비동거 가족 포함)갈등으로 어려움이 있다. 0점) 어려움이 없다./ 해당사항 없음. 1점) 가족갈등이 있으나 가구원들의 일상생활 및 사회생활이 가능하다. 2점) 가족갈등으로 인해 가구원들의 일상생활이나 사회생활에 일부 어려움이 있다. 3점) 가족갈등으로 인해 가구원들의 일상생활이나 사회생활이 전혀 안 된다.				

가족 돌봄	3. 보호가 필요한 영유아, 아동, 노인, 장애인 등을 돌보는 데 어려움이 있다. 0점) 돌볼 가구원이 없다./ 돌보는 데 어려움이 없다./ 해당사항 없음. 1점) 돌볼 능력이 부족하나 의지가 있다. 2점) 돌볼 능력이 부족하며, 지원체계가 충분하지 않다. 3점) 돌볼 능력이 부족하며, 지원체계가 전혀 없다./ 돌볼 의지가 없다.				

5. 사회적 관계 : 사회관계친지, 이웃 및 소속집단 내에서의 관계형성 및 유지상 위기 정도(12점)

5. 사회관계	위기도 문항	0	1	2	3
친인척 및 이웃 간 관계형성	1. 친구, 이웃, 지인이나 친인척으로부터 도움을 받는 데 어려움이 있다. 0점) 필요할 때 도움을 충분히 받을 수 있다./ 해당사항 없음. 1점) 필요할 때 도움을 받고 있으나 충분하지 않다. 2점) 필요할 때 도움을 요청할 친구, 이웃, 지인이나 친인척은 있으나 원만한 관계는 아니다. 3점) 필요할 때 도움을 요청할 친구, 이웃, 지인이나 친인척이 전혀 없다(연락하고 사는 친구, 이웃, 지인이나 친인척이 전혀 없는 경우도 포함)				
소속된 집단 및 사회생활	2. 직장동료, 소속된 단체나 기관으로부터 도움을 받는 데 어려움이 있다. 0점) 필요할 때 도움을 충분히 받을 수 있다./ 해당사항 없음. 1점) 필요할 때 도움을 받고 있으나 충분하지 않다. 2점) 필요할 때 도움을 요청할 직장동료, 소속된 단체나 기관은 있으나 원만한 관계는 아니다. 3점) 필요할 때 도움을 요청할 직장동료, 소속된 단체나 기관이 전혀 없다.				
	3. 본인이나 동거가족이 자기 방이나 집에서 나오지 않는다. 0점) 일상생활 및 사회생활 유지에 어려움이 없다./ 해당사항 없음. 1점) 방이나 집에서 거의 나오지 않으나, 기본적인 생활이 가능하고 소수의 타인 (가족 포함)과 관계를 유지하고 있다. 2점) 방이나 집에서 거의 나오지 않은 채 기본적인 생활은 하지만, 다른 사람(가족 포함)과 접촉이 없다. 3점) 방이나 집에서 거의 나오지 않은 채 기본적인 생활이 어렵거나 다른 사람(가족 포함)과 접촉이 없다.				
	4. 타인에게 피해를 주는 언행으로 이웃과 갈등을 유발하고 있다. 0점) 유발하고 있지 않다./ 해당사항 없음. 1점) 유발하고 있으나 조정이 가능하다. 3점) 유발하고 있다.				

6. 경제 : 기본적인 생활에 필요한 경제적 문제 및 자산관리상의 위기 정도(9점)

6. 경제	위기도 문항	0	1	2	3
기초 생활 해결	1. 기본적 생활에 필요한 경제적 비용이 없어서 어려움을 겪고 있다. ① 돈이 없어 식사를 못하고 있거나 식료품 구입이 어렵다. ② 공교육비를 기한 내 납부하지 못하고 있다. ③ 계절에 맞는 의복과 신발을 구입하지 못하고 있다. ④ 치료비가 없어서 본인이나 가족이 병원을 못 가고 있다. ⑤ 집세가 3개월 이상 밀려 있다. ⑥ 안정적으로 살 수 있는 집이 없다(퇴거위험, 노숙, 비닐하우스, 쪽방, 고시원, 여관/ 여인숙, 찜질방, 쉼터 등). ⑦ 난방장치가 없거나, 난방비 때문에 추운 겨울에 난방을 사용하지 못하고 있다. ⑧ 공과금(사회보험료, 전화요금, 가스요금, 수도요금, 전기요금, 관리비 중 하나 이상)이 밀려 있다. ⑨ 공과금 연체로 사회보험급여 자격정지, 전화중단, 가스차단, 단수, 단전 중 하나 이상의 상태에 있다. 0점) 해당사항이 0개인 경우 1점) 해당사항이 1개인 경우 2점) 해당사항이 2~3개인 경우 3점) 해당사항이 4개 이상인 경우/ 1, 4, 5, 6, 9번에 하나라도 해당하는 경우				
자산관리	2. 금전관리에 어려움이 있다. 0점) 어려움이 없다./ 해당사항 없음. 1점) 도움이 있을 경우 금전관리가 가능하다. 2점) 수입보다 지출이 더 많다. 3점) 금전관리 자체가 어렵다(개인역량 부족, 건강, 장애, 기타 사유).				
	3. 빚과 관련된 문제를 해결하는 데 어려움이 있다. 0점) 어려움이 없다./ 해당사항 없음. 1점) 빚은 있으나 갚아 나가고 있다. 2점) 빚을 갚을 능력이 없거나, 빚 갚을 능력이 없으면서 계속해서 빚을 내고 있다. 3점) 빚 갚을 능력이 없으며 지속적으로 채무 독촉을 받고 있다.				

7. 교육 : 일상생활 유지에 필요한 기초교육 습득상의 위기 정도(6점)

7. 교육	위기도 문항	0	1	2	3
기초학습 습득 및 향상	1. 자녀가 일상생활 및 사회생활 유지를 위해 필요한 기본능력이 부족하다. ① 듣기 ② 읽기 ③ 쓰기 ④ 말하기 ⑤ 다른 사람의 말 이해하기 ⑥ 신문, 글 등을 이해하기 ⑦ 간단한 계산하기 0점) 해당사항이 0개인 경우/ 현재 도움을 받아서 원활하게 수행하고 있는 경우/ 해당사항 없음. 1점) 해당사항이 1개인 경우(도움이 필요한 경우) 2점) 해당사항이 2개인 경우(도움이 필요한 경우) 3점) 해당사항이 3개 이상인 경우(도움이 필요한 경우)				
교육 환경 개선	2. 본인(고등학생 이하)이나 자녀(고등학생 이하)가 학교생활에 어려움이 있다. 0점) 어려움이 없다./ 해당사항 없음. 1점) 등교는 하지만 학교생활에 어려움을 표현하고 있다. 2점) 등교는 하지만 학교규칙 및 생활규정 위반(무단이탈, 무단지각, 무단조퇴)하거나 징계(정학, 사회봉사 등)를 받고 있다. 3점) 등교는 하지만 다른 학생으로부터 따돌림을 받고 있거나, 다른 학생에게 해를 입히고 있다./ 무단으로 결석하고 있다.				
	3. 본인(고등학생 이하)이나 자녀(고등학생 이하)의 학업유지에 어려움이 있다. 0점) 어려움이 없다./ 해당사항 없음 1점) 장애 등으로 특수교육을 받아야 하지만 그러지 못하고 있다(거리, 비용 등의 이유). 2점) 상급학교에 진학하거나(검정고시 포함) 특기를 개발하거나 학업을 유지하려는 데 자원이 부족하다. 3점) 학업을 유지하려는 의지나 대안이 없다./ 현재 의무교육을 받고 있지 않다.				

8. 고용 : 취업 · 창업상 문제 및 직업기능 수행상의 위기 정도(6점)

8. 고용	위기도 문항	0	1	2	3
취(창)업	1. 본인이나 동거가족이 구직에 어려움이 있다. 0점) 어려움이 없다./ 해당사항 없음. 1점) 근로능력은 부족하나 일할 의지가 있다. 2점) 근로능력은 있으나 가족돌봄, 자녀양육, 일자리 발굴 등으로 일하기 어렵다. 3점) 근로능력도 부족하고 가족 돌봄, 자녀양육, 일자리 발굴 등으로 일하기 어렵다./ 일할 의지가 없다.				

고용 유지	2. 본인이나 동거가족이 직장생활을 유지하는 데 어려움이 있다. 0점) 어려움이 없다./ 해당사항 없음. 1점) 근무조건이 맞지 않아 직장생활을 유지하는 데 어려움이 있다. 2점) 개인적인 방해요소로 직장생활을 유지하는 데 어려움이 있다. 3점) 언제든지 정리 해고될 수 있다.				

9. 생활환경 : 거주지의 내외부적 환경 및 권익보장상의 위기 정도(12점)

9.생활환경	위기도 문항	0	1	2	3
주거내부 환경개선과 안전	1. 본인이나 가족의 안전과 건강에 해를 끼칠 정도로 거주하는 집의 생활환경이 열악하다. ① 화장실 ② 주방시설 ③ 도배장판 ④ 전기시설 ⑤ 가스시설 ⑥ 상하수도시설 ⑦ 냉난방시설 ⑧ 위생상태(곰팡이, 찌든 때, 방역불량, 배설물처리 불량, 쓰레기 등) ⑨ 창호/ 문짝 ⑩ 주변 환경 ⑪ 채광 0점) 어려움이 없다./ 해당사항 없음. 1점) 해당사항이 1개인 경우 2점) 해당사항이 2개인 경우 3점) 해당사항이 3개 이상인 경우				
주거내부 환경개선과 안전	2. 거주하는 집에 안전상의 문제로 어려움을 겪고 있다. ① 히터나 전기장판 과열 ② 전기선 누출 ③ 누수 ④ 가스누출 ⑤ 베란다 안전장치 미비 ⑥ 방범장치 미비 ⑦ 침수 ⑧ 붕괴위험 ⑨ 그 외 기타 0점) 어려움이 없다./ 해당사항 없음. 1점) 어려움이 있으나 임시방편을 마련하였다. 2점) 어려움이 있으나 대책을 마련 중에 있다. 3점) 어려움이 있으나 대책 마련을 못하고 있다.				
	3. 거주하는 집에서 신체활동상에 어려움이 있다. ① 공간부족(휠체어 이동공간 부족) ② 문턱 ③ 안전바 미설치 ④ 싱크, 찬장, 가구 등 높낮이 미조절 ⑤ 욕실 미개조 ⑥ 램프 미설치 0점) 어려움이 없다./ 해당사항 없음. 1점) 해당사항이 1개인 경우 2점) 해당사항이 2개인 경우 3점) 해당사항이 3개 이상인 경우				
	4. 주거 내 외부 환경 때문에 이웃과 갈등을 유발하고 있다. 0점) 유발하고 있지 않다./ 해당사항 없음. 1점) 유발하고 있으나 조정이 가능하다. 3점) 유발하고 있다.				

10. 법률 및 권익보장 : 가족구성원의 권익보장상의 위기 정도(6점)

10. 법률 및 권익보장	위기도 문항	0	1	2	3
권익보장	1. 불이익을 받고 있다. 0점) 차별대우나 불이익을 받고 있지 않다./ 해당사항 없음. 1점) 차별대우나 불이익을 받고 있지만, 옹호을 위한 지원 체계가 있다. 2점) 차별대우나 불이익을 받고 있으며, 옹호을 위한 지원 체계가 충분하지 않다. 3점) 차별대우나 불이익을 받고 있으며, 옹호를 위한 지원 체계가 전혀 없다.				
법률적 지원	2. 본인이나 동거가족이 법적문제로 어려움을 겪고 있다. 0점) 어려움이 없다./ 해당사항 없음. 1점) 어려움이 있으나 일상생활 및 사회생활이 가능하다. 2점) 법적문제로 일상생활이나 사회생활에 일부 어려움이 있다. 3점) 법적문제로 일상생활이나 사회생활이 전혀 안 된다.				

■ 사례관리대상자 선정 기준표(참고)

호	욕구영역	총점	사례관리 여부 기준표	해당 여부
1	안전		어느 한 문항이라도 3점인 경우	□ 해당 □ 비해당
2	건강		어느 한 문항이라도 3점인 경우	□ 해당 □ 비해당
3	일상생활 유지		어느 한 문항이라도 3점인 경우	□ 해당 □ 비해당
4	가족관계		어느 한 문항이라도 3점인 경우	□ 해당 □ 비해당
5	사회적 관계		어느 한 문항이라도 3점인 경우	□ 해당 □ 비해당
6	경제		어느 한 문항이라도 3점인 경우	□ 해당 □ 비해당
7	교육		어느 한 문항이라도 3점인 경우	□ 해당 □ 비해당
8	고용		어느 한 문항이라도 3점인 경우	□ 해당 □ 비해당
9	생활환경		어느 한 문항이라도 3점인 경우	□ 해당 □ 비해당
10	법률 및 권익보장		어느 한 문항이라도 3점인 경우	□ 해당 □ 비해당
11	당사자 참여의지 여부			□ 해당 □ 비해당
(잠재적) 통합사례관리대상자 선정 여부			1. 1.안전, 2. 건강, 6. 경제 영역에 해당 2. 그 외 영역이 1개 이상 해당 3. 11. 당사자의 참여의지 여부가 해당될 사례	□ 선정 □ 미선정

양식 7 - 사례관리 계획서

사례관리 계획서

작성일		거주 지역	
당사자명		사례관리자	
작성일자		유형	□ 신규 □ 재사정

우선 순위	제시된 욕구	합의된 목표	실천계획	개입기간	외부자원 연계 및 자원확보 방안
		단기 장기	당사자 사례관리자		
		단기 장기	당사자 사례관리자		
		단기 장기	당사자 사례관리자		

양식 8 - 사례관리 서비스 동의서

사례관리계약 동의서

1. 사례관리 서비스 종류

연번	서비스명	내용	비고	연번	서비스명	내용	비고
1				6			
2				7			
3				8			

2. 조정 및 중단

서비스 조정	- 서비스 이용자에게 적절하지 않거나 서비스 제공 목적에 어긋난 경우 - 서비스 이용자의 부적절한 요구가 있을 경우
서비스 중단	- 서비스 이용자가 서비스 중단 의사가 있을 경우 - 다른 지역으로 이주를 하였을 경우 - 3개월 이상 연락이 끊겼을 경우 - 타 기관과 서비스가 중복되었을 경우

3. 당사자의 의무 및 권리

▪ 의무 : 어려움이나 경제적인 변동이 있을 경우 복지관에 알리고 같이 노력하여야 한다. 당사자는 필요 시 사례관리에 필요한 정보, 증빙서류를 제출해야 한다. ▪ 권리 : 사례관리 서비스에 관련하여 조정사항이 있을 경우 상호 협의를 통하여 조정한다.	
서비스 제공일 : 20 년 월 일 ~ 년 월 일 본 동의서는 창동종합사회복지관에서 제공되는 사례관리서비스에 대하여 본 기관과 ____________님이 상호 협의한 내용이며, 매년 1월 재작성을 원칙으로 한다. (단, 생활에 큰 변화가 없을 시 재작성하지 않을 수 있다)	
당사자의 목표	

※ 당사자는 나의 삶이므로 사례관리 과정에 성실히 임하고 사례관리자와 협력하겠습니다.

20 년 월 일

당사자 : (인)
14세 미만 보호자 (관계 :) : (인)
위임 보호자 (관계 :) : (인)

사례관리자 : (인)

양식 9 - 사례관리 과정기록지

사례관리 과정기록지

당사자		사례관리자	

일시	전달 방식			접촉 대상	내용
	상담	서비스 제공	자원 연계		

양식 10 - 재사정 기록지

재사정 기록지

<table>
<tr><td>작성일</td><td colspan="3"></td><td>거주 지역</td><td colspan="3"></td></tr>
<tr><td>상담일</td><td colspan="3"></td><td>상담자</td><td colspan="3"></td></tr>
<tr><td>성 명</td><td colspan="3"></td><td>생년월일</td><td colspan="3"></td></tr>
<tr><td rowspan="2">주 소</td><td colspan="3" rowspan="2"></td><td rowspan="2">연락처</td><td colspan="3"></td></tr>
<tr><td colspan="3">보호자 :</td></tr>
<tr><td rowspan="3">가족 및 동거인</td><td>관계</td><td>성명</td><td>연령</td><td>성별</td><td>학력</td><td>직업</td><td>비고</td></tr>
<tr><td></td><td></td><td></td><td></td><td></td><td></td><td></td></tr>
<tr><td></td><td></td><td></td><td></td><td></td><td></td><td></td></tr>
<tr><td>가구유형</td><td colspan="7">□ 독거노인가구 □ 청장년1인가구 □ 한부모가구 □ 조손가구
□ 노인부부가구 □ 부부중심가구 □ 장애인가구 □ 다문화가구 □ 기타</td></tr>
<tr><td rowspan="4">생활실태</td><td>주 거</td><td colspan="6">□ 자가 □ 전세(만원) □ 월세( ) □ 임대주택 □ 기타</td></tr>
<tr><td>보호구분</td><td colspan="6">□ 수급권(생계/ 주거/ 교육/ 의료) □ 차상위( ) □ 저소득( ) □ 기타( )</td></tr>
<tr><td>주요소득</td><td colspan="6">□ 공적부조( ) □ 근로소득( ) □ 가족부조( ) □ 기타(국민연금)</td></tr>
<tr><td>경제상황</td><td colspan="3">수입 ( ) 지출 ( )
*주 지출내역</td><td colspan="3">부채 : □ 유 (만원)
□ 무
※ 출처 :</td></tr>
<tr><td rowspan="2">건강상태</td><td>보유질병</td><td colspan="6"></td></tr>
<tr><td>장애명</td><td colspan="2"></td><td>장애등급</td><td colspan="3"></td></tr>
<tr><td colspan="2">자원현황</td><td colspan="6">□ 공식적 체계 :
□ 비공식적 체계 :</td></tr>
<tr><td>재사정 유형</td><td colspan="3">□ 새로운 욕구 발생
□ 긴급한 상황 발생
□ 정기 점검
□ 기타 ( )</td><td>재사정 요인</td><td colspan="3">□ 당사자에 의한 요인
□ 기관과 사회복지사에 의한 요인
□ 자원과 환경에 의한 요인</td></tr>
<tr><td>당사자 욕구</td><td colspan="7"></td></tr>
<tr><td>서비스 문제점</td><td colspan="7"></td></tr>
<tr><td>향후계획 사회복지사 의견</td><td colspan="7"></td></tr>
<tr><td>결과</td><td colspan="7">□ 유지 □ 사례회의 □ 서비스 재계획 □ 타 기관 의뢰 □ 종결</td></tr>
</table>

양식 11 - 사례관리 서비스의뢰서

사례관리 서비스의뢰서

<table>
<tr><td>작성일</td><td colspan="3"></td><td>거주 지역</td><td colspan="3"></td></tr>
<tr><td>성 명</td><td colspan="3"></td><td>생년월일</td><td colspan="3"></td></tr>
<tr><td>주 소</td><td colspan="3"></td><td>연락처</td><td colspan="3"></td></tr>
<tr><td rowspan="3">가족 및 동거인</td><td>관계</td><td>성명</td><td>연령</td><td>성별</td><td>학력</td><td>직업</td><td>비고</td></tr>
<tr><td></td><td></td><td></td><td></td><td></td><td></td><td></td></tr>
<tr><td></td><td></td><td></td><td></td><td></td><td></td><td></td></tr>
<tr><td rowspan="4">생활실태</td><td>주 거</td><td colspan="6">☐ 자가 ☐ 전세(만원) ☐ 월세(/) ☐ 임대주택 ☐ 기타</td></tr>
<tr><td>보호구분</td><td colspan="6">☐ 수급권 (생계/ 주거/ 교육/ 의료) ☐ 차상위( ) ☐ 저소득( ) ☐ 기타( )</td></tr>
<tr><td>주요소득</td><td colspan="6">☐ 공적부조( ) ☐ 근로소득( ) ☐ 가족부조( ) ☐ 기타( )</td></tr>
<tr><td>경제상황</td><td colspan="3">수입 (만원) 지출 (만원)
*주 지출내역</td><td colspan="3">부채 : ☐ 유 (만원)
☐ 무
※ 출처 :</td></tr>
<tr><td colspan="2">당사자상황</td><td colspan="6"></td></tr>
<tr><td colspan="2">의뢰내용</td><td colspan="6"></td></tr>
<tr><td colspan="2">의뢰요청기관</td><td colspan="2"></td><td>당사자 동의여부</td><td colspan="3">☐ 동의 ☐ 미동의</td></tr>
</table>

의뢰기관	창동종합사회복지관 tel)993-3222/ fax)906-4120	담당자	(인)

양식 12 - 사례관리 점검기록지

사례관리 점검기록지

작성일		거주 지역	
당사자명		사례관리자	
작성일자		유형	□ 신규 □ 재사정

욕구 점수	제시된 욕구	합의된 목표	실천계획	점검내용	점검평가	
		단기 장기	당사자 사례관리자	사례관리자	□ 달성 □ 연장 □ 재사정	
					욕구점수	
				당사자의 표현	사전	사후
		단기 장기	당사자 사례관리자	사례관리자	□ 달성 □ 연장 □ 재사정	
					욕구점수	
				당사자의 표현	사전	사후
		단기 장기	당사자 사례관리자	사례관리자	□ 달성 □ 연장 □ 재사정	
					욕구점수	
				당사자의 표현	사전	사후

양식 13 - 사례관리 평가서

사례관리 평가서

작성일		거주 지역	
당사자명		사례관리자	
작성일자		유형	□ 신규 □ 재사정

<table>
<tr><td rowspan="4">제공된
서비스</td><td>합의된 목표</td><td>서비스 종류</td><td>제공횟수</td><td colspan="2">평가</td></tr>
<tr><td></td><td></td><td></td><td colspan="2"></td></tr>
<tr><td></td><td></td><td></td><td colspan="2"></td></tr>
<tr><td></td><td></td><td></td><td colspan="2"></td></tr>
<tr><td rowspan="2">생태도
개입 전후 비교</td><td colspan="3">개입 전</td><td colspan="2">개입 후</td></tr>
<tr><td colspan="3"></td><td colspan="2"></td></tr>
<tr><td>구분</td><td colspan="4">종합의견</td><td>결과</td></tr>
<tr><td>당사자의 변화</td><td colspan="4"></td><td rowspan="3">종 결 □
사례회의 □
서비스 재계획 □
타기관 의뢰 □
유 지 □</td></tr>
<tr><td>환경변화</td><td colspan="4"></td></tr>
<tr><td>사례관리자 의견</td><td colspan="4"></td></tr>
</table>

※ 사례관리 당사자 만족도조사

항목	전혀 아니다	아니다	보통 이다	그렇다	매우 그렇다
1) 사례관리 진행과정 중 사례관리자와의 만났던 시간, 횟수 등에 대해 만족한다.	①	②	③	④	⑤
2) 사례관리를 진행하는 모든 과정에 대해 사례관리자는 자세히 안내하였다.	①	②	③	④	⑤
3) 사례관리에 참여하는 데 나의 의견이 반영되었고 주체적으로 참여할 수 있었다.	①	②	③	④	⑤
4) 사례관리자의 전문성은 나의 어려운 상황 해결에 도움을 주고 있어 신뢰할 수 있다.	①	②	③	④	⑤
5) 연계된 자원이나 제공된 서비스에 대해 만족한다.	①	②	③	④	⑤
6) 사례관리를 통해서 내가 원하는 바람대로 결과를 얻을 수 있었다.	①	②	③	④	⑤
7) 사례관리가 종결되더라도 변화된 상황을 잘 유지할 수 있는 자신감이 생겼다.	①	②	③	④	⑤

양식 14 - 사례관리 종결보고서

사례관리 종결보고서

<table>
<tr><td>작성일</td><td colspan="2"></td><td>거주지역</td><td></td></tr>
<tr><td>당사자</td><td colspan="2"></td><td>생년월일</td><td></td></tr>
<tr><td>주 소</td><td colspan="2"></td><td>전화번호</td><td></td></tr>
<tr><td>등록일</td><td colspan="2"></td><td>종결일</td><td></td></tr>
<tr><td>서비스
제공현황</td><td colspan="4"></td></tr>
<tr><td>종결유형</td><td colspan="4">□ 목표달성(내담자-사례관리자 합의)
□ 목표달성 중(내담자-사례관리자 합의)
□ 다른 지역 이주 □ 서비스 거절이나 포기
□ 내담자 사망 □ 연락두절
□ 불성실한 참여 □ 제공자 사업종료
□ 서비스 자격변동(타 기관 의뢰 : / 의뢰일 :)
□ 기타( )</td></tr>
<tr><td rowspan="2">당사자
변화사항</td><td>초기사항</td><td colspan="3">종결상황</td></tr>
<tr><td></td><td colspan="3"></td></tr>
<tr><td>사회복지사
의견</td><td colspan="4"></td></tr>
<tr><td>사후관리
계 획</td><td colspan="4"></td></tr>
<tr><td colspan="3">상기 사유로 인하여 사례관리를 종결합니다.</td><td colspan="2">사례관리자 : ○○○ (인)</td></tr>
<tr><td colspan="3">위 사유로 인하여 사례관리를 종결하고 이에 동의합니다.</td><td colspan="2">당사자 : ○○○ (인)</td></tr>
</table>

양식 15 - 사례회의록

사례회의록

일시/ 장소	
참석자(명)	
논의결과	

당사자명		거주지역		담당자	
욕구 및 주요문제					
논의사항					
결과사항					

회의결과

번호	당사자	거주지역	사례회의 결과 및 논의사항	사례관리자

슈퍼비전	

양식 16 - 사례보고서

사례보고서

작성일			거주지역		
당사자명		성별/ 나이		사례관리자	
일시/ 장소					

[논의요청]

–

1. 사례개요
   - 의뢰경로
   - 가구유형
   - 보장내용
2. 가계도
3. 가족력/ 개인력
4. 주요욕구 및 장, 단기 목표

욕구점수	제시된 욕구	합의된 목표
		단기 : 장기 :

5. 실천계획

영역	실천계획
	당사자 : 사례관리자 :

6. 자원 및 장애물

자원	장애물
강점	약점

7. 진행과정

슈퍼비전

참고문헌

관계부처합동(2013). 국민중심의 맞춤형 복지전달체계구축방향. 제1차 사회보장위원회 안건.
(1998; 2001). 케이스 매니지먼트. 대학출판사.

권진숙(2008). **사례관리의 실제**. 공동체.

권진숙 · 박지영(2008). **사례관리의 이론과 실제**. (2판). 학지사.

____________(2010). **사례관리의 이론과 실제**. (3판). 학지사.

권진숙 · 전석균(1999). **사례관리**. 하나출판사

김동배 · 권중돈(2005). **인간행동이론과 사회복지실천**(증보판). 학지사.

김미혜(2000). 재가노인복지를 위한 사례관리 실천모형 노인복지정책연구.

김성경(2017). **사회복지 사례관리론**. 공동체.

김용현(2014). 충청남도 행복키움지원단 활성화 방안 연구 – 사회복지 통합서비스 사업을 중심으로 –. **충남발전연구원 전략연구 보고서** 14(1), 1-99.

노주환(2012). 성공적인 사례관리를 위한 실천경험에 관한 연구. 숭실대학교 대학원 석사학위논문.

류명원(2006). 한국재가노인복지의 사례관리 모형에 관한 연구. 원광대학교 대학원 박사학위논문.

민소영(2015). 한국의 사례관리 전개 과정과 쟁점 고찰. **한국사회복지행정학**, 17(1), 213-239.

민소영 · 임선영 (2012). 스프레드쉬트(Spread sheet) 방법을 활용한 사례관리의 적정 사례량 추정 연구. **한국사회복지행정학**, 14(2), 83-109

보건복지부(2014). 2014 희망복지지원단 업무안내. 보건복지부.

__________(2018). 2018년 희망복지지원단 업무안내.

서울복지재단(2010). 사회복지관 프로그램 매뉴얼 – 사례관리 매뉴얼. 서울특별시.

송민정(1999). 재가노인복지서비스를 위한 사례관리적용 연구. 이화여자대학교 사회복지대학원 석사학위논문.

원영미(2011). 사회복지기관에서의 사례관리에 대한 사회복지사들의 인식과 실행에 대하 연구. 대구대 사회복지대학원 석사학위논문.

윤송희(2012). 사례관리실천에서 서비스 통합성과 전문성이 민 · 관 협력에 미치는 영향. 숭실대학교 대학원 석사학위논문.

이근홍(1996). 한국재가노인의 사례관리 실천모형에 관한 연구. 중앙대학교 대학원 박사학위논문.

이영실 외(2012). **사회복지실천론**. 양서원.

이원숙(1995). **사회적 망과 사회적 지지이론**. 홍익제.

이윤로 · 송규탁(1993). 사례관리 : 효과적 서비스 전달을 위한 방법. 사회복지, 통권 118호. 한국사회복지협의회.

인천광역시사회복지관협회 · 사례관리연구회(2009). 인천광역시 사회복지관 사례관리실천을 위한 매뉴얼 연구보고서. 인천광역시사회복지관협회 · 사례관리연구회.

인천기독교종합사회복지관(2011). **사례관리사업 실천서**. 신정.

장인협 · 우국희(2006). **케어 · 케이스 매니지먼트**. 서울대학교출판부.

전재일 · 이준상(1997). **사례관리 기초**. 사회복지개발연구원.

정경균 · 김영기 · 문창진 · 조병희 · 김정선(1991). **보건사회학**. 서울대학교출판부, 85-103.

조미숙 외(2006). **사례관리**. 창지사.

조추용 · 권현주 역(2003). **사례관리의 기초**. 학지사.

주경희 · 맹두열 · 임중철(2015). **사례관리 이해와 적용 – 사회복지현장을 중심으로**. 공동체.

진재문(2014). [토론문] 지역사회 사례관리체계에서 공공과 민간의 역할, 이대로 좋은가?에 대한 토론. 한국사회복지행정학회 학술대회 자료집, 67-71.

최선희 · 이지연 · 정재연 · 김은지(2017). **월계종합사회복지관 사례관리 실천 매뉴얼**, p. 132. 공동체.

최지선 · 민소영 · 엄태영(2015). 희망복지지원단 통합사례관리사의 사례관리역량 자기평가지표개발 연구. **한국사회복지행정학**, 17(3), 229-254.

한국사회복지관협회(2012). **사회복지관사례관리매뉴얼**. 한국사회복지관협회.

________________(2019). 사회복지관 사업의 이해와 사회경제적 가치. 제5장. 사회복지관 사례관리 허브기능 모델화. 141-169

한상미(2007). 사회복지사들의 사회자본 연구. 가톨릭대학교 대학원 박사학위논문.

현외성 외(2012). **사회복지 사례관리론**. 공동체.

황성철(1995). 사례관리실천을 위한 모형 개발과 한국적 적용에 관한 연구. **한국사회복지학**, 27, 한국사회복지학회.

Intagliata, James(1992). Improving the Quality of Community Care for the Chronically Mentally Disabled : The Role of Case Management, In Stephen M. Rose(ed.), *Case Management and Social Work Practice*. New York : Longman.

Louise C. J. & Stephen J. Y.(2001). *Social Work Practice : A Generalist Approach*. Boston : Allyn and Bacon.

Miley, K. K., O'Melia, M., & DuBois, B. L.(1995). *Generalist Social Work Practice : An Empowering Approach*. Boston : Allyn & Bacon.

Moxely, D. P.(1989). *The Practice of Case Management*. Thousand Oaks, CA : Sage.

Moxley, D. P.(1989). *Practice of Case Management*(Vol. 58). Sage.

NASW(1984). 사회복지대백과사전. 김만두 역. 나눔의 집.

Rapp, Charles, A., & Chamberlain, Ronna(1985). Case Management Services for the Chronically Mentally ILL. *Social Work, 30*(5).

Rothman, J., & Segar, J. S.(1998). *Case management : Intergrating individual and community practive*(2nd ed.). Boston : Allyn and Bacon.

SSI/SWSG(1991). *Care Management and Assessment : Practitioners' Guide*. London : DoHSSI/SWSG

Steinberg, Raymond, M., & Carter, Genvieve, W.(1988). *Case Management and the elderly*. Lexington Books.

Weil, M., & Karls, J. M., et al.(1985). *Case Management in Human Sevice Practice*. San Francisco : Jossey-Bass.

White, M., & Goldis. L.(1986). *Case management. The Encyclopedia of Aging*. NY : Springer.

저/자/약/력

■ **최영대**
한일장신대학교 사회복지학과 졸업
강남대학교 사회복지대학원 문학석사학위 취득
평택대학교 일반대학원 사회복지학 박사학위 취득
전 분당노인종합사회복지관 관장
현 창동종합사회복지관 관장
경희사이버대학교 겸임특교수

[제2판]

사례관리의 이론과 실제

|저자| 최영대

|1판 1쇄| 발행 2014년 8월 5일
|1판 2쇄| 발행 2016년 9월 5일
|2판 1쇄| 발행 2021년 8월 20일
|2판 2쇄| 발행 2023년 3월 15일

|발행인| 김동훈
|발행처| 공동체

|주소| 경기도 고양시 일산동구 호수로 358-39, 동문타워 I 905호(백석동)
|전화| 031) 814-3000(대표)
|팩스| 031) 814-3100
|홈페이지| http://www.compub.co.kr
|전자우편| compub@naver.com
|출판등록| 2005년 10월 6일
|등록번호| 제396-2005-36호

|ISBN| 979-11-6725-021-6
정가 17,000원